Berater und Ratnehmer
Band 11

W. Brendan Reddy

Prozeßberatung von Kleingruppen

Wie der Berater erfolgreich interveniert

Rosenberger Fachverlag Leonberg

Die Deutsche Bibliothek – CIP-Einheitsaufnahme

Reddy, W. Brendan:
Prozessberatung von Kleingruppen: wie der Berater erfolgreich interveniert / W. Brendan Reddy. [Übers. von Lisa Gondos und Manuela Olsson]. – Leonberg: Rosenberger Fachverl., 1997
(Berater und Ratnehmer; Bd. 11)
Einheitssacht.: Intervention skills <dt.>
ISBN 3-931085-07-4
NE: GT

Übersetzt von Lisa Gondos und Manuela Olsson.

Authorized translation from the English language edition published by Pfeiffer & Company, an imprint of Jossey-Bass Inc., Publishers. Copyright © 1994 by Jossey-Bass.

Umschlaggestaltung: Eva Rosenberger, Leonberg
Lektorat: Manuela Olsson, M.A., Göppingen
Satz: UM-Satz- & Werbestudio Ulrike Messer, Weissach
Druck: Wilhelm Stäudle GmbH & Co., Öhringen
Printed in Germany
ISBN 3-931085-07-4

Ich rufe den Jungen, der in der Ferne läuft.
Er hört mich nicht.

Beim Krötenfangen wende ich mich um
Und sehe, daß du mich beobachtest.

Lächelnd reichst du mir die Hand
Und bringst mich nach Hause.

Aus: „Reflections"
(REDDY 1969)

Danksagung

Es gibt nur wenige Bücher, die ohne die Hilfe und den Beitrag vieler Menschen geschrieben werden. Als erstes möchte ich meinen Graduate-Studenten an der University of Cincinnati und den vielen Teilnehmern meiner öffentlichen und internen Seminare und Workshops zur Prozeßberatung danken. Aus ihren Erfahrungen, Ideen und ihrem Feedback ist dieses Buch gemacht.

Die Lektorin Mary Kitzmiller stand dem Projekt sehr positiv gegenüber und hat die richtigen Worte an der richtigen Stelle in das Manuskript eingefügt.

Meine Frau Vivian und meine Tochter Ceallaigh haben mein Schimpfen und Toben über dieses Buch und seine lange Entstehungszeit mit unendlicher Geduld ertragen. Seid Ihr bereit für das nächste?

Ein ganz besonderer Dank geht an meinen Freund, Kollegen und Geschäftspartner Chuck Phillips, Berater extraordinaire, für seine Unterstützung und seinen Beitrag zum Entstehen dieses Buches. Wir haben viele Stunden mit Gesprächen und in Workshops verbracht, in denen wir die Konzepte, Ideen und Fertigkeiten, die in diesem Buch beschrieben sind, geübt und überprüft haben.

Schließlich Leonard D. Goodstein – Freund, Kollege und Mentor – dessen Einsicht, Hilfe und Ermahnungen mich persönlich und beruflich meine gesamte Laufbahn hindurch begleitet haben – ein wahrlich seltenes Geschenk: Danke.

Vorwort

Das Buch, das Sie nun lesen, studieren und in Zukunft zum Nachschlagen verwenden werden, ist von einem wahren Beratungsexperten verfaßt worden. Ob Sie gerade Ihre Laufbahn als Prozeßberater beginnen, Ihre seit Jahren erprobten Fertigkeiten verbessern möchten oder andere Menschen lehren, ihre Fertigkeiten zu verbessern: dieses Buch wird für Sie unendlich wertvoll sein.

Prozeßberatung von Kleingruppen befaßt sich mit Interventionen bei Kleingruppen und Teams, wobei eine Kleingruppe als Gruppe mit bis zu zwölf Mitgliedern definiert wird. Wie W. Brendan Reddy in seiner Einleitung anmerkt, verstehen viele praktizierende Berater zwar die Theorie, sind sich in konkreten Situationen aber unsicher, was sie genau sagen und tun bzw. nicht sagen oder tun sollen. Nach vielen Jahren der erfolgreichen Arbeit mit Kleingruppen kann der Autor die Situationen benennen, mit denen ein Berater am häufigsten konfrontiert wird. In seinem Buch erklärt er genau, wie man in solchen Situationen interveniert, und gibt konkrete Beispiele für die angemessensten Formulierungen.

Dies ist ein praxisorientiertes Buch: Es ist leicht zu lesen, konkret und von unmittelbarem Nutzen für den Leser. Der Autor führt zwar den theoretischen Hintergrund und Zusammenhang aus, dennoch wird der Neuling nicht eingeschüchtert, und der erfahrene Berater wird zu noch größerem Erfolg angespornt.

Prozeßberatung von Kleingruppen ist ein Muß für jeden, der beruflich mit Gruppen arbeitet. Ich behaupte, daß dieses Buch das Standardwerk der Prozeßberatung werden wird.

J. William Pfeiffer, Ph. D., J. D.
Präsident, Pfeiffer & Company
Februar 1994

Inhaltsverzeichnis

Einleitung

Der Wunsch, ein Buch über die Mikrowelt der Prozeßberatung von Gruppen zu schreiben, entstand, nachdem ich viele Jahre lang gewinnorientierte wie auch gemeinnützige Organisationen beraten, interne Trainings und öffentliche Seminare für Führungskräfte und Berater durchgeführt und Graduate-Studenten in Organisationsentwicklung und Beratung unterrichtet hatte. Immer verstanden die Teilnehmer die zugrundeliegende Theorie, reagierten darauf jedoch mit: „...aber wie interveniere ich hier genau?" oder „Was soll ich konkret sagen und tun?" Sie hatten tatsächlich Grund, sich das zu fragen. Denn manchmal kann der Berater zwar durchaus das gewünschte Endresultat erzielen, hat allerdings Schwierigkeiten, die einzelnen Schritte und spezifischen Verhaltensweisen und Interventionen zu benennen, die nötig waren, um eben dieses Ziel zu erreichen.

Die Diskrepanz zwischen expliziter Theorie und tatsächlich handlungsbestimmenden Motiven (ARGYRIS 1970) basiert oft auf einem Mangel an praktischer Ausbildung. Außerdem zeigt sich, daß viele Führungskräfte, Berater oder Trainer glauben, sie hätten das „Ziel" erreicht. Ihre „Selbstdarstellung" (GOFFMAN 1973, dt. 1991) kompensiert voreilige Fehlinterventionen und den Mangel eines theoretischen Hintergrunds. Die Vertreter einer Richtung, die „aufs Geratewohl" Trainingsmaßnahmen durchführt, Management betreibt und berät, haben zwar in den USA viele Anhänger, ich spreche aber vom Berater, der die wirksamsten Interventionen „intuitiv" erspürt.

Umgekehrt sind manche Führungskräfte, Berater und Trainer von Theorie und Managementtechniken geradezu durchdrungen, obwohl deren Interventionen nur minimale Wirkung zeigen. Daraus entstand ein *Mikroansatz der Prozeßberatung,* der folgendes umfaßt: (1) einen einheitlichen Rahmen, innerhalb dessen man konkrete Interventionen vornehmen kann; (2) eine Unterscheidung von Interventionen nach Art und Tiefe und (3) eine Darstellung von Charakter, Stil und die Rolle der Person, die als Prozeßberater arbeitet.

Für wen dieses Buch gedacht ist Dieses Buch ist für jeden geschrieben, der Verantwortung in Kleingruppen hat. Die Kleingruppe wird hier definiert als eine Gruppe mit vier bis ungefähr zwölf Mitgliedern, die ein gemeinsames Ziel haben. Wenn es mehr sind, wird die Gruppendynamik komplexer und ist mit der Dynamik einer Kleingruppe nicht mehr vergleichbar. Zu den Kleingruppen zählen unter anderem Teams, Mitarbeitergruppen, Arbeitsgruppen, Qualitätszirkel, Ausschüsse, Ad-hoc-Gruppen. Mitglieder der Kleingruppe können unter anderen Führungskräfte, Leiter, Belegschaftsmitglieder und der Berater sein.

Als ich im Bereich der Prozeßberatung von Gruppen zu arbeiten begann, konzentrierte ich mich auf die Rolle des Beraters. Es wurde mir allerdings aus den bereits angedeuteten Gründen bald deutlich, daß nicht nur der Berater, sondern auch die Führungskraft und die Gruppenmitglieder durch Interventionen in das Leben bzw. den Prozeß der Gruppe eingreifen. Daher ist es notwendig, daß jeder von ihnen seine Funktion effektiv erfüllt. Doch in erster Linie richtet sich dieses Buch an die Person, die als Prozeßberater eine vertraglich festgelegte Rolle in der Gruppe einnimmt. Der Prozeßberater ist es, der, zumindest vorübergehend, die Hauptverantwortung für das Funktionieren der Gruppe übernimmt.

Der Begriff *Prozeßberatung* ist zwar bei Gruppenleitern, Mitgliedern und Beratern in aller Munde, erstaunlicherweise ist jedoch kaum über das Thema geschrieben worden. EDGAR SCHEINS ausgezeichneten Bände (1987, 1988) sind die bekanntesten Arbeiten auf dem Gebiet. GOODSTEIN (1978) widmet der Prozeßberatung ein Kapitel, BLAKE und MOUTON (1983) und HUSE (1980) erörtern den Bereich ebenfalls. In all diesen Texten wird die Prozeßberatung allerdings sehr weit gefaßt. Zum Beispiel definiert SCHEIN (1969, 9) die Prozeßberatung als „eine Reihe von Aktivitäten auf seiten des Beraters, die dem Klienten helfen, Prozesse, die sich in seiner Umgebung abspielen, zu erkennen, zu verstehen und entsprechend zu handeln."

Prozeßberatung wird oft mit dem allgemeinen Konzept der Organisationsentwicklung verwechselt. Im vorliegenden Buch wird dagegen ein klarer umrissenes, detailliertes Verständnis der Prozeßberatung geboten. Es werden die Gruppenperspektive und die kleinen, konkreten Schritte, Verhaltensweisen und Strategien berücksichtigt, die der „Prozeßperson" bei ihrer täglichen Beratungstätigkeit hilfreich sind und mit deren Unterstützung die Gruppe ihre Aufgabe effektiv erfüllt und die Mitglieder zufrieden werden.

Aufbau des Buches Dieses Buch hat neun Kapitel, die dem Ablauf einer Prozeßberatung entsprechen. Drei Vergleichsfälle werden das Buch hindurch verfolgt. Einschübe mit Zwischenüberlegungen bieten dem Leser Anleitungen und Anregungen.

Kapitel 1 In Kapitel 1 wird die Prozeßberatung von Gruppen definiert und werden die Gründe für die Inanspruchnahme eines Beraters erläutert. Die Phasen der Beratungspraxis werden im Überblick skizziert, außerdem wird untersucht, wer die Prozeßberatung durchführt. Prozeßberatung beruht auf einem soliden theoretischen Fundament. Jeder Prozeßberater sollte es kennen.

Kapitel 2 Einige Schlüsselbegriffe – Prozeß, Methodik und Gruppendynamik – sind für das Verständnis und die Arbeit als Prozeßberater äußerst wichtig. Der methodische Prozeß bezieht sich darauf, wie die Arbeit erledigt wird. Der gruppendynamische oder soziale Prozeß beschreibt, wie die sozio-emotionalen Bedürfnisse der Gruppenmitglieder befriedigt werden. Kapitel 2 erschließt dem Leser diese Begriffe bzw. ruft sie ihm ins Gedächtnis.

Kapitel 3   Die erste wichtige Phase der Gruppenberatung, der Einstieg, ist Gegenstand von Kapitel 3. Es werden drei Unterphasen (Vertrag, Einschätzung und Information) unterschieden.

Kapitel 4   Kapitel 4 präsentiert Phase II, die eigentliche Arbeit, anhand ihrer Unterphasen: Schaffung eines guten Klimas, Leitbild/Auftrag und eigentliche Arbeit.

Kapitel 5   Prozeßberater wissen, daß es unterschiedliche Interventionsarten gibt, haben jedoch oft keine systematische Möglichkeit, sich jene Interventionen anzueignen. Die wenigsten wissen, wie tiefgehend eine Intervention sein sollte. In Kapitel 5 werden sowohl die Arten als auch die Tiefe von Interventionen untersucht. Dieses Kapitel ist der Dreh- und Angelpunkt des Buches und enthält Prinzipien, die für das Verständnis der Prozeßberatung von entscheidender Bedeutung sind.

Kapitel 6   Es gibt zwar mehrere Theorien der Gruppenentwicklung, doch wurden sie meist an Universitäten im Bereich der Gruppendynamik entwickelt. Kapitel 6 bietet ein Arbeitsgruppenmodell aus der Sicht des Prozeßberaters. Dieses Modell hilft dem Berater zu erkennen, welche methodischen und sozialen Prozesse mit ihrer jeweiligen Dynamik im Vordergrund stehen und wie er jeweils intervenieren soll.

Kapitel 7   Welche Fähigkeiten sind für einen Prozeßberater erforderlich? Oft geraten Berater ohne eigenes Zutun in diese Rolle und denken nicht darüber nach, welche Grundvoraussetzungen dazu eigentlich nötig sind. In Kapitel 7 werden diese aufgeführt.

Kapitel 8   Hat die Prozeßberatung eine glaubwürdige und sichtbare Stellung in der Organisation? Und hat sie auch eine Zukunft? Diese Fragen werden zusammen mit Überlegungen zu Werten und Ethik in Kapitel 8 erörtert.

Kapitel 9   Kapitel 9 ist ein Potpourri von Fragen und Problemen, die für die Prozeßberatung wesentlich sind. Es werden Fragen beantwortet, die Prozeßberater häufig stellen, zum Beispiel: „Was sind häufige Beraterfehler? Wie geht man mit schwierigen Teilnehmern um?" Zum Abschluß werden einige Faustregeln angeboten.

1 Prozeßberatung von Gruppen – was ist das?

Zum Verständnis der Prozeßberatung von Gruppen stellen Sie sich bitte die folgenden drei Situationen vor:

Planungsteam von Führungskräften

Ein leitender Angestellter bekommt die Aufgabe, eine neue Produktlinie zu entwickeln. Das Unternehmen will damit Marktanteile zurückzuerobern. Es ist also klar, welche Bedeutung diese Aufgabe für den Erfolg des Unternehmens hat. Eine Gruppe von neun funktionsübergreifenden Führungskräften wird ihm zur Verfügung gestellt. Sie vereinbaren, in den nächsten sechs Monaten einmal die Woche zu zweistündigen Planungssitzungen zusammenzukommen. Die Gruppe besteht aus fähigen Männern mit ausgeprägtem Selbstbewußtsein, eine weibliche Führungskraft ist nicht darunter. Jeder verteidigt sorgfältig das eigene Revier. Die Gruppenmitglieder werden viel Zeit miteinander verbringen; Spannungen sind also vorprogrammiert. Die aufgabenbezogene Arbeit wird zwar im Vordergrund stehen, doch sind die methodischen Fähigkeiten der einzelnen Mitglieder sehr unterschiedlich. Sowohl die individuellen Bedürfnisse als auch die Bedürfnisse der Gruppe werden berücksichtigt werden müssen. Und schließlich sind die Kommunikationsfähigkeiten der Gruppenmitglieder weniger entwickelt, als man es bei einem so hochkarätig besetzten Team erwarten würde. Der leitende Angestellte braucht bei seiner Aufgabe Hilfe und Beratung. Doch an wen kann er sich wenden, wen kann er fragen?

Qualitätszirkel

Die Stellvertreterin des Vorstands einer kleinen Hersteller-
firma im mittleren Westen der USA hat auf dem Flug von
Houston nach Cincinnati in der Flugzeitschrift etwas über
Qualitätszirkel gelesen. Nach ihrer Rückkehr weist sie die
Leiterin der Mitarbeiterschulung an, drei solche Gruppen
zu bilden, nicht ohne darauf hinzuweisen, daß für ein entsprechendes Training nur begrenzte Mittel zur Verfügung
stünden. Drei „Gruppenleiter" werden daraufhin für einen
Tag zu einem Lehrgang außerhalb der Firma geschickt. Einige Mitarbeiter melden sich freiwillig zur Teilnahme, als
sie von diesen Zirkeln hören, andere machen nur unter
Druck mit. Bereits nach einem Monat sind die drei Teams
festgefahren und erzielen keine Fortschritte. Die Leiter haben sie zwar durch die einzelnen Schritte bei der Teamarbeit geführt, wie z. B. Formulierung der Sache und des Problems, aber offensichtlich hindert sie eine ganze Reihe un-
ausgesprochener Gefühle und Konflikte an der Bewältigung
ihrer eigentlichen Aufgaben. Zwei Leitern ist bewußt, daß
Probleme unter den Teppich gekehrt werden, während der
dritte seine neu erlernten Fähigkeiten weiter in der Gruppe
einzusetzen versucht. Alle drei sind ratlos und wissen nicht,
was sie als nächstes tun sollen. Sie befürchten, die Konflikte
könnten demnächst offen zutage treten. Dem drohenden
Eklat fühlen sie sich nicht gewachsen. Außerdem fürchten
sie, ihre eigene, vielleicht unangemessen emotionale Reaktion auf diese verfahrene Situation.

Krankenhausverwaltung

Die Leitung eines Landkrankenhauses ist zu drastischen
Änderungen ihrer Organisationskultur und der Geschäfts-
führung entschlossen, um dem zunehmenden Druck durch
Wettbewerb, Rezession und konkurrierende Dienstleister
etwas entgegenzusetzen. In einem sind sie sich einig: Es

muß etwas geschehen, wenn das Krankenhaus überleben will. Seth (der Direktor), Ned, Jeremy, Ted, Theresa und Lucia haben eine gemeinsame Geschichte. Es gibt Bündnisse und Feindschaften, auch die Ansichten über die zukünftige Entwicklung des Krankenhauses gehen auseinander. Doch allen ist bewußt, daß die nötigen Veränderungen im Krankenhaus nicht erreicht werden, wenn die Gruppenzusammenarbeit nicht funktioniert. Sie arbeiten bereits über einen Monat zusammen, sind aber nicht sonderlich produktiv gewesen. Als Gruppe mangelt es ihnen an der Fähigkeit, die inhaltlichen Aufgaben und die Konflikte zugleich zu bewältigen. Die gruppeninternen Auseinandersetzungen rauben ihnen viel Zeit. Mittlerweile können sie sagen: „Wir hatten gedacht, wir könnten uns hinsetzen, unsere Konflikte beiseite lassen und die Probleme lösen, um uns dann anderen Dingen zuzuwenden. Wir hatten keine Ahnung, daß das so schwierig sein würde.“

Gemeinsamkeiten

Was haben diese drei Situationen gemeinsam? Jede geschilderte Gruppe hat für die Organisation eine wichtige Aufgabe zu erfüllen, sei es in Hinblick auf Innovation, Gewinn, Veränderung oder alles zusammen. Die Gruppen bestehen aus unterschiedlichen Menschen mit unterschiedlichen Ideen und Ansichten, wobei jedoch der Beitrag und der persönliche Einsatz jedes einzelnen zählt. Aller Wahrscheinlichkeit nach werden die Gruppen relativ lange bestehen. Für jede ist ein hohes Maß an Interaktion und kreativer Problemlösung notwendig. Doch damit sind zwischenmenschliche Spannungen und scharfe Auseinandersetzungen zu erwarten. Außerdem könnte jede Gruppe die Hilfe eines Prozeßberaters gebrauchen, der über eine längere Zeit mitarbeitet. Wir werden, wenn wir die Variablen, Bedingungen und Unterschiede der Prozeßberatung darlegen, immer wieder auf diese Beispielgruppen zurückkommen.

In diesem Kapitel werden wir untersuchen, was Prozeßberatung von Gruppen eigentlich ist, was ihre gedanklichen
Grundlagen sind, wie sie sich in ihrer Funktion von der anderen Möglichkeiten zur Veränderung unterscheidet. Zum
Schluß wird der Ablauf einer Prozeßberatung als quasi-
strukturierte Vorgehensweise vorgestellt.

**Eine Definition
der Prozeßberatung
von Gruppen**

Stellen Sie sich eine der oben beschriebenen
Situationen bzw. eine Gruppe oder ein Team
vor, dem Sie als Mitglied oder Führungskraft
angehören. Das Gruppenproblem bzw. die
Gruppenaufgabe ist derart gelagert, daß ein hohes Maß an
Interaktion und Mitarbeit der Mitglieder erforderlich ist,
damit eine Lösung erzielt wird. Der Prozeßberater ist als
Gruppenmitglied in einer besonderen Rolle: Er interveniert,
während die Gruppe arbeitet. Als *Intervention* gilt jede Bemerkung, jeder Vorschlag und jede Empfehlung, die der Berater im Dienste der Aufgabenbewältigung in der Gruppe
einbringt. Prozeßberatung ist Arbeit mit Gruppen auf der
Mikroebene. Sie ist die detaillierte Beobachtung, Analyse
und Einschätzung dessen, was während der Gruppenarbeit
passiert. Die Interventionen werden direkt und unmittelbar
formuliert und in die laufende Gruppenarbeit integriert.
Zugleich wird bedacht, in welcher Form und mit welcher
gewünschten Wirkung dies geschehen soll.

Dieser Mikro-Ansatz steht im Gegensatz zu EDGAR H.
SCHEINS Makro-Ansatz der Prozeßberatung. In der überar-
beiteten Ausgabe seines grundlegenden Buches definiert
SCHEIN die Prozeßberatung als „eine Reihe von Aktivitäten
auf seiten des Beraters, die dem Klienten helfen, Prozesse,
die sich in seiner Umgebung abspielen, zu erkennen, zu verstehen und zu beeinflussen, um so die vom Klienten definierte Situation zu verbessern" (SCHEIN 1988, 11).

Die *historischen* Wurzeln der Prozeßberatung liegen nach
SCHEIN in der Gruppendynamik und in den Prozessen klei-

ner Gruppen. In seiner Definition erwähnt er diese Prozesse der Kleingruppe jedoch nicht. Nach einem Rückblick auf seine Beobachtungen, die er in den letzten dreißig Jahren bei der Beratung menschlicher Systeme gemacht hat, wird SCHEIN deutlicher und erteilt der Ausrichtung auf die Kleingruppe eine Absage: „Ich spreche lieber von menschlichen *Systemen* als von Individuen oder Kleingruppen, weil ich es bei meiner Arbeit als Berater größtenteils mit Problemen zwischen verschiedenen Gruppen oder auf der Organisationsebene zu tun hatte"(1990, 57).

SCHEIN fährt fort: „Ich betone dies zu Anfang, weil die Prozeßberatung oft als etwas dargestellt worden ist, das anscheinend mit Kleingruppen gemacht wird." Dennoch besteht Bedarf an einer Form der Prozeßberatung, die sich ausschließlich mit Kleingruppen beschäftigt. Auf der Makroebene steht der Begriff Prozeßberatung inzwischen für Interventionen in jedem Teil der Organisation und wird oft als Synonym für Organisationsentwicklung verwendet.

Das vorliegende Buch bietet einen Mikro-Ansatz für die Prozeßberatung. Es beschäftigt sich ausdrücklich mit der Kleingruppe. Die Definition, die ich hier vorschlage, bezieht sich auf den ursprünglichen Kontext der Kleingruppe und auf die Arbeit des Prozeßberaters während des Bestehens dieser Kleingruppe:

> *Prozeßberatung von Gruppen* = die durchdachte und bewußte Intervention des Beraters in das laufende Geschehen und die Dynamik der Gruppe mit der Absicht, der Gruppe zu helfen, ihre vereinbarten Ziele wirksam zu erreichen.

„Durchdacht und bewußt" heißt hier, daß die Interventionen des Beraters wohl überlegt und auf ein bestimmtes Ziel (die Gruppe, eine Person, die Beziehung zwischen den Personen) hin gerichtet sind und daß sie mit einer spezifischen

Absicht und gewünschten Wirkungsintensität verbunden
sind.

Der Berater interveniert in das *laufende* Geschehen und die
Dynamik der Gruppe, sobald er den Eindruck hat, daß dies
gefordert ist. Er wartet nicht ab, bis die Sitzung zu Ende ist
und präsentiert erst dann die Fakten oder eine Alternative.
Ein effektives Feedback an die Gruppenmitglieder geschieht
unmittelbar und rechtzeitig. Abzuwarten bedeutet meistens,
den richtigen Moment zu verpassen – und die gewünschte
Wirkung zu verfehlen.

Der Prozeßberater interveniert, um die von der Gruppe *vereinbarten Ziele* voranzubringen, das heißt, das Leitbild, die
Aufgabe und/oder die gemeinsamen Vorhaben, auf die sich
die Gruppe geeinigt hat. Der Berater muß der Gruppe zunächst dabei helfen, ihr Hauptziel zu formulieren. Ohne
eine klare und von allen anerkannte Aufgabe fehlt dem Berater der Zielzusammenhang und Handlungsrahmen, an
dem er seine Interventionen ausrichten kann.

Zwischenüberlegung

Dynamik von Großgruppen. Manchmal meinen wir, eine Gruppe ist
eine Gruppe ist eine Gruppe ... Aber mit der Größe einer Gruppe verändert sich ihre innere Dynamik. Kleingruppen bestehen aus nicht mehr als
zwölf Personen. Schon bei dieser Zahl von Mitgliedern ist es schwer genug, sich zu einigen und zu einem Konsens zu gelangen. Ist die Gruppe
noch größer, ist eine echte Konsensfindung nahezu unmöglich. Große
Gruppen sind in sich uneinheitlich, sie zerfallen in Teilgruppen, und die
Gruppenidentität der einzelnen Mitglieder geht verloren. Bibb Latane
hat diesen Effekt „soziales Faulenzertum" (social loafing) genannt (Latane, Williams & Harkings 1979). Das heißt, auch kompetente Gruppenmitglieder lassen andere die Arbeit für sich tun. Prozeßberatung
funktioniert in Großgruppen nicht gut. Falls Sie mit einer großen Gruppe
arbeiten müssen, teilen Sie diese in Kleingruppen auf, die dann jeweils
dem Plenum berichten. Auf diese Weise ist die Gruppe überschaubar.

Gedankliche Grundlagen Die gedanklichen Grundsätze der Prozeßberatung stehen in Einklang mit Modellen der Hilfe und Zusammenarbeit. Der Berater ist für die Gruppe da und konzentriert sein Bemühen darauf, der Gruppe dabei zu helfen, auf möglichst effektive und effiziente Weise das Leitbild, das sie sich geschaffen, die Aufgabe, die sie für sich formuliert, bzw. die Ziele, die sie sich gesetzt hat, zu erreichen. Was versteht man unter einer *effektiven* Gruppe? Nach der Definition von HACKMAN (1983) bemißt sich Effektivität an den Normen der Organisation, der Zufriedenheit der Gruppenmitglieder und ihrer Bereitschaft, über längere Zeit miteinander zu arbeiten. Sein Entwurf zur Gruppeneffektivität ist dreidimensional (HACKMAN 1983, 6f.):

> Die erste Dimension beschreibt den Grad an Übereinstimmung des produktiven Ergebnisses der Gruppe (Produkt, Dienstleistung, Entscheidung etc.) mit den Maßstäben (hinsichtlich Quantität, Qualität, Termin etc.) der Personen, für die das produktive Ergebnis bestimmt ist (Kunden, Benutzer, Prüfer etc.).

> Die zweite Dimension beschreibt, inwieweit sich die Fähigkeit der Mitglieder, auch in Zukunft miteinander zu arbeiten, durch den laufenden Prozeß gemeinsamer Arbeit verbessert.

> Die dritte Dimension schließlich beschreibt, inwieweit die Gruppenerfahrungen zur persönlichen Entwicklung und Zufriedenheit der Teammitglieder beitragen.

Für eine qualifizierte Prozeßberatung ist HACKMANS Konzept grundlegend. Es macht den Berater auf die verschiedenen Funktionen seiner Interventionen aufmerksam: Produktive Ergebnisse und die Erfüllung von Aufgaben sind nicht die einzigen Kriterien für Interventionen. Die Dynamik der Interaktionen zwischen den Gruppenmitgliedern und ihr persönliches Wohlbefinden spielen eine ebenso große Rolle. Dies steht im Einklang mit SCHEINS allgemeiner Philosophie des Helfens: „Ein zentrales Anliegen des Beraters sollte es sein, die Fähigkeiten der Klienten selbst zu verbessern..." (SCHEIN 1990, 57).

Das langfristige Ziel des Beratens und Intervenierens ist es,
den Gruppenmitgliedern implizit ein Handlungsmodell zu
liefern. Die Gruppenmitglieder sollen die Prozeßinterven-
tionen imitieren bzw. erlernen und deren positive Auswirkungen verinnerlichen. Da die Mitglieder ihre Arbeit im
Verlauf der Gruppensitzungen immer besser bewältigen,
muß der Berater immer seltener intervenieren: In einem gewissen Sinne bringt sich der Berater allmählich um seinen
Job. In einem wunderbaren Buch für Leiter und Problemmanager, das sich auf das *Tao Te King* von Laotse stützt, beschreibt HEIDER (1985) das Phänomen. Ich habe im folgenden „Leiter" durch „Gruppenprozeßberater" ersetzt.

Der Gruppenprozeßberater

Ein Gruppenprozeßberater ist am besten,
wenn die Menschen kaum merken, daß er da ist.
Es ist nicht so gut, wenn Menschen ihm gehorchen oder Beifall
bekunden.
Schlimmer, wenn sie ihn verachten.
„Versäume es, die Menschen zu ehren,
dann versäumen sie, dich zu ehren";
Aber von einem guten Gruppenprozeßberater,
der wenig spricht,
wenn seine Arbeit getan,
sein Ziel erreicht ist,
werden sie sagen: „Wir haben es selbst getan."

Das angestrebte Ziel ist, daß die Teilnehmer für die Entwicklung der Gruppe allmählich mehr Verantwortung
übernehmen. Vordergründig mögen die Gruppenmitglieder
recht geschickt darin werden, Interventionen vorzunehmen,
sich zu äußern und Probleme zu erkennen. Doch oft sind
die Informationen für jemanden ohne eine entsprechende
Ausbildung weniger zugänglich, so daß der Prozeßberater
meistens weiter gefordert ist, auch wenn er seltener interveniert.

Äquifinalität, ein Begriff aus der Systemtheorie, besagt, daß
dasselbe Ergebnis auf viele verschiedene Arten erreicht wer-

den kann. Der Prozeßberater hilft der Gruppe dabei, ihren eigenen Weg zu finden. Sollen Gruppen oder Teams zusammenwachsen und leistungsfähig werden, müssen sie ein Identitätsgefühl entwickeln. Die Gruppe muß sich ihrer einzigartigen Zusammensetzung, ihrer Fähigkeiten, ihrer Autonomie und ihrer eigenen, spezifischen Vorgehensweisen bewußt werden. Eine hochproduktive Gruppe ist mehr als die Summe ihrer Teile. Und der Prozeßberater ist derjenige, der die Gruppe darin unterstützt, diese Dynamik zu verstehen und produktiv zu machen.

Als Gruppenmitglied ist der Prozeßberater in einer außergewöhnlichen Rolle: Er ist einerseits Teil des gruppendynamischen Prozesses, besitzt andererseits aber besondere Autorität. Ihm werden bestimmte Eigenschaften zugeschrieben. Seine Interventionsentscheidungen sind immer auch Ausdruck seiner Geschichte und seines persönlichen Stils. Selbstkenntnis ist daher für den Prozeßberater unabdingbar. Wenn es einem Berater zum Beispiel schwerfällt, Konflikte zu erkennen und zu bewältigen, kann durch ihn die Gruppe möglicherweise ineffektiv werden, weil er – wie die Gruppe selbst – Spannungen ignoriert oder sogar wichtige Dinge zurückhält. Ebenso kann es sein, daß ein Berater Gruppenanliegen leichtfertig übergeht, weil er für sich glaubt, nur schwer damit umgehen zu können.

Ablauf einer Prozeßberatung Im folgenden wird ein Überblick über den Ablauf einer Prozeßberatung geboten. Die nächsten Kapitel beschäftigen sich ausführlich mit deren einzelnen Phasen und Unterphasen. Abbildung 1 veranschaulicht den Ablauf der Prozeßberatung.

Überblick Dieses Modell ist als Leitfaden gedacht und soll den Lesern die Möglichkeit bieten, die eigene Vorgehensweise mit dem vorgestellten Modell zu vergleichen. Was bei dem einen Berater in seiner Organisation oder Gruppe funktioniert, funktioniert nicht unbedingt auch in

einem anderen Fall. Das empfohlene Vorgehen besteht aus
zwei Phasen, dem *Einstieg* und der *eigentlichen Arbeit.*

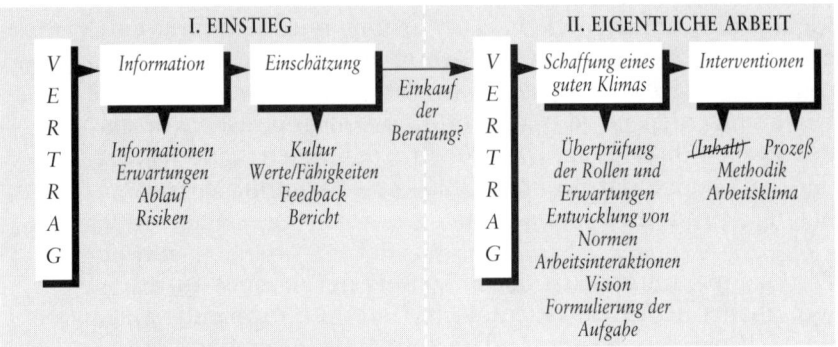

Abb. 1: *Ablauf einer Prozeßberatung*

Normalerweise trifft sich der Prozeßberater zunächst mit
einer Führungskraft, mit einer von der Gruppe ausgewähl-
ten Person oder mit einer Person, die nicht zur Gruppe
gehört (z. B. dem stellvertretenden Leiter der Weiterbil-
dung, dem Personalchef oder dem Leiter der Organisationsentwicklung). Die betreffende Gruppe braucht Hilfe oder
möchte effektiver arbeiten, wie wir es in den drei Fällen zu
Beginn des Kapitels beschrieben haben. Zunächst wird erläutert, was Prozeßberatung eigentlich bedeutet, dann wird
ein zweites Gespräch mit der *gesamten* Gruppe vereinbart.

Bei diesem zweiten Gespräch, der *Informationssitzung*, erklärt der Berater erneut Konzept und Ablauf der Prozeßberatung. Er stellt klar, was er leisten und was er nicht leisten
kann. Hält der Berater es für angebracht, wird er der Gruppe vorschlagen, eine Einschätzung ihres jetzigen „Stands"
vorzunehmen. Sind sich beide Seiten einig, wird ein Kontrakt für die Einschätzungsphase abgeschlossen. Nach dieser Phase bringt der Berater die gewonnenen Informationen
in die Gruppe ein, zusammen mit Empfehlungen für das
weitere Vorgehen. Wenn der Berater eine Prozeßberatung

empfiehlt und der Klient zustimmt, wird ein zweiter, vorzugsweise schriftlicher Vertrag aufgesetzt und von den Gruppenmitgliedern unterzeichnet.

Bei Eintritt in Phase II, der *eigentlichen Arbeit*, hilft der Berater der Gruppe als erstes, ihre Werte, ihre Vision und ihre Aufgabe (Absicht) zu klären. Ein positiver Verhaltenskodex wird diskutiert und festgelegt; das heißt, effektive Verhaltensweisen sollen gestärkt, ineffektive Verhaltensweisen sollen reduziert bzw. ganz aufgegeben werden. Nach dieser Klärung widmet sich die Gruppe ihren Aufgaben, und der Prozeßberater interveniert immer dann, wenn er es für erforderlich hält.

Phase I: Einstieg Phase I besteht aus mehreren Schritten.

Erste Gespräche Üblicherweise setzt sich eine Führungskraft oder ein Gruppenleiter mit einem Prozeßberater in Verbindung und bittet um Hilfe für seine Gruppe. Obwohl es zweckmäßig ist, daß der Berater sich zuerst mit der Führungskraft trifft, sollte von Anfang an klargestellt werden, daß die *Gruppe* der Klient ist – und *nicht* die Führungskraft. Im Gespräch mit der Führungskraft werden die Problemfelder und die Gründe für den Beratungsbedarf gemeinsam erarbeitet. Der Berater erläutert, was Prozeßberatung eigentlich bedeutet und was sie von anderen Interventionsmethoden unterscheidet. Der Ablauf der Prozeßberatung wird anhand geeigneter Beispiele illustriert.

Die Frage des Honorars wird sicherlich die Führungskraft zur Sprache bringen, wenn nicht der Berater selbst. Wenn die Führungskraft glaubt, daß ein Prozeßberater dienlich sein wird – und der Berater derselben Meinung ist –, schlägt der Berater ein Treffen mit der betreffenden Gruppe vor. Die Führungskraft spricht dazu auf Anraten des Beraters zunächst einmal mit der Gruppe und berichtet von den Ergebnissen dieses ersten Sondierungsgesprächs. Die Haupt-

aufgabe dieser ersten Begegnung zwischen Führungskraft
und Berater ist es mithin, die Führungskraft zu informieren
und ihr das Verständnis dafür zu vermitteln, was Prozeßberatung von Gruppen im konkreten Fall bedeutet. Mit diesen ersten Informationen kann er zu seiner Gruppe zurückkehren.
Bei einem Folgetreffen wird der Berater dann allen Gruppenmitgliedern erläutern, wie eine Prozeßberatung abläuft.

Zwischenüberlegung

Raumgestaltung. Schon die räumlichen Bedingungen selbst können als
Intervention dienen. Prozeßberater müssen sich die Arbeitsräume der
Gruppe genau ansehen: Tische zum Beispiel sind zwar nützlich, um Kaffeetassen abzustellen, sie können Gruppenmitgliedern jedoch auch dazu
dienen, sich zu verstecken bzw. zu schützen. Außerdem können Tische
eine gewisse Förmlichkeit erzeugen, die kreativer Arbeit oder dem Äußern
von Gefühlen nicht gerade förderlich ist. Auch die leichte Verfügbarkeit
von Flipcharts hat möglicherweise Auswirkungen: Wenn die Gruppe vor-
schnell schriftliche Ergebnisse festhalten will, wird eine problemorientierte Vorgehensweise zugunsten einer lösungsorientierten verhindert. Für
den Prozeßberater bedeutet dies also, sich seinen jeweiligen Zielen bewußt zu sein und darauf zu achten, inwieweit die Raumgestaltung diesen
Zielen günstig oder hinderlich ist.

Informations- Das erste Zusammentreffen von Berater und zu be-
phase   ratender Gruppe hat folgende Ziele: gegenseitiges
                  Kennenlernen, Information, praktische Beispiele,
          informelle Einschätzung, Aufbau einer Beziehung, Prüfung
          des Zueinanderpassens und Vereinbarung eines Vertrags zur
          Durchführung einer Einschätzung.

Das Gespräch sollte offen und ehrlich sein, obwohl bei vielen Gruppen die Organisations- bzw. Unternehmenskultur
dieser Voraussetzung entgegenstehen wird. Die Führungskraft und der Berater entscheiden gemeinsam, ob die Füh-

rungskraft am Treffen mit den Gruppenmitgliedern teilnimmt oder nicht. Wenn nur irgend möglich, sollte sie anwesend sein. Wenn die Situation jedoch so ist, daß die Gruppenmitglieder in Anwesenheit der Führungskraft nicht offen sind, sollte der Berater die Gruppe allein treffen. Schon
diese Tatsache spricht für sich und ist als Symptom für den
Zustand der Gruppe zu werten. Es empfiehlt sich, für die
Einschätzungsphase einen eigenen Vertrag abzuschließen.
Diese Phase liefert dem Berater, der Führungskraft und der
Gruppe Informationen, um über eine zweite Phase entscheiden zu können.

Entscheidend ist die Frage, wer der Klient ist. Die Gruppenmitglieder sind selbst Herr des Beratungsprozesses, sie handeln selbstverantwortlich und sollten sich dem Beratungsverlauf und dem Ergebnis verpflichtet fühlen. Außerdem
müssen sie dem Berater vertrauen. Der Vertrag sollte deshalb nicht mit der Führungskraft geschlossen werden, sondern mit der Gruppe.

Der Berater muß sicherstellen, daß das Team genug vom
Gesamtablauf versteht, um eine kompetente Entscheidung
über die nächsten Schritte – Einschätzung und Information
– treffen zu können. Die Vertragsvereinbarungen gelten jeweils für einen Teilschritt, so daß sich weder Klient noch
Berater zu früh verpflichten.

Der Berater erläutert, wie in der Einschätzungsphase vorge-
gangen wird. Zweck dieser Einschätzung ist es, gewissermaßen den Gesundheitszustand der Gruppe herauszufinden, d. h. die Hauptprobleme, Spannungsbereiche, aber
auch die Stärken. Erst dann kann entschieden werden, ob
eine Prozeßberatung für diese Gruppe sinnvoll und empfehlenswert ist. Über die Gruppenkultur wird diskutiert, wie
auch über die Organisationskultur des Unternehmens, zu
dem die Gruppe gehört. Informationen darüber, wie Gruppenmitglieder den methodischen und den sozialen Prozeß

bewerten oder welche Fähigkeiten die Gruppenmitglieder jeweils mitbringen, können zusätzlich gegeben werden.

Während der Informationsphase erläutert der Berater die Prozeßberatung als solche: worum es dabei geht, was sie bedeutet und wie sie durchgeführt wird. Viele konkrete Beispiele sind dazu hilfreich. Die Mitglieder der Gruppe müssen genau verstehen, was geschehen wird. Der Gruppe kann die Abbildung 1 „Ablauf einer Prozeßberatung" gezeigt und erklärt werden.

Der Prozeßberater teilt seine Erwartungen mit und findet mit *allen* Gruppenmitgliedern gemeinsam heraus, welche Erwartungen sie selbst an ein solches Vorhaben haben. Er fragt nach den möglichen Risiken und den Chancen für ein positives Ergebnis.

Zuletzt teilt der Berater seine Pläne für den Einschätzungsprozeß mit, wann er seine Informationen über Verhaltensweisen und Normen innerhalb der Gruppe – und der übergeordneten Organisation – und den aktuellen „Stand der Dinge" sammeln wird. Er erklärt auch, daß die gesammelten Daten der Gruppe in der folgenden Phase mitgeteilt werden.

Einschätzungs- In der Einschätzungsphase sammelt der Prozeßbe-
phase rater Informationen über den Umgang in der Gruppe, die sichtbaren und unsichtbaren Verhaltensnormen und die Hauptfragen, vor die die Gruppe gestellt ist. Er sammelt Daten über die beteiligten Personen und versucht herauszufinden, inwieweit die Gruppenmitglieder Wert darauf legen, nicht nur an inhaltlichen Aufgaben zu arbeiten, sondern auch zwischenmenschliche Probleme, die bei der Gruppenarbeit störend wirken, einzubeziehen *(sozialer Prozeß)*. Untersucht wird auch, ob die Gruppe sich den Sachaufgaben und den gruppendynamischen Problemen zugleich widmen kann. Diese Informationen werden durch Einzelgespräche, Interviews von Untergruppen und

der gesamten Gruppe bzw. durch Fragebogen gewonnen. Hat der Berater die relevanten Informationen gesammelt, teilt er sie der Gruppe mit, damit sie dort weiter diskutiert werden können. Die Gespräche werden so lange weitergeführt, bis die Gruppe und der Berater über die weitere Arbeit eine Entscheidung treffen können. Wenn beide Partner ihre Zusammenarbeit fortsetzen wollen, werden die Einzelheiten der eigentlichen Arbeit erörtert. Ansonsten sollte über Alternativen, wie z. B. Weiterbildungs- und Trainingsmaßnahmen für die Gruppe, gesprochen werden.

Vertrag   Sind sich beide Seiten einig, setzt der Berater einen vorzugsweise *schriftlichen* Vertrag auf, der die einzelnen Schritte, Grundvoraussetzungen und Vereinbarungen umreißt. Jedes Mitglied erhält ein Vertragsexemplar zur Unterschrift. Musterverträge und -vereinbarungen finden Sie in Kapitel 3.

Phase II: Die eigentliche Arbeit

Auch die eigentliche Arbeit läßt sich in mehrere Phasen untergliedern.

Schaffung eines guten Gruppenklimas

Mit dem Vertragsabschluß, ob mündlichen oder schriftlich, geht der Berater zur zweiten Hauptphase der Prozeßberatung über: der eigentlichen Arbeit. Bevor er jedoch bei der laufenden Gruppenarbeit interveniert, sorgt er für ein *gutes Arbeitsklima* in der Gruppe, indem er die Arbeitsmotivation und die persönlichen Ziele und Anliegen der Gruppenmitglieder untersucht.

Er erläutert noch einmal kurz seine Beraterrolle und seine Erwartungen und bittet die Gruppe, Verhaltensnormen sowohl für die Arbeit als auch für die Interaktion zu entwickeln. Dann entwickelt die Gruppe eine Vision, d. h. die Mitglieder stellen sich vor, wo sie sich am Ende des Arbeitsauftrages sehen. Zum Abschluß definiert die Gruppe ganz genau, was ihre Aufgabe (ihr Zweck) und ihre Ziele sind.

Interventionen   Wie in Abbildung 1 zu sehen, besteht die Haupt-
aufgabe des Beraters darin, *Prozeß*interventionen
durchzuführen – sowohl in Hinblick auf den methodischen
als auch den sozialen oder gruppendynamischen Prozeß.
Der *methodische Prozeß* bezieht sich auf die methodischen
Strukturen und Elemente, mit denen die Arbeit bewältigt
wird, der *soziale Prozeß* auf die sozio-emotionalen Aspekte
der Gruppe, d. h. die zwischenmenschlichen Beziehungen,
Bedürfnisse und die Zufriedenheit der Gruppenmitglieder.
Wie Kapitel 2 zeigen wird, tut der Prozeßberater gut daran,
sich *nicht* in Sachfragen einzumischen, selbst wenn er über
das entsprechende Fachwissen verfügt. Sich gleichzeitig auf
den Prozeß und den Inhalt konzentrieren zu wollen, kann
die Effektivität des Prozeßberaters gefährden.

Warum Prozeß-   Wenn Sie an unsere drei Beispiele zurückden-
berater   ken, so können wir die Frage, warum Prozeß-
gebraucht werden   berater gebraucht werden, zumindest grundsätzlich beantworten. Mehrere Gründe spre-
chen in diesen Fällen für einen Prozeßberater: Die Effektivität und Effizienz einer Gruppe sind abhängig von den
Fähigkeiten ihrer Mitglieder und von der Befriedigung so-
zio-emotionaler Bedürfnisse. Oftmals „vergessen" Gruppenmitglieder ihre für die Aufgabe eigentlich vorhandenen
Fähigkeiten, wenn sie in eine neue Gruppe kommen. Sie
halten mit ihrem Können hinter dem Berg, sobald sich der
gruppendynamische Prozeß intensiviert. In solchen Situationen einen dafür ausgebildeten, objektiven Beobachter
und Berater zur Seite zu haben (der die Komplexität der
Aufgabe und der zwischenmenschlichen Prozesse versteht),
heißt, den Gruppenerfolg sicherzustellen. Dies ist auch ko-
stenwirksam. Mit seinen Interventionen korrigiert der Prozeßberater den eingeschlagenen Kurs, er nutzt die in Konflikten steckende Energie kreativ und vermittelt Problemlö-
sungs- und Entscheidungstechniken. Ebenso hilft er, den
zwischenmenschlichen Bedürfnissen der Gruppenmitglieder
gerecht zu werden.

Dynamische Prozesse entstehen, sobald bekannt wird, daß eine Gruppe gebildet werden soll und wer die Teilnehmer sein werden. Zwar kann diese Dynamik positiv sein, jedoch ebenso auch negativ – und das nicht selten. Ereignisse und Beziehungen aus der Vergangenheit können ins Spiel kommen und das Funktionieren der Gruppe beeinträchtigen. Individuelle Problemlösungstechniken, die Zusammensetzung der Gruppe, persönliche Sympathien und Abneigungen, die jeweilige Bereitschaft zur Bewältigung von Konflikten, die kreative Ideenfindung und Formulierung von Aktionsschritten: all dies sind nur einige dynamische Faktoren, bei denen der Prozeßberater behilflich sein kann.

Die verschiedenen Rollen

Wer Prozeßberatung durchführt

Auch wenn es vermutlich im Interesse aller Gruppenmitglieder ist, Prozeßfähigkeiten zu erwerben, sollte nur *eine* Person die Rolle des Prozeßberaters übernehmen. Außerdem sollte diese Person in Theorie und Anwendung der Prozeßberatung ausgebildet sein. Was hinzu kommt und vermutlich auch am wichtigsten ist: Ein Prozeßberater sollte zu der Gruppe, mit der er arbeitet, *keine* andere Beziehung haben. Er ist zwar ein Mitglied der Gruppe, nimmt jedoch eine Rolle ein, die sich von denen der anderen Teilnehmer unterscheidet. Er nimmt an ungefähr 75 Prozent der Gruppensitzungen teil oder sogar an allen.

Oft herrscht Unklarheit über die genaue Funktion des Prozeßberaters. Allzuoft sind die Begriffe Prozeßberater, Problemmanager (facilitator), Führungskraft, Leiter und Berater austauschbar. Zur Unterscheidung und Klarstellung veranschaulicht Abbildung 2 die verschiedenen Rollenfunktionen. Beachten Sie allerdings, daß die Rollen in verschiedenen Organisationen unterschiedliche Bezeichnungen haben können.

Mitgliedschaft in einer Arbeitsgruppe ist normalerweise eine Kombination interner/externer, inhaltlicher und psychologischer Faktoren. *Interne* Mitgliedschaft haben diejenigen, die der Gruppe aufgrund ihres Wissens und ihres potentiellen Beitrags zum Ergebnis, Dienst oder Produkt angehören. Von internen Mitgliedern wird großes Engagement und rege Teilnahme erwartet. *Externe* Mitglieder hingegen sind oft (allerdings nicht immer) Mitarbeiter mit Stabsfunktion, die sich auf den Arbeitsprozeß und nicht auf die inhaltliche Aufgabe konzentrieren. Sie sind meist nur „auf Abruf" bei den Gruppensitzungen anwesend. Ihre Beteiligung spielt sich meist innerhalb bestimmter Funktionsgrenzen ab. So kann es z. B. sein, daß die Gruppe ein bestimmtes Fachwissen braucht und dafür eine ausgesuchte Expertin für einige Stunden einlädt. Diese Person wird damit zum externen und inhaltlichen Mitglied, hat jedoch keine psychologische Mitgliedschaft, weil sie sich wahrscheinlich nicht für die Erfüllung der Gesamtaufgabe der Gruppe engagiert.

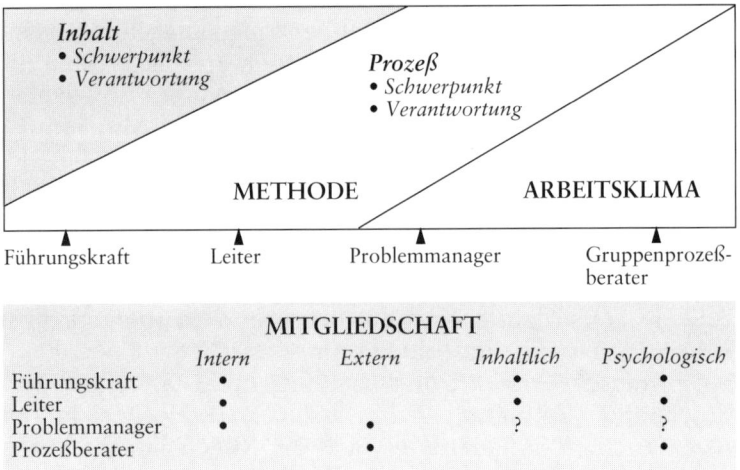

Abb. 2: Rollenunterscheidung

Nun zu den Rollen, die in einer Arbeitsgruppe am häufigsten vorkommen, und ihrer Beziehung zur Prozeßberatung.

Führungskraft   Die Führungskraft besitzt die Autorität, für die Erfüllung der Aufgaben zu sorgen sowie die Projektergebnisse zu bewerten. Sie übt die formale Kontrolle über die Gruppenmitglieder aus. Ihre Verantwortung liegt vor allem beim Inhalt, d. h. bei der zu leistenden Arbeit und der zu bewältigenden Aufgabe. Es ist sicherlich nützlich, wenn die Führungskraft auch über Kenntnisse und Fertigkeiten hinsichtlich des Arbeitsprozesses verfügt, doch ihre eigentliche Rolle besteht darin, dafür zu sorgen, daß die Aufgabe erledigt wird.

Die Führungskraft ist ein internes Miglied der Gruppe. Sie nimmt regelmäßig teil und hat sowohl inhaltliche als auch psychologische Mitgliedschaft.

Leiter   Der offizielle Leiter (wenn die Gruppe einen solchen will) ist eine zumeist von der Führungskraft bestimmte Person, die für die Tagesordnung zuständig ist und sich um alle Einzelheiten rund um die Erfüllung der Aufgabe kümmert. Auch wenn der Leiter inhaltliche Sachkenntnisse haben sollte, besteht seine spezifische Funktion doch darin, den methodischen Prozeß zu steuern. Er *leitet* meistens die Sitzungen oder steht als Schriftführer am Flipchart. Manchmal übernimmt auch eine Führungskraft diese Rolle. Wie die Führungskraft ist der Leiter ein internes, inhaltliches und psychologisches Mitglied der Gruppe. Die Rolle des Gruppenleiters wird gewöhnlich im wöchentlichen Wechsel an ein anderes Gruppenmitglied weitergegeben.

Problemmanager Die Rolle des Problemmanagers ähnelt oft der **(facilitator)** des Gruppenleiters, wobei der Problemmanager sich üblicherweise eher für das Arbeitsklima verantwortlich fühlt. Auf der Skala in Abbildung 2 verschiebt sich die Rolle des Problemmanagers je nach Organisation weiter nach links oder rechts. Anders als die Führungskraft oder der Leiter hat der Problemmanager die

Hauptverantwortung dafür, daß die Aufgabe effizient und effektiv ausgeführt wird. Sein Schwerpunkt liegt daher bei Arbeitsmethodik und -verfahren. Er kann sich allerdings auch zum Arbeitsklima äußern. Möglicherweise dient er der Führungskraft, dem Leiter oder der Gesamtgruppe als Berater. Er ist nicht unbedingt bei den Arbeitssitzungen der Gruppe anwesend.

Der Problemmanager ist also entweder internes oder externes Mitglied der Gruppe: Als internes Mitglied ist er ein reguläres Mitglied der Gruppe bzw. der Belegschaft; als externes Mitglied kommt er entweder aus der Mitarbeiterschulung, der Personalabteilung, der Organisationsentwicklung oder gar aus einem anderen Unternehmen. Inhaltliches Wissen, was den Gruppenauftrag betrifft, ist für den Problemmanager nicht unbedingt erforderlich. Jede Organisation wird das individuell für sich regeln. Entsprechend ist er, wenn er kein reguläres Mitglied der Gruppe ist, auch kein psychologisches Mitglied. Obwohl er selbstverständlich will, daß die Gruppe ihre Ziele erreicht, wird seine Motivation zum Erfolg dann nicht so sehr seine ganze Person beanspruchen.

Prozeßberater   Der Prozeßberater ist diejenige Person, die einen Vertrag mit der Gruppe bzw. dem Team hat, die an allen oder mindestens 75 Prozent der Sitzungen teilnimmt – und die sich mit abgestuften Interventionen zu methodischen und zwischenmenschlichen Aspekten in die laufende Gruppenarbeit einschaltet. Der genannte Prozentsatz ist selbstverständlich willkürlich. Damit soll nur zum Ausdruck gebracht werden, daß das zeitliche Engagement des Beraters beträchtlich ist, wenn er Teil einer Gruppe ist und ihren Zusammenhalt stärken soll. Die Ziele des Prozeßberaters sind die Erfüllung der Aufgabe und die Zufriedenheit der Mitglieder. Es gilt jedoch: *Interventionen zum Arbeitsklima sind am wirkungsvollsten, wenn sie im Dienste der Aufgabe geschehen.*

Laut Definition ist der Prozeßberater ein externes Gruppenmitglied und besitzt kein inhaltliches Wissen bzw. hält sich
aus dem Fachlichen heraus. Da er regelmäßig an den Grup-
pentreffen teilnimmt, ist der Prozeßberater auch ein psychologisches Mitglied.

Nach meiner Definition konzentriert sich der Prozeßberater
auf zweierlei: auf den methodischen Prozeß der Aufgabenerfüllung und auf die Entwicklung der Arbeitsbeziehung
der Gruppenmitglieder untereinander. Für beides trägt der
Prozeßberater eine große Verantwortung. Sind die Mitglieder einer Gruppe sehr aufeinander angewiesen, z. B. in
stark leistungsorientierten Teams, so ist das Arbeitsklima
genauso wichtig wie die methodisch effiziente Arbeit. Ohne
ein funktionierendes Miteinander wird auch keine Leistung
erbracht. Für Organisationen oder Gruppen, bei denen das
Äußern von Gefühlen oder Feedback verpönt ist, kann das
zum Problem werden.

Was den   Ein Prozeßberater ist weder Leiter noch Führungs-
Prozeßberater kraft. Das heißt, er hat weder eine Aufsichtsfunk-
unterscheidet tion, noch übt er formale Macht über die Grup-
                 penmitglieder aus. *Ein Prozeßberater läßt sich
nicht auf inhaltliche Diskussionen ein.* Eine Führungskraft
mag zwar Prozeßfähigkeiten besitzen, in der Führungsrolle
kann sie dennoch nicht effektiv als Prozeßberater fungieren. Dies gilt auch für Mitglieder der Belegschaft, die darum gebeten werden, ihrem Team als Prozeßberater zu dienen. Zwei Hüte gleichzeitig kann man sich nicht aufsetzen.
Probleme in Organisationen entstehen deshalb oft, wenn
ein Mitarbeiter, meist aus dem Bereich Organisationsentwicklung als Prozeßberater für die eigene Gruppe agiert.

Der Unterschied zwischen einem Problemmanager und einem Prozeßberater ist oft nur schwer auszumachen. Ein
Prozeßberater verpflichtet sich vertraglich, bei allen Gruppensitzungen dabei zu sein und in unterschiedlichem Aus-

maß zu intervenieren. Dazu gehört normalerweise, den
Gruppenmitgliedern Feedback zu geben und sie auf ihr Verhalten direkt anzusprechen.

Der Problemmanager wird vielleicht nur für eine Sitzung
herangezogen, oder er soll die Führungskraft beraten. Normalerweise hat er keinen Vertrag über die *laufende* Arbeit
mit dem Team. Die Hauptunterschiede zwischen beiden
Rollen liegen also in den jeweiligen Verträgen, den Vereinbarungen über Art und Ausmaß der Interventionen und in
der Arbeitszeit, die mit der Gruppe verbracht wird.

Man kann natürlich für alle drei Rollen kompetent sein,
auch wenn man in einer Gruppe jeweils nur eine Rolle einnimmt. Eine Führungskraft aus der Abteilung innerbetrieb-
liche Schulung beispielsweise kann als Chef jener Einheit
zugleich Prozeßberater einer Gruppe in einem anderen Teil
des Unternehmens sein und zusätzlich Leiter in einer zweiten Gruppe und Problemmanager in einer dritten. Entscheidend ist nur, die verschiedenen Rollen deutlich auseinan-
derzuhalten und sie jeweils offenzulegen.

Eine letzte Unterscheidung betrifft die *Prozeßinterventio-
nen*. Eine Prozeßintervention ist jeder Versuch (eines Problemmanagers, Prozeßberaters, Leiters oder einer Führungskraft), bei dem es darum geht, der Gruppe zu einer effekti-
veren und effizienteren Arbeitsweise zu verhelfen, damit
diese ihr Gruppenziel erreichen kann. Ich verwende die Begriffe „effektiv" und „effizient" hier in ihrer traditionellen
Bedeutung: *Effektiv* sein, heißt, die richtigen Dinge zu tun;
effizient sein, die Dinge richtig zu tun. Der Begriff Prozeßintervention impliziert, daß die intervenierende Person
eine bestimmte Rolle innehat und sich dieser Rolle bewußt
ist. Die Interventionen haben also eine bestimmte *Absicht*.

Problemmanager und Prozeßberater können Alternativen
vorschlagen, ohne sich gegenüber der Gruppe damit unbe-

dingt direktiv zu verhalten. Gruppenleiter hingegen können Anweisungen erteilen – wenn es notwendig sein sollte. Problemmanagement und Beratung haben mit Visionen zu tun. Direktives Vorgehen wäre für einen Prozeßberater oder Problemmanager ein kurzsichtiges Verhalten. Prozeßberatung als visionäre Aufgabe zu betrachten, bedeutet, den Gruppenmitgliedern prozeßbezogene Fähigkeiten zu vermitteln, aktive Verantwortung für die eigene Person und für die Gruppe. Direktive Führung und Leitung mag zwar effizient sein, ist aber langfristig nicht effektiv. Die Gruppenmitglieder werden abhängig und teilnahmslos. Sie verlieren ihre Motivation und fühlen sich nicht mitverantwortlich für die Entwicklung der Gruppe und das Ergebnis. Echte Prozeßberatung dagegen befähigt die Gruppe.

MOOSBRUKER (1989) befürwortet die Rolle eines „Prozeßleiters" (process leader). Der Prozeßleiter „arbeitet" eher an dem Prozeß, als daß er beratend am Prozeß teilnimmt. Zur Charakterisierung der Arbeit eines Prozeßleiters listet MOOSBRUKER achtzehn Interventionen auf. Meiner Ansicht nach beruht diese Rollenbeschreibung jedoch auf einem mangelnden Verständnis der gedanklichen Grundlagen der Prozeßberatung und des angeblichen Wunsches des Prozeßleiters, die Gruppe und die Situation zu kontrollieren. SCHEIN (1990) verwirft zwei ganz ähnlich gestaltete Beratungsmodelle: die Gruppe durch einen Experten beobachten zu lassen und den die Gruppe heilenden „Doktor" zu spielen.

MOOSBRUKER geht aufgrund ihrer eigenen Erfahrungen davon aus, daß bei Gruppen „aus vielen Gründen keine Zeit vorhanden" sei und daß die Arbeit des Prozeßleiters stärker *handlungsorientiert* sein müsse. Auf diese Zeitfalle, die einem der Klient oft selbst stellt, sollte man als Prozeßberater jedoch nicht hereinfallen. Gruppen planen in der Regel ergebnis- und aufgabenorientiert, während sie die Reflexion über ihre Arbeitsbeziehung als zu vermeidendes Übel be-

trachten. Genau dies ist jedoch der Grund, warum Gruppenmitglieder sich die entsprechenden Fähigkeiten oft nicht
aneignen und Schwierigkeiten haben, kreative Lösungen zu
finden. Der Prozeßberater hat die Verantwortung, diesen
Widerständen nicht nachzugeben und seine Interventionen
auf die Förderung mitmenschlicher Fähigkeiten und problem-
orientierten Arbeitens auszurichten. Der hier vertretene Ansatz ist – in Übereinstimmung mit SCHEIN und HACKMAN –
langfristig ausgerichtet und neigt nicht dazu, den unmittelbaren Forderungen des Klienten zu entsprechen.

Im übrigen ist die Rolle des Prozeßberaters meiner Ansicht
nach durchaus handlungsorientiert, besonders in den frühen Phasen der Gruppenzusammenarbeit. Es ist eine falsche
Vorstellung, daß ein effektiver Prozeßberater nicht zur
Gruppe gehöre und im Hintergrund sitzend seine Beobachtungen anstelle. Die Rolle des Beraters erfordert vielmehr
folgende Eigenschaften: Er ist bestimmt, effizient, intensiv
fühlend, organisiert und ist verständnisvoll.

Alle diese Unterscheidungen sind wichtig. In jeder Gruppe,
jedem Team und jeder Organisation müssen die verschiedenen Rollen und ihre Funktionen genau bestimmt werden. Je
nach Organisation werden die Rollen in ihrer Bedeutung
und genauen Abgrenzung variieren. Größere Schwierigkeiten werden wahrscheinlich entstehen, wenn eine Person in
einer Gruppe mehrere Funktionen wahrzunehmen versucht.
Es kommt vor, daß ein einziger vier Rollen gerecht zu werden versucht und alles auf einmal sein will: Führungskraft,
Leiter, Problemmanager und Prozeßberater. Das geht erwartungsgemäß meist schief. Selbst wenn eine Führungskraft vielleicht entscheiden kann, „ab jetzt" die Rolle des
Prozeßberaters zu übernehmen, werden die Gruppenmitglieder ihre Wahrnehmung nicht von heute auf morgen ändern und nun den „Vorgesetzten im Prozeßberater" vergessen, der eine gewisse Macht und Autorität in ihrem Ar-
beitsleben besitzt.

Zusammenfassung   Auch wenn ich ein systematisches Modell der Prozeßberatung von Gruppen empfehle, sind sowohl die Gruppenmitglieder als auch die Berater sehr frei in ihren Möglichkeiten. In den weiteren Kapiteln werden die jeweiligen Hauptphasen und Unterphasen des Beratungsprozesses ausführlich erläutert, ebenso die Techniken, mit deren Hilfe der Prozeß effektiv und effizient und für die Gruppenmitglieder befriedigend gestaltet werden kann.

In Kapitel 2 werden Fragen der methodischen Arbeit und des Arbeitsklimas untersucht, also des gruppendynamischen Prozesses, in den der Prozeßberater mit seinen Interventionen eingreift. Kehren wir nun zu unseren drei Beispielsituationen zurück.

Planungsteam von Führungskräften

Bill, der leitende Angestellte im Planungsteam, wurde vom stellvertretenden Leiter der innerbetrieblichen Schulung an einen externen Berater verwiesen. Der stellvertretende Leiter wußte, daß dieser Berater eine Ausbildung in Prozeßberatung hatte. Bill vereinbarte ein erstes Gespräch mit Scott, dem Berater, und besprach mit ihm die Belange seiner Gruppe. Der Berater erläuterte, was ein Prozeßberater tut, gab Beispiele und zeigte ihm das Schaubild „Ablauf einer Prozeßberatung" (Abb. 1). Bill fand das Gespräch hilfreich und erkundigte sich deshalb, wie es nun weiterginge. Scott schlug vor, sich mit der Führungskraft und der Gruppe zusammenzusetzen, um diese über Prozeßberatung zu informieren. Da alle Parteien einverstanden waren, wurde ein Gespräch angesetzt, bei dem das Team Gelegenheit hatte, den Berater kennenzulernen und gleich in Aktion zu erleben. Der Berater hatte seinerseits Gelegenheit, die Zusammenarbeit des Teams aus eigener Anschauung einzuschätzen.

Qualitätszirkel

Die Leiterin der Mitarbeiterschulung wußte, daß ihr Unternehmen für Qualitätszirkel noch nicht „reif" war und daß die Leiter mit einem Tag Fortbildung nicht genug vorbereitet sein würden. Sie bedauerte mittlerweile, der Forderung der Stellvertreterin des Vorstands nach sofortiger Einführung der Zirkel nichts entgegengesetzt zu haben. Ihr war auch bewußt, daß in dem Trainingsseminar für Gruppenleiter weder die Gruppendynamik noch zwischenmenschliche Aspekte der Gruppenführung behandelt wurden. Der Berater erklärte der Stellvertreterin des Vorstands die Situation, die daraufhin widerstrebend weiteren Schulungsmaßnahmen zustimmte.

Krankenhausverwaltung

Die Mitglieder der Krankenhausverwaltung haben sich zumindest darin einigen können, daß sie eine außenstehende Person brauchen, die ihnen hilft, ihre zwischenmenschlichen Probleme und Konflikte bei der Arbeit zu klären. Sie wandten sich an eine Prozeßberaterin, die ein Treffen mit der ganzen Gruppe vorschlug, auf dem die verschiedenen Ziele, Voraussetzungen und Erwartungen besprochen werden sollten. Die Beraterin wies darauf hin, daß weder sie noch die Gruppe vertragliche Verpflichtungen eingingen, bevor diese drei Dinge zu jedermanns Zufriedenheit geklärt seien.

2 Methodische und soziale Prozesse: Schlüssel zum Verständnis von Gruppen

Manchmal begegne ich Führungskräften, Gruppenmitgliedern oder Beratern, die keine oder nur geringe Vorstellung davon haben, was eine effektive Gruppe eigentlich ausmacht. Sie haben auch kein Gespür für die dynamischen Prozesse, die die Gruppenarbeit beeinflussen. In Kapitel 2 werden deshalb die beiden entscheidenden Prozesse untersucht, die zum Erfolg oder zum Scheitern einer Gruppe beitragen: der *methodische* und der *soziale* bzw. *gruppendynamische Prozeß.* Außerdem werden wir uns damit beschäftigen, wie *Prozeßnormen* entstehen und wie der Prozeßberater auf sie einwirken kann.

Inhalt, Methode und Arbeitsklima Worauf richtet sich der Blick des Prozeßberaters, wenn er mit einer Gruppe effektiv zusammenarbeiten möchte? Im ersten Kapitel wurde Gruppeneffektivität mit HACKMANS (1983) Begriffen dargestellt, das heißt, sie wird gemessen an den Normen der Organisation, der Zufriedenheit der Gruppenmitglieder und ihrer Bereitschaft, über längere Zeit in dieser Zusammensetzung zu arbeiten. Damit die Gruppe diese Ziele erreicht, muß der Prozeßberater auf zwei wesentliche Prozesse, die der Gruppenarbeit zugrundeliegen, achten.

Daß in einer Gruppe jenseits inhaltlicher Diskussionen noch weitere dynamische Prozesse ablaufen, ist schon lange bekannt. WHITAKER und LIEBERMAN (1964, 16) konstatieren: „Wir gehen davon aus, daß es in jeder Gruppe eine Ebene gibt, die unter der Oberfläche verborgen liegt. Allerdings ist sie in denjenigen Gruppen am schwersten zu erkennen, bei denen der offenbare Inhalt selbst recht schlüssig und in sich konsistent ist." Diese methodisch/sozioemotionale Ebene hat bereits ROBERT F. BALES in seinem bahnbrechenden Werk *Interaction process analysis* (1950) beschrieben. Und EDGAR H. SCHEIN (1979, 1987) hat das Modell für die Prozeßberatung und das Training menschlicher Beziehungen ausformuliert.

Der *Inhalt* ist die zu erledigende Arbeit, also das Produkt, der Diskussionsgegenstand oder die zu erbringende Dienstleistung. Der Inhalt ist das „Was" der Gruppenarbeit, d. h. das Thema, das zu lösende Problem, die zu treffende Entscheidung, das Ziel.

Der *Prozeß,* das „Wie", umfaßt die Methoden, das Vorgehen, die Regeln, die Gruppendynamik und die verschiedenen Formen der Interaktion. Wenn der Inhalt die Worte sind, so ist der Prozeß die Musik dazu.

Der *methodische Prozeß* besteht also darin, wie die Gruppe die ihr gestellte Aufgabe erledigt, wie sie beispielsweise ihre Tagesordnung aufstellt und wie sie gewisse Zeitvorgaben regelt. Auch Methoden kreativen Denkens, Techniken der Entscheidungsfindung, Stufen der Problemlösung und Formen der Konsensfindung gehören dazu.

Der *soziale Prozeß* bezieht sich auf die psychosozialen Bedürfnisse der Gruppe und auf die Entwicklung befriedigender zwischenmenschlicher Beziehungen. In diesen Bereich gehören zunächst die Mitgliedschaft, d. h. die Zugehörigkeit und das Engagement, dann aber auch die verschiedenen Möglichkeiten des Einflusses auf die Gruppe, der Umgang mit schwierigen, dominanten oder passiven Mitgliedern und die Bewältigung dysfunktionaler Verhaltensweisen.

Zum besseren Verständnis dieses Dreier-Modells von Inhalt und methodischem bzw. sozialem Prozeß kann vielleicht ein Beispiel aus der Technik dienen: eine Maschine, die Holzdübel herstellt. Das Produkt, in diesem Fall Dübel, ist der Inhalt, das „Was". Damit die Maschine jedoch Dübel produzieren kann, ist ein Prozeß vonnöten. Dieser Prozeß ist das „Wie", d. h. wie die Dübelmaschine funktioniert, ihr Programm, ihre Stärken und Grenzen und die Grundbedingungen für ein reibungsloses und leistungsstarkes Funktionieren.

Der methodische Prozeß bezieht sich darauf, wie die Dübel hergestellt werden. Hierzu gehören die Produktionsmethoden, die einzelnen Schritte des Produktionszyklus und die zeitlichen Vorgaben.

Der zweite (soziale) Prozeß, in diesem Beispiel die Wartung der Maschine, bezieht sich darauf, ob die Dübelmaschine gut („wie geschmiert") läuft. Wird die Maschine schnell zu heiß, wird die Walze uneben? Bleibt sie sauber, oder stören Holzspäne? Muß sie geölt werden?

Es tut wenig zur Sache, welches Produkt oder welche Dienstleistung wir als Beispiel nehmen, seien es nun Dübel, Flugzeugmotoren, Paketauslieferungen oder Unternehmensdienstleistungen. Jede Unternehmung und jede Arbeit, gleich welchen Inhalts, ist diesen beiden Prozessen unterworfen.

Arbeitsgruppen entsprechen in dieser Hinsicht der Dübelmaschine. Es gibt einen Inhalt und einen Prozeß - einen methodischen, der sich auf die Erfüllung der Aufgabe bezieht, und einen sozialen, der die Gruppendynamik (bzw. die Wartung) beschreibt. Der Prozeßberater schaltet sich in diesen Prozeß ein. Arbeitet die Gruppe effektiv? Läuft die Arbeit „wie geschmiert", d. h. effizient? Sind die Mitglieder zufrieden mit dem, was sie tun und wie sie es tun?

Planungsteam von Führungskräften _____

Der leitende Angestellte wußte, daß er in seinem Planungsteam schwierige Charaktere zusammenführt und daß Spannungen nicht ausbleiben werden, zumal die Gruppe viel

Zeit miteinander verbringen wird. Der methodische Prozeß wird – selbstverständlich – im Vordergrund stehen, doch die dafür erforderlichen Fähigkeiten der Mitglieder sind sehr unterschiedlich. Vor allem sollte auch dem Arbeitsklima genügend Bedeutung zugemessen werden. Die Bedürfnisse jedes einzelnen und der Gruppe insgesamt müssen zu ihrem Recht kommen. Auch was die sozio-emotionalen Fähigkeiten anging, waren erhebliche Defizite bei den Mitarbeitern festzustellen.

Qualitätszirkel

Zwei der drei Leiter kommen mit dem methodischen Prozeß sehr gut zurecht. Sie kennen nun die grundlegenden Verfahren der Gruppenarbeit wie das Aufstellen einer Tagesordnung und Techniken der Problemlösung und Entscheidungsfindung. Sie haben auch ein Gefühl dafür entwickelt, wann eine Intervention sinnvoll ist. Der dritte Leiter versteht zwar einiges vom methodischen Prozeß, ist jedoch eher ungeschickt und geht sehr direktiv vor. Im Grunde managt er die Gruppe. Leider kennt sich keiner in gruppendynamischen Prozessen aus, und gerade in diesem Bereich haben die Gruppen offenbar die größten Probleme. Ihnen ist nicht bewußt, daß unausgesprochene Konflikte die Arbeit an der Aufgabe beeinträchtigen können. Die drei Leiter haben außerdem Angst vor ihrer eigenen emotionalen Reaktion und befürchten, sie könnte im Rahmen ihrer Gruppe unangebracht sein.

Krankenhausverwaltung

Den Leitern des Krankenhauses fehlen die Fertigkeiten sowohl für den methodischen als auch für den sozialen Prozeß. Sie klagen: „Wir hatten gehofft, wir könnten uns hinsetzen, unsere Konflikte beiseite lassen und die anstehenden

Probleme lösen. Wir hatten keine Ahnung, daß es so schwierig sein würde." Auf eine solche naive Haltung trifft man
nicht selten, sei es in der Wirtschaft oder auch bei gemeinnützigen Organisationen.

Wie Prozeßnormen entstehen Prozeßnormen sind durchgängige und andau-
ernde Verhaltensweisen, auf die sich die Gruppenmitglieder ausdrücklich oder stillschwei-
gend geeinigt haben. Wenn ein sich wiederholendes Verhalten in Frage gestellt wird und dann doch ohne Sanktionen
weiter praktiziert wird, kann man davon ausgehen, daß es
sich um eine solche Norm handelt. Ein Beispiel: Einige
Gruppenmitglieder kommen regelmäßig zu spät zur Sitzung.
Ein anderes Mitglied bringt dies zur Sprache, und nach eini-
ger Diskussion einigt man sich darauf, daß künftig alle
pünktlich erscheinen sollen. Gleich bei der nächsten Sitzung
kommen wieder zwei zu spät; die Verspätung wird zwar re-
gistriert, doch keiner regt sich allzusehr darüber auf. In dieser Gruppe ist das Zu-spät-Kommen offenbar eine Norm.

Normen verdienen Beachtung, weil sie, ob funktional oder
dysfunktional, die akzeptierten Verhaltensweisen sind, auf
deren Grundlage die Gruppe arbeitet. Es gehört zur Aufgabe des Prozeßberaters, diese Normen den Gruppenmitglie-

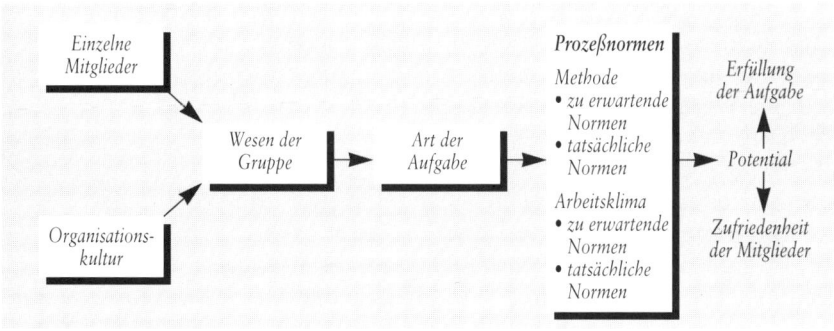

Abb. 3: Die Entwicklung von Prozeßnormen in einer Gruppe

dern deutlich zu machen und ihnen bei der Entscheidung zu
helfen, welche der Normen sie beibehalten und welche sie
durch eine andere, effektivere Norm ersetzen wollen.

Abbildung 3 zeigt, daß die Prozeßnormen einer Gruppe
durch eine Vielzahl von Faktoren bestimmt werden: durch
die einzelnen Mitglieder der Gruppe, die Organisationskultur
des übergeordneten Unternehmens bzw. der Organisation,
das Wesen der Gruppe und schließlich die Art der Aufgabe.

Die einzelnen Jedes Gruppenmitglied bringt seine eigene Ge-
Mitglieder schichte, Persönlichkeit und Lebenserfahrung in
die Problemlösung und Entscheidungsfindung ein.
Diese sind also höchst individuell und stimmen nicht unbedingt mit den Normen der Gruppe überein. Es gibt Instrumente zur Persönlichkeitsklassifizierung, so zum Beispiel
den „Type Indicator" von MYERS-BRIGGS (MYERS 1980)
oder „FIRO-B" (SCHUTZ 1958), die einen Einblick in verschiedene Denkweisen und individuelle Bedürfnisse geben
und zeigen, wie diese zur Gruppenkultur beitragen.

Organisations- Jede Organisation hat ihre eigene Kultur, und die-
kultur se hat Einfluß darauf, wie die Mitarbeiter denken
und handeln. Kulturen sind dauerhaft. Sie lassen
sich definieren als gemeinsame Grundannahmen und Haltungen, die die Organisation zusammenhalten. Eine Kultur
zeigt sich in bestimmten Denkmustern, die die zugrundelie-
genden Werte und Glaubensgrundsätze vermitteln und das
Verhalten der Beschäftigten prägen.

Die Kultur mag von Bereich zu Bereich und von Abteilung
zu Abteilung variieren, und dennoch gibt es eine gemeinsame Organisationskultur, die viele Verhaltensweisen der jeweiligen Gruppen formt. So kann in einer Organisationskultur beispielsweise Offenheit und Kommunikation in aufgabenbezogenen oder zwischenmenschlichen Angelegenhei-

ten propagiert werden, während in einer anderen dies gerade nicht gefördert wird. WEICK (1979) spricht von vorgegebenen Rahmen („enacted environments"), um zu beschreiben, wie Menschen nach Paradigmen suchen und sie entwickeln, um die Unsicherheit der Ereignisse in ihrem Leben zu reduzieren. Jede Organisation liefert eine Reihe vorgegebener Rahmen, denen sich der Mitarbeiter anpassen muß, wenn er akzeptiert werden möchte.

Wie in einer Organisation Konflikte bewältigt werden, hängt von der Einstellung des einzelnen, aber auch von der Organisationskultur ab. Werden Konflikte unterdrückt bzw. geleugnet? Gibt es die Möglichkeit, Konflikte „offen" anzugehen? Ohne Konflikte in der Sache besteht auch wenig Aussicht auf kreative Lösungen.

Wie sehen die Problemlösungsstrategien der Organisation aus? Werden zunächst die Grenzen und Parameter des Problems ausgeleuchtet, oder herrscht ein lösungsorientierter Ansatz vor? Im letzteren Fall neigen die Gruppenmitglieder zu vorschnellen Lösungen. Sie sind aufgabenorientiert und kümmern sich nicht um das Arbeitsklima.

Und zu guter Letzt: Legt die Organisation Wert auf den methodischen und gruppendynamischen Prozeß? Sind bei den Gruppenmitgliedern die entsprechenden Voraussetzungen vorhanden? Üblicherweise gilt in einer Organisation alles, was mit der Aufgabe zu tun hat, sehr viel, unabhängig davon, ob die betreffenden Personen die erforderlichen methodischen Kenntnisse haben oder nicht, während die Beziehung der Mitarbeiter untereinander in ihrer Bedeutung verkannt bzw. heruntergespielt wird.

Wesen der Gruppe Bei der Ausformung der Normen spielt auch das Wesen der Gruppe eine Rolle. So kann es sich beispielsweise um eine intakte Gruppe handeln, die schon eine ganze Weile zusammenarbeitet, oder um eine Ad-hoc-Gruppe, die für eine bestimmte Aufgabe zusammengestellt worden ist und nur eine kurze Zeit bestehen wird.

Auch die Größe der Gruppe ist wichtig. Je größer die Gruppe, desto schwieriger ist es, die Arbeit zu erledigen, auch wenn das entsprechende Potential vorhanden ist (KREEGER 1975). Sobald die Gruppe mehr als ungefähr zwölf Mitglieder hat, nimmt außerdem die Aussicht auf Konsens dramatisch ab. Es kann, wie bereits angemerkt, zu „sozialem Faulenzertum" kommen (LATANE, WILLIAMS & HARKINS 1979). Die einzelnen Gruppenmitglieder können sich leichter „ausklinken", statt zur Effektivität der Gruppe beizutragen. KERR (1989) berichtet, daß Mitarbeiter in großen Gruppen sich weniger zufrieden äußern. Sie nehmen seltener an den Sitzungen teil und arbeiten weniger mit.

Wie ist es um die Zusammensetzung der Gruppe bestellt? Ist sie, was die Fähigkeiten und Denkweisen der Mitglieder betrifft, homogen oder heterogen? Aus welchen Ebenen der Organisation kommen die Gruppenmitglieder? Sitzen Führungskräfte und ihre Untergebenen beieinander? Sind Führungskräfte oder leitende Angestellte überhaupt vertreten? Welchen Anreiz gibt es, dieser Gruppe anzugehören? Ist die Teilnahme freiwillig oder Pflicht? Bringt es Prestige, ein Mitglieder dieser Gruppe zu sein?

All diese Faktoren machen das Wesen einer Gruppe aus. Der Prozeßberater muß sie untersuchen, während sich die Gruppennormen entwickeln.

Art der
Aufgabe   Als Berater müssen wir wissen, ob die Aufgabe, an der die Gruppe arbeitet, für die Organisation von hoher Priorität ist. Sind die Ziele und die einzelnen Arbeitsschritte eher einfach oder komplex? Gibt es bei den Hauptzielen Unklarheiten? Reicht die angesetzte Zeit aus, um die Aufgabe zu erfüllen, oder sind die zeitlichen Vorgaben unrealistisch? Welche lohnenden Anreize gibt es für die Grup-

penmitglieder, die in der Sache selbst liegen, und welche
äußeren Anreize gibt es? Oder gibt es gar keine? Stehen der
Gruppe die erforderlichen Mittel, wie z. B. Geld, Schreib-
kräfte und Vervielfältigungsmöglichkeiten, zur Verfügung?

Zwischenüberlegung

Vergessen der eigenen Fähigkeiten. Bei Personen, die in der Personalentwicklung arbeiten, läßt sich dieses seltsame Phänomen am deutlichsten
beobachten: Sobald sie als Gruppenmitglied agieren, weigern sie sich geradezu, ihre Fähigkeiten zum Nutzen der Gruppe einzusetzen – seien sie
als Berater noch so talentiert. Fragt man sie nach den Gründen, geben
sie Erklärungen wie: „Ich wollte nicht als der Berater dastehen ...",
„Konkurrenz ..." oder „Darüber habe ich gar nicht nachgedacht. Ich
wollte ein ganz normales Mitglied sein." Oft genügt es schon, die Gruppenmitglieder darauf anzusprechen, damit sie lockerer werden und sich
wieder berechtigt fühlen, ihre Fähigkeiten auch einsetzen.

Prozeßnormen   Es gibt zwei Arten von Normen: Die *vorhersehba-
ren* Normen werden durch die obengenannten Fak-
toren bestimmt und treten meist erwartungsgemäß ein. So
kann man z. B. davon ausgehen, daß in einer Gruppe mit
knappen Zeitlimits wahrscheinlich kaum strategische Ana-
lysen vorgenommen werden (GERSICK 1988). Auch das Arbeitsklima wird unter solchen Umständen vernachlässigt. Die
Gruppe ist in hohem Maße aufgabenorientiert.

Daneben gibt es *unvorhersehbare* Normen, die jeweils spontan entstehen und gruppenspezifisch sind. Gerade diese Ein-
zigartigkeit von Gruppen versetzt uns immer wieder in Er-
staunen, auch wenn wir die Entwicklung von Normen nur
zu gern vorhersehen würden. Doch das menschliche Verhalten ist dynamisch und komplex. Ich glaube nicht, daß Berater je die Feinheiten und Nuancen einer Gruppe werden
vorhersagen können.

Mit beiden Normentypen für den arbeitsmethodischen und
den gruppendynamischen Prozeß verfügt die Gruppe über
das Potential, ihre Arbeit zu leisten und ihre Mitglieder zufrieden zu stellen. Entwickeln sich in der Gruppe Prozeßnormen, die beides – Arbeitsleistung und Zufriedenheit –
hemmen, ist die Aussicht auf Effektivität eingeschränkt. In
solcher Situation kann ein Prozeßberater helfen, so daß Erfolg und Zufriedenheit wahrscheinlicher werden.

Die Arbeit des Der Prozeßberater greift nur in den methodischen
Prozeßberaters: und den sozialen Prozeß ein. Über die negativen
Die 70/15/15- Auswirkungen inhaltlicher Interventionen muß
Regel sich der Prozeßberater im klaren sein. Wie in Ka-
pitel 1 dargelegt, würden sonst die Grenzen der
Beraterrolle überschritten. Es ist schwer oder sogar unmög-
lich, sich auf den Inhalt zu konzentrieren und gleichzeitig
beim methodischen und sozialen Prozeß objektiv zu bleiben.

Die *Phase der eigentlichen Arbeit* wird durch die Interventionen des Beraters in die laufende Gruppenarbeit definiert
(vorausgesetzt, er hat einen entsprechenden Vertrag). Die
Interventionen beziehen sich dabei wechselweise auf die Ar-
beitsmethode und auf das Arbeitsklima. Wie oben schon
gesagt wurde, zielt der Prozeßberater langfristig darauf ab,
daß die Gruppe allmählich Prozeßfertigkeiten erwirbt. Im
Laufe der Zeit sollen die Gruppenmitglieder lernen, selbst
in den Prozeß einzugreifen, wenn methodische Probleme
auftauchen oder störende Verhaltensweisen die Gruppenarbeit behindern.

Wenn Führungskräfte von Prozeßberatung hören, ist die
Reaktion manchmal: „Wie sollen wir bei all dieser Prozeß-
betrachterei noch zum Arbeiten kommen!" Sicher ist es
richtig, daß der Prozeßberater in der Anfangsphase meist
häufiger interveniert. Nach und nach wird der Zeitaufwand
allerdings geringer. Zunächst kostet Prozeßarbeit Zeit. Er-
stens haben die meisten Gruppenmitglieder bisher keine Er-

fahrungen mit Interventionen in den Gruppenprozeß, noch verfügen sie über die dafür erforderlichen Fähigkeiten. Zweitens müssen gerade in den frühen Arbeitsphasen der Gruppe viele Entscheidungen getroffen werden: bei der Klärung von Themen, Rollen und Vorgehensweisen ist die Aktivität des Beraters besonders gefragt. Diese Anfangsphase bietet dem Berater auch die Gelegenheit, Interventionen und Feedback beispielhaft vorzuführen.

Theoretisch sollte es eine Balance zwischen inhaltlicher Diskussion und der Besprechung des methodischen und sozialen Prozesses geben. Ideal sind 70 Prozent Inhalt, 15 Prozent Methodik und 15 Prozent Gruppendynamik (siehe Abbildung 4).

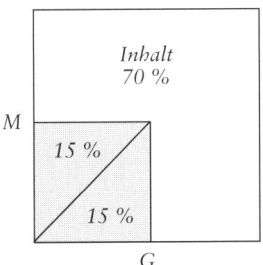

Abb. 4: Optimales Verhältnis zwischen inhaltlicher Diskussion, Methodik und Gruppendynamik

In den frühen Phasen der Gruppe liegt die Verteilung eher bei 50 Prozent Inhalt, 35 Prozent Methodik und 15 Prozent Gruppendynamik. Wenn die Gruppenmitglieder allmählich miteinander und mit den Arbeitszielen vertraut sind, verschiebt sich das Verhältnis in Richtung 50 Prozent Inhalt, 15 Prozent Methode und 35 Prozent Gruppendynamik. Wenn die nötigen Fähigkeiten dann erlernt, Beziehungen durchgearbeitet, Entscheidungen getroffen und Probleme gelöst sind, spielt sich ein ausgeglichenes Verhältnis von 70:15:15 ein. Abbildung 4 zeigt die *optimale* Verteilung. Ein Verhältnis von 70:15:15 ist die Grundlage für Projekteffektivität, effiziente Aufgabenerfüllung und Zufriedenheit der Gruppenmitglieder.

Werden die arbeitsmethodischen und zwischenmenschlichen Fragen und Probleme zuviel oder zuwenig beachtet, verursacht dies möglicherweise Störungen. Wenn beispielsweise, siehe Abbildung 5, die Methodik überbetont und die gruppendynamischen Konflikte vernachlässigt werden (die Aufgabe steht über allem), so gleicht die Gruppenarbeit einem Zug, der außer Kontrolle geraten ist: Man steuert auf eine Lösung zu, ohne zu erforschen, um welches Problem es sich genau handelt, und ohne zu prüfen, wie es den betreffenden Menschen mit der Aufgabe geht.

Umgekehrt bedeutet eine zu geringe Ausrichtung auf methodisches Vorgehen und ein Zuviel an Konzentration auf das Arbeitsklima (Abbildung 6) normalerweise, daß die Gruppe „Nabelschau" betreibt und stärker an emotionaler Zufriedenheit interessiert ist als daran, die Aufgabe effektiv zu erledigen.

Wenn es wenig oder überhaupt keine Prozeßarbeit an dem methodischem bzw. dem gruppendynamischen Prozeß gibt (Abbildung 7) und der Schwerpunkt ganz beim Inhaltlichen liegt, manövriert sich die Gruppe selbst in eine Sackgasse. Das Interesse erlahmt, oder Langeweile macht sich breit. Ein ausdrückliches Ziel und eine methodische Vorgehensweise (Tagesordnungspunkte etc.) fehlen. Die Diskussionen werden abstrakt und beliebig.

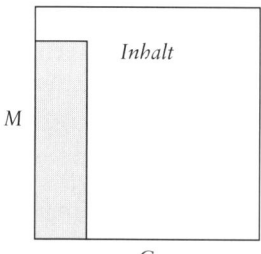

Abb. 5: Überbetonung der Methodik, Vernachlässigung der Gruppendynamik

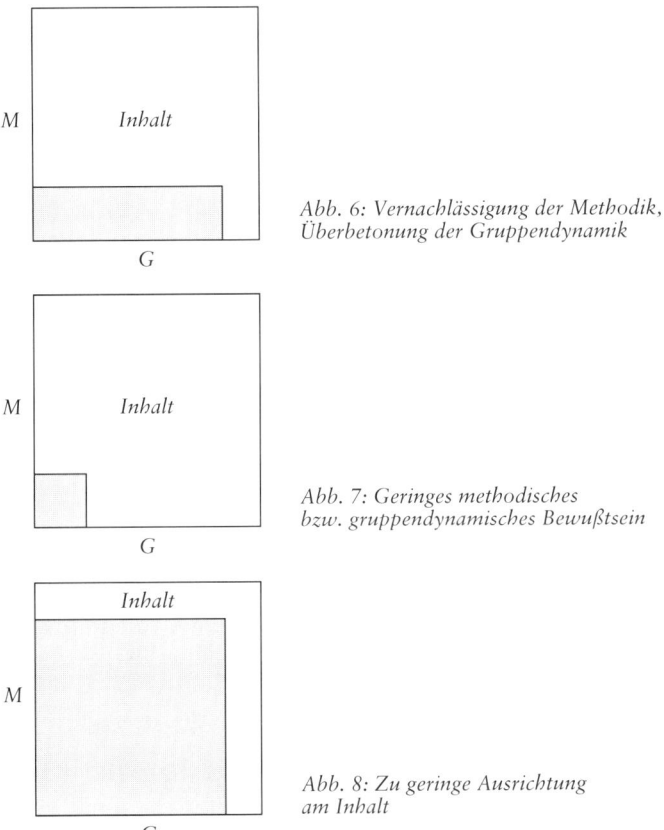

Abb. 6: Vernachlässigung der Methodik, Überbetonung der Gruppendynamik

Abb. 7: Geringes methodisches bzw. gruppendynamisches Bewußtsein

Abb. 8: Zu geringe Ausrichtung am Inhalt

Das andere Extrem ist ein hoher Prozeßanteil auf Kosten des Inhalts (Abbildung 8): Die Gruppe weiß, „wie" sie vorzugehen hat und kümmert sich um die persönlichen Beziehungen. Sie verbringt ihre Zeit mit Verfahrensdingen und Beziehungsfragen, was zur Folge hat, daß die Ziele nicht erreicht werden.

Denken Sie daran, daß diese Prozentangaben nur als grobe Orientierung gedacht sind. Worauf es ankommt, ist die richtige Balance. Eine Vernachlässigung oder Überbetonung jede dieser Komponenten kann die Arbeit der Gruppe ernsthaft beinträchtigen.

Planungsteam von Führungskräften

Zu diesem Zeitpunkt hat das Planungsteam noch nicht getagt, so daß noch keine Daten über das Verhältnis zwischen Methodik, Gruppendynamik und Inhalt vorliegen. Die Informationen, die wir bereits haben, lassen jedoch vermuten, daß sich die Verteilung von Abbildung 7 ergeben wird. Das heißt, methodischer und sozialer Prozeß werden ignoriert. Nur der Inhalt zählt.

Qualitätszirkel

Die Qualitätszirkel entsprechen Abbildung 5, mit einer Überbetonung der Methodik und einer Vernachlässigung der gruppeninternen Beziehungen. Es gibt Anzeichen für unausgesprochene Konflikte und Gefühle, mit denen sich die Gruppen nicht auseinandersetzen.

Krankenhausverwaltung

Die Leitung des Krankenhauses verfügt über die für den methodischen Prozeß erforderlichen Fertigkeiten. Und dennoch kosten die persönlichen Konflikte und Beziehungen weiterhin ungeheuer viel Zeit. Individuelle Bedürfnisse werden über die Bedürfnisse der Gruppe gestellt. Die Aufteilung entspricht in diesem Fall der Abbildung 8, denn der Inhalt wird dem Prozeß geopfert.

Die richtige Balance halten   Der Prozeßberater schaltet zwischen methodischem und gruppendynamischem Prozeß hin und her, während die Gruppe am Inhalt arbeitet. Er greift mit seinen Interventionen in die laufende Arbeit ein. Der Inhalt wird vorübergehend beiseite getan, und die Gruppenmitglieder beschäftigen sich mit aktuellen Prozeßfragen. Nachdem das Problem bzw. Anliegen entsprechend behandelt worden ist, nimmt die Gruppe die inhaltliche Diskussion wieder auf. Es ist ein dynamischer, vielschichtiger Prozeß, ständig in Bewegung und im Wandel begriffen.

Unerfahrene Gruppenmitglieder brauchen meist Zeit, um sich an die Prozeßarbeit zu gewöhnen. Diejenigen, die ergebnis- und aufgabenorientiert sind, haben Schwierigkeiten mit Interventionen, die das Arbeitsklima betreffen. Gruppendynamisch orientierte Teilnehmer dagegen verlieren die Geduld, wenn sich die Gruppe mit methodischen Fragen beschäftigt. Doch nach und nach, mit zunehmender Ausgestaltung der Gruppennormen, kommt die Gruppenarbeit in Fluß. Durch die Prozeßarbeit geht keine Zeit mehr verloren, im Gegenteil: die Prozeßfähigkeiten des Gruppenberaters und der Mitglieder selbst sparen Zeit.

Abbildung 9 veranschaulicht, wie bei der Arbeit zwischen methodischem und gruppendynamischem Prozeß hin- und hergewechselt wird. Die angeführten Beispiele sind jeweils typisch für ihren Bereich. Dazu soll hier ein Überblick gegeben werden, die Einzelheiten werden in den nachfolgenden Kapiteln behandelt.

Zunächst führt der Berater ein Vertragsgespräch bezüglich seiner Rolle und versucht herauszufinden, wie sich die Mitglieder in ihrer Gruppe fühlen, bezogen auf ihren jeweiligen Auftrag und ihre Tätigkeit. Gar nicht so selten werden Gruppenmitglieder zur „freiwilligen" Mitarbeit in Komitees oder Projektgruppen gedrängt und fühlen sich dort eigentlich fehl am Platze. Sie brauchen eine Möglichkeit, ihre Mitgliedschaft und die damit zusammenhängenden Gefühle zu besprechen. Auch wenn sie die Gruppe vielleicht nicht verlassen dürfen, hat allein die Möglichkeit, der Unzufriedenheit Luft zu machen, schon manch ein Projekt gerettet.

Weiterhin ist es sinnvoll, andere wichtige Rollen zu verteilen und nach dem Rotationsprinzip festzulegen, welche Gruppenmitglieder wann z. B. als Protokollführer oder Zeitplaner fungieren. Damit der Prozeßberater einen Bezugsrahmen für seine Interventionen hat, wird die Aufgabenstellung geklärt. Welchen Auftrag hat die Gruppe? Von wem kommt er? Welches sind die Bewertungskriterien? Gibt es Termine? Wird ein Bericht erwartet, und an wen soll er gehen?

Die Gruppe wird schneller und effektiver arbeiten, wenn die Mitglieder ein Leitbild, d. h. die Werte und Verhaltensweisen formulieren, die sie motivieren und für die sich ihre

Zwischenüberlegung

Selbstaufhebung der Intervention. Gar manche hervorragende Intervention wird wieder zunichte gemacht, weil der Prozeßberater über das wirkungsvolle Maß hinaus weiterredet. Interventionen sollten kurz sein und die Sache auf den Punkt bringen. Je mehr der Berater sagt, desto größer ist die Wahrscheinlichkeit, daß die Intervention sich selbst aufhebt. Wenn Sie eine Intervention erklären müssen, war sie wahrscheinlich von vorne herein nicht gut formuliert. „Jack, wenn sie unterbrechen, bewirken Sie manchmal eher, daß die Gruppe lahmgelegt wird." Eine solche Intervention ist präzise und direkt. Wenn der Prozeßberater allerdings fortfährt: „Wenn ich derjenige bin, der ihre Bemerkungen abkriegt, fühle ich mich überfordert. Mir ist das hier schon ein paar Mal aufgefallen. Vielleicht überprüfen sie das mal. Vielleicht haben sie den Eindruck, ihre Beiträge finden nicht genug Gehör, oder möglicherweise ist die Gruppe für sie zu schnell. Mir jedenfalls geht es manchmal so..." Der an sich hilfreiche Hinweis bleibt unwirksam, die Intervention hebt sich selbst wieder auf. Formulieren Sie Ihre Interventionen daher kurz und knapp.

Anstrengung lohnt. Leitbilder hält man meist für etwas, das besonders ausgewählte Gruppen für ganze Unternehmen formulieren. So ist es zwar auch oft, doch Leitbilder, die kleine Gruppen für sich formulieren, können sogar noch inspirie-

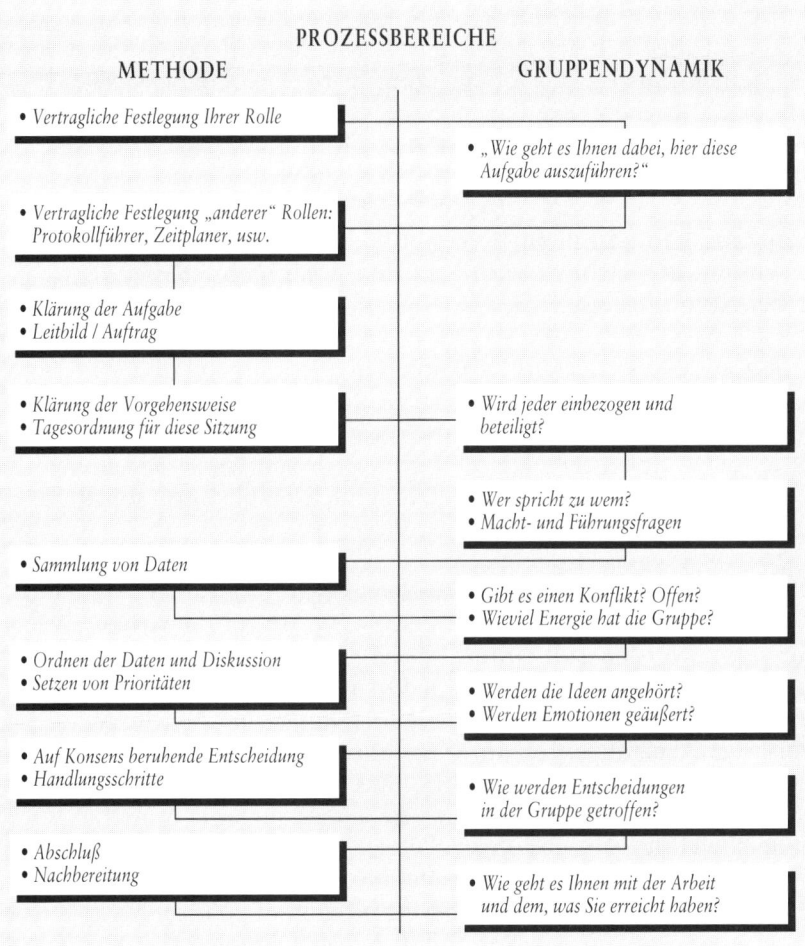

Abb. 9: Abfolge der methodischen und gruppendynamischen Interventionen

render und motivierender sein. Dem Prozeßberater geben sie
außerdem weitere Anhaltspunkte für die zu erwartende Verhaltensweisen, an denen er seine Interventionen ausrichten
kann. Entsprechend hilft eine exakte Festlegung von Ziel
und Zweck der Gruppe. Spätere Zweideutigkeiten, Verwirrung und Frustration können so verhindert werden.

Wenn all dies geklärt ist, bietet es sich normalerweise an,
die Reihenfolge der Gruppensitzungen für ein möglichst effektives Vorgehen festzulegen. Seien Sie sich dessen bewußt,
daß diese Gespräche Zeit kosten, Konflikte erzeugen und
möglicherweise dysfunktionales Verhalten ans Licht bringen können. Diese Zeit ist jedoch gut investiert. Wenn diese
Probleme nämlich nicht bereinigt werden, werden sie wie-
derkehren, die Gruppe verfolgen und noch mehr stören als
in der Anfangsphase.

Aufgabe des Beraters ist es in diesem Zusammenhang, Alternativen vorzuschlagen und zu prüfen, ob Einverständnis
herrscht. Er sollte nicht direktiv vorgehen oder die Gruppe
leiten, weil die Mitglieder der Gruppe – auch wenn sie ihm
vielleicht zustimmen – die entsprechenden Fähigkeiten sonst
nicht selbst entwickeln.

Diese frühen Interventionen sind meist methodischer Art.
Nach und nach konzentriert sich die Gruppe auf die Arbeit,
die getan werden soll. Interaktionen, Spannungen, offene
und unterschwellige Probleme nehmen zu. Der Prozeßberater steigert nun die Anzahl der gruppendynamischen Interventionen, bei denen es um Zugehörigkeit, Kommunikation, Einfluß und Macht, Führung und Konflikt geht. In dieser Zeit produziert die Gruppe Arbeitsdaten und braucht
vielleicht Hilfe bei der Klärung der Daten und beim Setzen
von Prioritäten. Was das Arbeitsklima betrifft, ist auf folgendes zu achten: Werden neue Ideen auch angehört? Werden Gefühle geäußert? Neue methodische Fragen tauchen
auf: Trifft die Gruppe ihre Entscheidung im Konsens? Wie

kommen die Entscheidungen genau zustande? Welches ist der für diese Gruppe effektivste Modus?

Der Prozeßberater arbeitet in dieser Weise weiter, wobei die Gruppenmitglieder allmählich mehr Interventionen selbst vornehmen. Schließlich nähert sich die Gruppe dem Abschluß ihrer Aufgabe. Der Prozeßberater interveniert dann vielleicht bezüglich der letzten Aufgaben, die noch zu erledigen sind. Außerdem mag er fragen, wie sich die Gruppenmitglieder in Hinblick auf ihre Arbeit und Leistung fühlen.

Der Beratungsprozeß in einer Gruppe ist schwierig und anspruchsvoll, denn jede Gruppe ist mit all der Energie, die in ihr steckt, ein kompliziertes Geflecht methodischer und gruppendynamischer Zusammenhänge, in die der Berater mit seinen Interventionen eingreift.

In Kapitel 3 wird die Einstiegsphase der Prozeßberatung von Gruppen mit ihren drei Komponenten – Vertrag, Information und Einschätzung – behandelt.

3 Der Ablauf einer Prozeßberatung: Phase I, Einstieg

Dieses Kapitel beschäftigt sich ausführlich mit der ersten Phase der Prozeßberatung von Gruppen, dem *Einstieg*. Kapitel 4 behandelt dann die zweite Phase, die eigentliche Arbeit. Manche Elemente werden den Lesern vielleicht vertraut sein, andere sind Ihnen vermutlich fremd. Abbildung 10 (bereits in Kapitel 1 als Abbildung 1 vorgestellt) wird hier aus praktischen Gründen für den Leser noch einmal eingefügt.

Es geht nicht darum, dem Leser dieses Modell zu „verkaufen". Vielmehr fordere ich Sie auf, das Modell zu ergründen und auszuwählen, was für Sie in der Praxis bei einer bestimmten Organisation oder Gruppe paßt. Wenn es die Möglichkeit gibt, empfehle ich Ihnen, das Modell in seiner Gesamtheit zu verwenden, damit Sie feststellen können, was in Ihrem Zusammenhang funktioniert und was nicht.

Einstieg   Bei dem vorliegenden Modell hat der Einstieg drei Hauptkomponenten: *Vertrag, Information* und *Einschätzung*. Wir werden jede Schritt für Schritt betrachten.

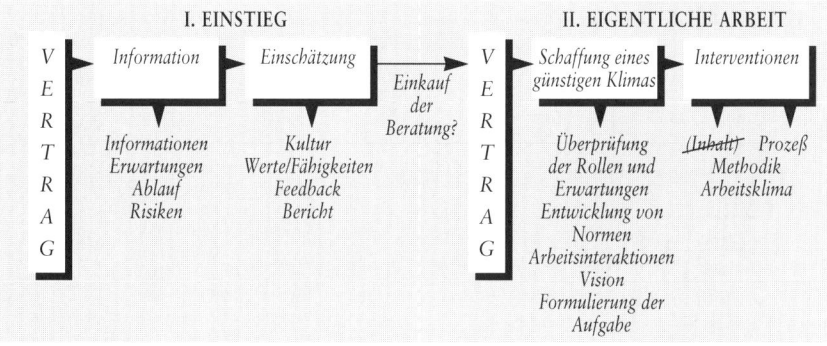

Abb. 10: Ablauf einer Prozeßberatung

Obwohl Berater die Bedeutung des Einstiegs für die Beratung anerkennen, ist sie die wohl am meisten vernachlässigte Phase der Beratung. Dabei entscheidet der Einstieg über den Erfolg jeder Beratung. Doch leider wollen die Berater schnell zur eigentlichen Arbeit kommen. Irgendwie scheint der Einstieg zu viel Zeit zu erfordern und ist nicht dynamisch genug. Oder er wird als unwichtig erlebt. Nach der Lektüre dieses Kapitels versteht der Leser jedoch hoffentlich, wie wichtig die Einstiegsphase ist. Spezielle Techniken sind dafür erforderlich. Ein erfolgreicher Einstieg ist der Anfang erfolgreicher Arbeit. Sie beginnt mit einem wohldefinierten Vertrag.

Vereinbarung eines Vertrags Verträge zu vereinbaren ist die unabdingbare Voraussetzung für eine erfolgreiche Beratung. Ohne einen entsprechenden Vertrag drohen dem Berater Unklarheiten. Er weiß nicht genau, wer der Klient ist und welche Terminvorgaben bestehen, die Ziele sind nicht klar definiert, Teilnehmer haben vielleicht unausgesprochene Bedenken, die Berechtigung von Gefühlsäußerungen wird angezweifelt und Erwartungen werden enttäuscht. Laut DIANE KELLOGG (1984) gehört ein klarer und eingegrenzter Vertrag zu den neun wichtigsten Merkmalen erfolgreicher Beratung.

Die Wichtigkeit von Verträgen hat PETER BLOCK (1981) veranlaßt, folgendes zu schreiben:

> Ich bin der Meinung, daß der Zeitpunkt maximaler Einflußnahme für den Berater vermutlich die Vertragsphase des Projekts ist. In dieser Phase hat er Gelegenheiten zur Gestaltung, die für die gesamte Laufzeit des Projekts vertan sind, wenn man sie nicht bei der Vertragsvereinbarung ergreift. Der Vertrag bestimmt die Tonlage für das ganze Projekt. Und es ist viel leichter einen neuen Ausgangsvertrag auszuhandeln, als einen alten neu zu verhandeln. Jeder, der länger als ein Jahr verheiratet ist, weiß, was wovon ich rede. (42)

Was genau ist dieser Vertrag, diese Vereinbarung zwischen
Berater und Klient? Wir werden zunächst das Wesen des
Vertrags, seine Bestandteile und möglichen Varianten untersuchen. Dann werden wir die Schnittstellen im Beratungs-
ablauf betrachten, an denen ein Vertrag empfehlenswert,
wenn nicht sogar entscheidend ist.

Das Wesen Der Vertrag zwischen Berater und Klient ist nicht als
des Vertrags ein rechtsverbindliches Dokument gedacht. Vielmehr ist er eine psychologische Vereinbarung zwischen zwei Partnern, die die Grundvoraussetzungen und
den Modus der Zusammenarbeit ausdrücklich formuliert.
Wer sich für die rechtlichen Aspekte solcher Vereinbarungen interessiert, findet bei MCGONAGLE (1982) konkrete
Leitlinien, mit denen rechtliche und ethische Probleme, die
bei inadäquaten Verträgen entstehen können, vermieden
werden. Der Autor erläutert zwölf Themenkomplexe von
Bedingungen („terms") bis Beendigung („termination").

Der Vertrag, der in sich schon eine Intervention darstellt,
dient der *Information* und *Einschätzung*. Und zwar aus vie-
lerlei Gründen: Klient und Berater brauchen eine Gelegenheit, einander kennenzulernen. Der Berater hat die Aufgabe, den Klienten über die Prozeßberatung zu informieren.
Anschließend sollte er sich ein Urteil darüber bilden, wie
die Gruppe funktioniert. In der Einstiegsphase können Klient und Berater zu jedem Zeitpunkt entscheiden, ob sie die
Beratung fortsetzen oder beenden wollen. In der Praxis ist
es selten der Fall, daß die Beratung während des Einstiegs
abgebrochen wird. Es kann jedoch sein, daß der Berater
dem Klienten zunächst eine Schulung empfiehlt, bevor die
Einheit einen Vertrag über eine Prozeßberatung abschließt.
Denkbar ist auch, daß Klienten, wenn sie mehr über die
Prozeßberatung erfahren haben, beschließen, daß sie nicht
das ist, was sie wollen bzw. brauchen. Bei dem vorliegenden Modell legt sich weder der Klient noch der Berater vor-
schnell auf ein langfristiges Engagement fest.

Kann der Berater die Zusammenarbeit ablehnen, wenn er
den Eindruck hat, daß der Klient noch nicht so weit ist?
Dem praxiserfahrenen, externen Berater wird es leichter
fallen, hier objektiv zu sein. Er wird einen Vertrag ablehnen, wenn er weiß, daß die Beratung erfolglos sein würde.
Für externe Berater, die neu in dem Bereich arbeiten und
deren praktische Erfahrungen noch nicht ausreichen, ist
eine Ablehnung gleichbedeutend mit einem Nein zu einem
vielleicht dringend benötigten Honorar. Wenn man selbst
und eigene Einkommen auf dem Spiel stehen, fällt eine Absage schwerer.

Verträge mit   Interne Berater sind mit anderen Problemen
internen Beratern konfrontiert. Ihnen werden die Gruppen oft
                     zugeteilt. Unabhängig davon, was die Ein-
schätzung ergibt, fühlt sich der interne Berater nicht frei,
die Zusammenarbeit abzulehnen. Viele interne wie externe
Berater neigen jedoch gleichermaßen dazu, sich in der Ver-
tragsphase von der Gruppe vereinnahmen zu lassen.

So kommt es zum Beispiel vor, daß jeder dem Berater erzählt, wie er seine Arbeit machen soll: Die Führungskraft
meint zu wissen, was bei der Gruppe falsch läuft und wie
der Berater das „ausbügeln" kann. Der Stellvertreter des
Vorstands verpflichtet jemanden aus der Personalentwicklung für eine Gruppe, wobei derjenige nur die Wahl hat,
„dafür zu sorgen, daß etwas passiert". Oder der Techniker
sagt dem Berater, wie eine bestimmte Situation anzugehen
ist. Wenn es um menschliche Beziehungen, Psychologie und
Personalentwicklung geht, fühlt sich jeder als Experte. Hinzu kommt, daß wir, die dafür ausgebildet sind, uns oft nicht
genügend wehren oder nicht so professionell auftreten, wie
wir es tun sollten. Interne und externe Berater müssen lernen, ihre Professionalität geltend zu machen. Wir sollten unsere Ansicht bestimmter vertreten: „Nein, ich glaube, es ist
nicht zu Ihrem Besten, wenn wir so vorgehen. Die Gründe
dafür sind... Sehen wir uns die Alternativen an ..."

Die Stellung des internen Beraters ist oft schwach. Leuten aus der Personalentwicklung haftet oft das Image an, vor allem Fragen zu stellen und keine Antworten zu geben. Als könne man ihnen vorschreiben, was sie wann mit wem tun sollen. Manchmal leisten sie nicht einmal dann Widerstand, wenn sie von den Fakten her wissen, daß sie auf einen Mißerfolg zusteuern. Möglicherweise hält die Organisation sie auch für entbehrlich („als letzte eingestellt, als erste entlassen"). Wir müssen bessere und resolutere Entscheidungen in unserer Arbeit treffen, wenn wir mit Respekt und Professionalität behandelt werden wollen.

Vertragsvereinbarung im Ablauf der Prozeßberatung Es gibt drei Momente im Ablauf einer Prozeßberatung (Abbildung 10), in denen es angebracht ist, gemeinsam einen formellen Vertrag auszuarbeiten:

1. Nach dem Gespräch mit der Führungskraft und/oder der Gruppe über die Informations- und die Einschätzungsphase;
2. nach der Informations- und Einschätzungsphase, bezüglich der eigentlichen Arbeit; und
3. vor jeder Gruppensitzung.

Es ist für den Klienten wie auch für den Berater hilfreich, wenn es einen ersten mündlichen oder sogar schriftlichen Vertrag gibt. Der zweite hat mehr Geltungskraft, wenn er schriftlich abgefaßt worden ist, und der dritte, der vor jeder Gruppensitzung geschlossen wird, ist ein mündlicher Vertrag. Zusätzlich zur Tatsache, daß die Erwartungen und Rollen deutlich werden, hat der schriftliche Vertrag den Vorteil, daß er den Berater professionell und glaubwürdig erscheinen läßt. Wie schon gesagt, ist das Ansehen interner Berater und Mitarbeiter aus der Personalentwicklung manchmal gering. Zum Zeitpunkt des ersten Vertrags ist es wahrscheinlich, daß die Führungskraft den Berater geholt hat. In aller Regel ist es jedoch vorzuziehen, einen Vertrag mit der

gesamten Gruppe abzuschließen. Es ist ganz entscheidend,
daß der Berater die *Gruppe* und nicht die Führungskraft als
seinen Klienten betrachtet. Wenn die Führungskraft der Klient ist, besteht für den Berater das Risiko, daß die Gruppenmitglieder davon ausgehen, daß er eine besondere Beziehung zur Führungskraft hat. Das erschwert die Vertrauensbildung zwischen Berater und Gruppenmitgliedern und
schadet der Glaubwürdigkeit des Beraters.

Oft scheitert die Prozeßberatung bei Gruppen oder Teams,
weil deren Mitglieder wenig oder keine Ahnung von Prozeßberatung haben, nur wenige methodische und/oder
gruppendynamische Fertigkeiten besitzen und vor allem
wenig Sinn darin sehen, sich für ein gutes Arbeitsklima einzusetzen, auch wenn sie die Aufgaben- und Zielerfüllung
durchaus als sehr wichtig einstufen.

Tatsächlich spielen viele – vor allem interne – Berater die
Bedeutung des sozialen Prozesses in der Beratung gerne
herunter. Manchmal trifft diese Haltung auf eine entsprechende Organisationskultur, für die „persönliche Gefühle
bei der Arbeit nichts zu suchen haben". Oder der Berater
selbst hat Schwierigkeiten, mit Emotionen umzugehen und
sich einem Konflikt zu stellen. In den sozio-emotionalen Beziehungen liegt jedoch ein so großer Teil der Energie jeder
Gruppe, daß diese nicht ignoriert werden können, besonders dann nicht, wenn ein Hochleistungsteam zustandekommen soll. Gruppen und Teams, die zur Problemlösung
ein hohe Interaktionsdichte brauchen und in synergetischer
Weise auf alle Ressourcen ihrer Mitglieder zurückgreifen
wollen, müssen eine Gleichgewicht zwischen methodischem
und sozialem Prozeß erzielen. Sonst wird der Erfolg frag-
lich.

Im ersten Vertrag wird festgehalten, daß der Berater eine
Informationseinheit für die Gruppe durchführen wird, gefolgt von einer *Einschätzungsphase*. In der Informations-

phase wird der Berater der Gruppe vorgestellt und umgekehrt. Beide Seiten haben die Gelegenheit, einander „in Aktion" zu erleben. Der Vertrag macht deutlich, wer der Klient ist, etabliert die professionelle Glaubwürdigkeit des Beraters und formuliert das gemeinsame Grundverständnis
darüber, was passieren soll.

Zu diesem Zeitpunkt erstreckt sich die Vereinbarung lediglich auf „Phase I: Einstieg", mit den Unterphasen Information und Einschätzung. Verträge werden bei der Prozeßberatung schrittweise abgeschlossen; dies läßt sowohl dem
Berater als auch dem Klienten an entscheidenden Phasen-
übergängen die Wahl. Der Klient kann im eigenen Tempo
vorgehen, und ohne sein Einverständnis und seine Zusage
wird der Prozeß nicht fortgesetzt. Dieser – meist schriftlich
festgelegte – zweite Vertrag sowie der mündliche Vertrag
werden in diesem Kapitel im Anschluß an die Ausführungen zu den Unterphasen des Einstiegs behandelt.

Information Zu Beginn trifft sich der Berater mit der Gruppe
und erklärt den Mitgliedern, was es mit der Prozeßberatung auf sich hat. Wenn der Berater bisher noch nicht
mit der gesamten Gruppe zusammengekommen ist, ist das
gegenseitige Kennenlernen ein weiterer Zweck des Ge-
sprächs. Diese erste Begegnung kann ausschlaggebend dafür sein, ob ein Vertrag zustandekommt oder nicht. Der erste Eindruck, den der Berater macht, ist entscheidend. Der
Berater sollte seine Lebensanschauung auch wirklich leben
und nicht nur vor sich hertragen.

Der Prozeßberater stellt das Schaubild „Ablauf einer Prozeßberatung" vor und beschreibt ausführlich – anhand der
Prinzipien und der Umsetzung – was im Laufe der Beratung
geschehen wird. Hier sind viele konkrete Beispiele nützlich,
damit die Gruppe versteht, was auf sie zukommt. Das Prinzip des Gleichgewichts zwischen methodischem und sozialem Prozeß ist sehr wichtig. Deshalb sollte der Berater die

Sitzung erst schließen, wenn der Klient dies verstanden hat. Die Gruppenmitglieder werden ermuntert, alle notwendigen Fragen zu stellen.

Außerdem kann eine *Einschätzung der Risiken* durchgeführt werden, indem der Berater schlicht die Frage stellt: „Welche Risiken, falls es welche gibt, sehen Sie darin, einen Prozeßberater bei Ihrer Gruppe einzusetzen?" Die typischen Antworten reichen von: „Hier äußert keiner irgendwelche ‚Gefühle'" bis zu „Also, wenn ich den Leuten sage, von wo ich komme, wird mich mein Vorgesetzter dafür drankriegen." Über die Risiken zu sprechen, bedeutet, Ängste abzubauen. Es zeigt beispielhaft, wie man offen miteinander umgehen kann, und hilft dem Klienten, eine psychologische Sicherheit aufzubauen. Außerdem wird der Berater dadurch glaubwürdiger.

Austausch von Erwartungen Der Prozeßberater erläutert, was er von der Klientengruppe (an Verhalten und Engagement) erwartet. Er findet heraus, was die Klienten möglicherweise vom Berater erwarten. Dazu gehört unter anderem, welchen Wert der Klient dem methodischen und dem sozialen Prozeß beimißt. Der Berater definiert anhand von Beispielen, was eine „Intervention" ist. Er macht deutlich, daß die Mitglieder der Gruppe nicht jede Intervention akzeptieren müssen. Allerdings wird erwartet, daß sie die Interventionen sorgfältig prüfen, bevor sie sie ablehnen.

Oft haben Gruppenmitglieder versteckte Ängste, Sorgen und Bedenken, was die Interventionen betrifft. In ihrer Phantasie befürchten sie, durch die Beratungsarbeit zum „Seelen-Striptease" genötigt zu werden oder auch nur dazu, ihre Gefühle zu äußern. Zur Konfrontation mit anderen Gruppenmitgliedern wollen sie nicht gedrängt werden. Der Berater fragt deshalb in der Informationsphase direkt, welche Bedenken und Risiken bezüglich der Prozeßberatung vorhanden sind. Potentielle Klienten müssen genau wissen, was während des Beratungsprozesses geschehen wird. Dann können sie selbst entscheiden, welche potentiellen Risiken und Störungen es gibt. Schon die Tatsache, daß die Frage nach Risiken gestellt und die Bereitschaft zu ihrer Erkundung gezeigt wird, reicht meist aus, um Ängste, negative Vorstellungen und Sorgen zu zerstreuen.

Die Informationsphase ist am effektivsten, wenn alle Gruppenmitglieder anwesend sind und das Treffen in einem informellen Rahmen stattfindet. Eine solche Situation fördert Dialog, Austausch und die Interaktion sowohl unter den Mitgliedern als auch mit dem Berater. Während der Berater über die Prozeßberatung informiert, sammelt er gleichzeitig Material über das Verhalten in der Gruppe: Wer spricht mit wem? Wer beeinflußt wen? Welche Form der Leitung gibt es? Welches sind die vorherrschenden Kommunikationsmuster und Verhaltensnormen in bezug auf Konflikte, Offenheit und Herausforderungen?

Der Berater kann damit rechnen, nach der Sitzung gültige Verhaltensdaten darüber zu haben, wie die Gruppe funktioniert und welche Bereiche noch weiter untersucht werden müssen. Der Klient sollte nun einen gründlichen Eindruck davon haben, was Prozeßberatung ist und wie der Berater konkret arbeiten und sich verhalten wird.

Erörterung der Zum Schluß erörtert der Berater Methoden, mit
nächsten Phase denen man die Arbeitsweise und den Zustand von Gruppen formal einschätzt. Der Berater wird, wie es die Vereinbarungen vorsehen, Informationen über die Gruppenmitglieder und die Zusammenarbeit in der Gruppe sammeln. Diese Informationen werden der Gruppe dann mitgeteilt. Der Klient muß sowohl die Gründe dafür als auch die betreffenden Vorgehensweisen der Einschätzungsphase nachvollziehen können.

Während der Sitzung hatte das Planungsteam die Gelegenheit, den Prozeßberater in Aktion zu erleben. Dieser hat seinerseits einen ersten Eindruck bekommen, wie die Gruppe läuft.

Zwischenüberlegung

Formulierung von Interventionen. Prozeßberater können zwar in der Regel mit dem gruppendynamischen und methodischen Prozeß gut umgehen, wissen jedoch oft nicht, wie sie ihre Beobachtungen in Worte fassen sollen. Wie für alles, so braucht man auch für die Formulierung von Interventionen Zeit, Erfahrung und Übung. Im folgenden finden Sie daher eine Auswahl von typischen Satzanfängen. Versuchen Sie sie einmal aus und nehmen Sie sie in Ihr Repertoire auf.

„Manchmal, wenn eine Person [beschreiben Sie das Verhalten] ...,
sagt sie damit in Wirklichkeit ...“
„Ich bin mir darin nicht ganz sicher, aber lassen Sie es mich bei der
Gruppe ausprobieren ...“
„Hier ist eine andere Erklärung, die Sie vielleicht in Betracht ziehen
sollten ...“
„Lassen Sie mich das Verhaltensmuster beschreiben, das ich hier
beobachtet habe ...“
„Wenn ich Sie wäre, hätte ich vermutlich das Gefühl ...“
„Halten wir mal kurz inne und sehen wir uns an, was hier
gerade läuft ...“
„Lassen Sie mich folgendes bei Ihnen probieren ...“
„Ich habe folgendes beobachtet ...“
„Ich glaube, daß ...“
„Ich habe das Gefühl, daß ...“
„Es fällt mir auf, daß ...“
„Ein Muster, das ich hier beobachtet habe [beschreiben Sie es] ...“
„Ich will versuchen, Ihnen eine Vorstellung davon zu vermitteln,
was ich hier gerade sehe, und hätte gern Ihre Reaktion darauf ...“
„Was ich hier gerade erlebe, ist ...“
„Ich habe die Vermutung ...“
„Wir sollten jetzt mal den Einsatz erhöhen: ich schlage vor,
Sie probieren folgendes ...“

Einschätzung Im Informationsgespräch mit der Gruppe wird auch die Einschätzungsphase erläutert. Die Methoden der Einschätzung werden natürlich von Berater zu Berater und von Klient zu Klient variieren. Diese Phase ist dazu da, gültige Daten über die Arbeitsweise und das Arbeitsklima in der Gruppe zu sammeln, d. h. über die Auffassungen der Mitglieder, über Spannungsfelder, wichtige Fragen und Ziele sowie über zwischenmenschliche Beziehungen. Der Klient sollte im voraus erfahren, ob die Einschätzung anhand von Interviews oder von schriftlichen Fragen und Antworten erfolgt. Er sollte wissen, wie, wann und wo die Einschätzung vor sich geht.

Anonymität ist das Grundprinzip, aber nicht Vertraulichkeit. Das heißt, die Daten werden geordnet bzw. zusammengefaßt, und die Gruppe erhält ein Feedback der Ergebnisse, allerdings ohne Nennung von Personen oder Namen.

Es ist sinnvoll, den Gruppenmitgliedern die Fragen zu nennen, die im Gespräch gestellt werden sollen. Der Berater kann auch fragen: „Welche Fragen soll ich außerdem stellen?" Auf diese Weise wird der Klient in die Einschätzungsphase einbezogen.

Diagnostische Mittel werden in diesem Buch nicht ausführlich behandelt; besonders nützlich sind allerdings folgende: „Team Orientation and Behavior Inventory (TOBI)" – erhältlich bei Pfeiffer & Company in San Diego, Kalifornien; der „Myers-Briggs Type Indicator (MBTI)", „Fundamental Interpersonal Relations Orientation-Behavior (FIRO-B)", „Work Environment Scale (WES)", und „Group Environment Scale (GES)" – jeweils erhältlich bei Consulting Psychologists Press in Palo Alto, Kalifornien; außerdem das „Group Style Inventory (GSI)" – erhältlich bei Human Synergistics in Plymouth, Michigan. Darüber hinaus gibt es mindestens hundert kurze Fragebogen, die das Gruppenmitglied zu bestimmten Gruppenangelegenheiten befragen.

Wichtiger als das Sammeln von Daten und Informationen
kann in der Einschätzungsphase sein, daß Berater und Klient
die Gelegenheit bekommen, sich über grundsätzliche Fragen
und Anliegen auszutauschen. Wichtig ist auch die Entwicklung einer gemeinsamen Datenbasis auf seiten der Klienten.

Sammlung   Informationen können im wesentlichen auf zwei
von Daten   Arten gesammelt werden: individuell oder inner-
                 halb der ganzen Gruppe. Traditionellerweise be-
fragt der Berater jedes Mitglied der Gruppe einzeln. Dieses
Interview kann offen, quasi-strukturiert oder strukturiert
sein. Typische Bereiche, die mit Interviews ausgeleuchtet
werden, sind die folgenden:

- Aktuelle Fragen
- Führung
- Entscheidungsfindung
- Problemlösung
- Spannungsfelder
- Störende Mitglieder
- Organisations- und Gruppenkultur
- Kommunikation
- Arbeitsnormen
- Effizienz der Sitzungen
- Konfliktbewältigung
- Einheitlichkeit der Gruppe
- Zwischenmenschliche Beziehungen
- Leitbild, Auftrag, Ziele

Das *offene* Interview ist dann am effektivsten, wenn es als
informelles Gespräch geführt wird. Der Berater lenkt die
Diskussion auf wichtige Themen, wenn er bzw. das Gruppenmitglied es angemessen findet. Mit jedem Gruppenmitglied werden andere Fragen besprochen.

Bei einem *quasi-strukturierten* Interview dagegen erörtert der Berater mit jedem Gruppenmitglied dieselben Bereiche plus spezifische Punkte, die dem jeweiligen Klienten wichtig sind.

Im *strukturierten* Interview werden jedem Gruppenmitglied dieselben Fragen vorgelegt, die jeweils auf dieselbe Weise formuliert werden.

Zusätzlich zu diesem Gespräch können die Gruppenmitglieder gebeten werden, an einer *Befragung* teilzunehmen bzw. einen *Fragebogen* auszufüllen. Die Befragung wird vom Berater ausgearbeitet, oder er greift auf einen der vielen publizierten Fragebogen zurück. Falls sie vom Berater selbst entworfen wird, ist es sinnvoll, einen Teil der Mitglieder zu fragen: „Welche Fragen sollte ich Gruppenmitgliedern stellen?". Auf diese Weise werden nicht nur die Vorlieben des Beraters berücksichtigt, und die Gruppe bleibt gewissermaßen Herr ihrer eigenen Daten.

Falls sich der Berater für vorgegebene Materialien entscheidet, möchte er vielleicht deren Gültigkeit und Zuverlässigkeit prüfen. Zu den meisten Erhebungsinstrumentarien, die auf dem Markt sind, gibt es allerdings so gut wie keine Untersuchungen, mit denen die Versprechungen ihrer Urheber bestätigt werden könnten.

Einen Vorteil haben vorgegebene Erhebungsbogen: Wenn sie mit einer soliden Datenbasis arbeiten, erlauben sie einen Vergleich der jeweiligen Gruppenergebnisse mit normativen Daten. Die Gruppenmitglieder können ihre Ergebnisse mit denen anderer vergleichen, die den Fragebogen ebenfalls ausgefüllt haben. Da viele unserer Klientensysteme „datenorientiert" sind, können diese Normen sehr dazu beitragen, die beraterische und professionelle Glaubwürdigkeit zu untermauern.

Einschätzung   Besonders wichtig ist es für den Prozeßbera-
von Bewertungen   ter, zu erfahren, wie die Mitglieder den me-
und Fähigkeiten   thodischen und den sozialen Prozeß bewerten
und welche Fähigkeiten sie dafür mitbringen.
In Kapitel 2 wurde behauptet, daß der methodische und
der soziale Prozeß für die erfolgreiche Beratung essentiell
sind. Auch die Gruppenmitglieder selbst schätzen die methodische Arbeit oft hoch ein, sogar wenn sie in diesem Bereich wenig Kenntnisse mitbringen.

Das Arbeitsklima ist eine andere Sache. Es kommt nicht selten vor, daß Gruppenmitglieder den gruppendynamischen
Prozeß geringschätzen, vom Vorhandensein entsprechender
Fähigkeiten ganz zu schweigen. Mithilfe des oben erwähn-
ten „Team Orientation and Behavior Inventory (TOBI)",
von GOODSTEIN, COOKE und GOODSTEIN (1983) entwickelt,
kann gemessen werden, wie eine Person diese beiden Prozesse bewertet und welche Fähigkeiten in diesen Bereichen
bei der Person zu erkennen sind. Das Gruppenergebnis er-
rechnet sich aus dem Durchschnitt der Ergebnisse der einzelnen Mitglieder. Sowohl die Einzel- als auch die Gruppenergebnisse werden in ein Schaubild eingetragen.

Falls die Gruppenergebnisse bei der Bewertung des methodischen oder sozialen Prozesses schlecht ausfallen, braucht
die Gruppe vielleicht zusätzliche Informationen. Ist das Niveau im Bereich der Fertigkeiten niedrig, kann ein Training
hilfreich sein, bevor die Gruppe mit einer Prozeßberatung
beginnt. Nur allzu oft stürzen sich Gruppen in eine Prozeßberatung, bevor sie soweit sind. TOBI kann helfen, hier die
richtige Entscheidung zu treffen.

Das folgende Beispiel veranschaulicht, wie nützlich diese
Art von Instrument sein kann:

> TOBI wurde bei einer Gruppe eingesetzt, deren Mitglieder Inter-
> esse an einer Prozeßberatung gezeigt hatten. Die Mitglieder wa-
> ren sich einig, daß sie sowohl für methodische als auch für grup-

pendynamische Interventionen offen seien. Die Gruppenergebnisse können Sie in Abbildung 11 ablesen.

Die Durchschnittsergebnisse der Gruppe zeigen eine hohe Bewertung des methodischen Prozesses und mittlere Fähigkeiten in diesem Bereich. Was den gruppendynamischen Prozeß betrifft, zeigen die Ergebnisse jedoch niedrige Werte, ganz im Gegensatz zur
Aussage der Gruppenmitglieder.

Der Berater meldete der Gruppe diese Daten zurück mit der Empfehlung, die Prozeßberatung zu verschieben. Statt dessen schlug
er Schulungseinheiten zum Thema Gruppendynamik vor, bei denen grundsätzliche Informationen vermittelt und die Bedeutung
von Gefühlen im Arbeitskontext, das Geben und Annehmen von
Feedback, der kreativer Umgang mit Konflikten und die Bewältigung unvorhergesehener Konflikte behandelt werden sollten. Diese Präsentation der Daten und die Empfehlungen waren der Anfang der dringend notwendigen Diskussion über die Normen und
Verhaltensweisen der Gruppe.

Die Gruppenmitglieder akzeptierten den Vorschlag und stellten
mit ihrer Abteilung Personalentwicklung eine Reihe von Trainings-
einheiten zusammen. Zwei Monate später war die Gruppe für die
Prozeßberatung bereit. Der Berater konnte beginnen.

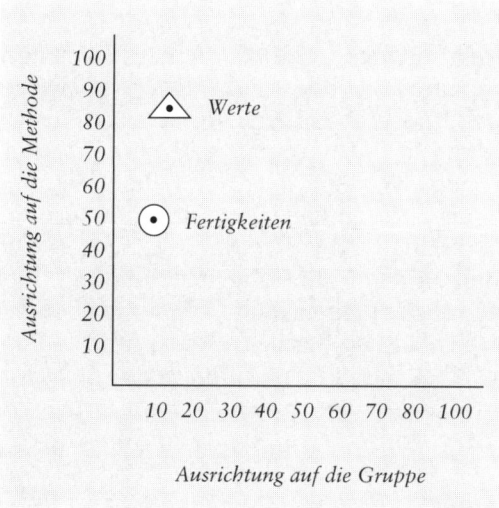

Ausrichtung auf die Gruppe

Abb. 11:
Ergebnisse nach TOBI

Kultur   Ein weiterer Bereich, der für den Berater interessant ist,
              ist die Kultur (DEAL & KENNEDY 1982; OTT 1989;
SCHEIN 1985). Es gibt zwar viele Definitionen von Kultur,
in mancher Hinsicht stimmen sie jedoch überein. Eine Kultur vermittelt eine Reihe gemeinsamer Werte, Glaubenssätze, Erwartungen und Verhaltensweisen unter ihren Mitgliedern. Diese Glaubenssätze können unausgesprochen sein.
Auf die Verletzung kultureller Normen wird normalerweise
mit einer Art „Strafe" reagiert, um den „Missetäter" wieder auf Linie zu bringen.

Jede Organisation hat ihre eigene Kultur. Dementsprechend
hat jede Gruppe ihre Kultur, die meist mit derjenigen der
Organisation in Einklang steht. Oft fördert diese Kultur
Verhaltensweisen, die effektiver Arbeit entgegenstehen. In
vielen Organisationen und Gruppen herrschen kulturelle
Normen einer eingeschränkten, nicht offenen Kommunikation, d. h. Konflikte werden vermieden und Emotionen unterdrückt. Wenn der Prozeßberater eine Änderung der beste-
henden Normen vorschlägt, gibt es oft negative Reaktionen
und Widerstände.

Die Feedback-Sitzung Wenn der Berater die Daten zusammenge-
                        tragen hat, ordnet und faßt er sie zusam-
Zusammenfassung   men und bringt die gewonnenen Informa-
der Einzeldaten   tionen in die Gruppe ein. Diese Informa-
                        tionen werden anonym behandelt, die
Einzelheiten, Probleme und Anliegen werden der Gruppe
ohne Nennung von Namen oder Personen berichtet. Die
Mitglieder der Gruppe können nun Fragen stellen und über
das Gehörte miteinander sprechen. Selten kommt es dabei
zu Überraschungen. Schließlich handelt es sich um die Probleme und Anliegen, über die in der Gruppe schon seit eini-
ger Zeit geredet wird. Wobei dies natürlich nicht immer offen geschieht, sondern vielfach auf den Korridoren, den
Toiletten oder hinter geschlossenen Bürotüren. Der Berater
tut sogar gut daran, die Gruppe von vornherein darauf hin-

zuweisen, daß es wahrscheinlich keine Überraschungen geben wird. Denn eine häufige Reaktion lautet sonst: „Das
haben wir schon vorher gewußt! Ich dachte, Sie würden
uns etwas Neues erzählen, das wir noch nicht wissen."

Diese Vorgehensweise ist die normale und traditionelle Art,
Informationen zu sammeln. Sie birgt allerdings einige Probleme in sich (REDDY & PHILLIPS 1992):

Ein wichtiges Prinzip der Prozeßberatung ist zum ersten
Offenheit. Der traditionelle Ansatz dagegen basiert auf Ver-
schwiegenheit. Denn der Berater interviewt oder befragt die
einzelnen Personen unter vier Augen und bringt sie anschließend anonym in die Gruppe ein. Die Informationen laufen
hauptsächlich über den Berater. Die Gruppenmitglieder interagieren bezüglich der Daten nicht persönlich miteinander. Ihre Interaktion erfolgt, wenn überhaupt, erst nachdem
die Daten gesammelt worden sind. Die traditionelle Methode wiederholt damit, was das Gruppensystem ohnehin charakterisiert: die Informationserhebung läuft als ein geschlos-
sener und konfliktvermeidender Prozeß ab.

Zum zweiten ist es der *Berater,* der die Tendenzen und Pro-
blembereiche festlegt. Man sollte sich keinen Illusionen hin-
geben: Was der Klient in dieser Phase als Feedback erhält,
sind die Beobachtungen, Werteinschätzungen, Neigungen,
Theorien und Überlegungen des Beraters. Wenn zehn Berater dasselbe Klientensystem untersuchen würden, kämen
zehn ganz unterschiedliche Datenbefunde dabei heraus, so
möchte ich behaupten. Manche Berater achten eher auf die
Machtverhältnisse in einer Gruppe, andere auf die Entscheidungsfindung, wieder andere beschreiben die Organisation mit Begriffen der politischen Konfliktbewältigung
usw.

Zum dritten fördert die traditionelle Methode mehr negatives als positives Material zutage. Der Klient sollte negative

Informationen zwar nicht umgehen, doch die traditionelle
Vorgehensweise mit Gesprächen unter vier Augen führt
eher dazu, daß man sich auf Probleme konzentriert. Man
spricht darüber, was falsch läuft und wie es wieder ins Lot
gebracht werden kann. Außerdem müssen die Gruppenmitglieder für ihre Informationen nicht selbst geradestehen. In
der Feedback-Sitzung werden sie schließlich durch durch
den Berater gefiltert wiedergegeben. Die traditionelle Vorgehensweise entspricht damit der von anonymen Bekenner-
schreiben, Enthüllungsberichten und anderen „heimlichen"
Formen der Informationsvermittlung.

Gemeinsames   Angesichts der Geheimnistuerei, der Vorein-
Sammeln der Daten genommenheit des Beraters und der Wahr-
                                    scheinlichkeit der Anhäufung negativer In-
formationen, welche Alternativen bieten sich da, um aussa-
gekräftige Daten zu erhalten? Sicherlich kann schon ein
eindeutiger, ausdrücklicher und gründlicher Vertrag dazu
beitragen, einige dieser Probleme aus dem Weg zu schaffen.
Als Alternative gibt es zudem eine relativ einfache und interessante Methode, mit der eine klare und gemeinsame
Datenbasis für die Klienten-Mitglieder und den Berater erarbeitet werden kann.

Zuerst müssen die Gruppenmitglieder die Informationen
gemeinsam zusammentragen. Die traditionellen Techniken
der Informationssuche können dabei zum größten Teil weiterhin verwendet werden. Der Unterschied besteht vor allem darin, die Techniken anstatt im Zweiergespräch in der
Gesamtgruppe anzuwenden. So können z. B. Gruppeninter-
views durchgeführt werden. Der Berater befragt die Gruppe
– bzw. einzelne Mitglieder im Plenum –, oder die Gruppenmitglieder befragen einander. Fragebogen werden nach gemeinsamer Diskussion und Konsensfindung von der Gruppe ausgefüllt. Dies mag zwar manchen psychometrischen
Lehren zuwiderlaufen, doch werden die Mitglieder auf diese Weise immerhin befähigt, miteinander zu reden.

Eine andere Möglichkeit ist es, jedem Gruppenmitglied einen großen Bogen Papier und farbige Filzstifte zu geben. Alle werden nun gebeten, die Gruppe und die eigene Stellung in ihr als Bild zu veranschaulichen. Die Bilder werden an die Wand gehängt, und jedes Gruppenmitglied erklärt den anderen seine Zeichnung.

Marvin Weisbords Konzept der „Future Conference" (1987) enthält viele Ideen zur Sammlung von Informationen, ebenso Lindaman und Lippitt (1979) sowie Srivastva und Cooperrider (1990) mit ihrer „Appreciative Inquiry".

Führungskräfte haben hier vielleicht Vorbehalte: „Das ist nichts für meine Leute. Sie sind noch nicht soweit. Sie reden doch kaum miteinander" oder „Das ist mir zu radikal – diese Selbstoffenbarung vor allen anderen". Dabei geht es nicht darum, die Klienten „fertigzumachen", sondern sie dazu zu bringen, offen miteinander über sich, ihre Anliegen und über die Gruppe zu reden. Dies ist weit weniger destruktiv, als wenn Gespräche hinter verschlossenen Türen stattfinden.

Darüber hinaus entwickelt die Gruppe ihre Datenbasis gemeinsam und in aller Offenheit. Die Mitglieder müssen miteinander reden, sonst kommen sie zu keinem Ergebnis. Das stellt an sich schon eine wirkungsvolle Intervention dar. Wenn diese Phase gut geplant ist, wird sich ein ausgeglichenes Verhältnis zwischen positiven und negativen Informationen herstellen. Die Gruppenmitglieder übernehmen die Verantwortung für das, was sie gemeinsam hervorbringen. Sie engagieren sich für die Arbeit an der Sache und konzentrieren sich auf positive Eigenschaften der Gruppe. Selbstverständlich muß der Berater die Sitzung, in der die Daten zusammengetragen werden, so gestalten, daß die Gruppenmitglieder auch kritische Aspekte der Zusammenarbeit äußern können.

Ein Sammeln der Informationen im Rahmen der Gruppe macht außerdem eine zusätzliche Feedback-Sitzung überflüssig. Die Mitglieder kennen die Daten bereits und sind darüber informiert, ob ein Prozeßberater gebraucht wird. Sind sich Berater und Klient über die weitere Zusammenarbeit einig geworden, kann die Gruppe sofort mit der eigentlichen Arbeitsphase der Prozeßberatung beginnen.

Doch auch diese Alternative hat ihre Tücken. Manche Gruppenmitglieder scheuen sich vielleicht, bestimmte Anliegen öffentlich zu machen, oder es ist ihnen eigentlich gar nicht so unrecht, angstbesetzte zwischenmenschliche Probleme zu umgehen. Außerdem erfordert die Einschätzung mit und in der ganzen Gruppe vom Berater ein hohes Maß an Können. Der Berater muß mit seiner Methode, welche er auch wählt, persönlich gut zurecht kommen. Für die Einschätzung einer Gruppe gibt es also verschiedene Möglichkeiten. Grenzen werden uns nur durch unsere eigenen Denkansätze, Ängste und Fähigkeiten gesetzt.

Im Rahmen der Feedback-Sitzung kommt der Berater auch darauf zu sprechen, ob er eine Prozeßberatung empfiehlt oder ob er sich für die betreffende Gruppe ablehnt. Wenn der Berater anhand des MBTI-Materials beispielsweise feststellt, daß die Gruppe stark introvertierte, rational orientierte und urteilsstarke Mitglieder hat, denen der gruppendynamische Prozeß relativ gleichgültig ist, plädiert er vielleicht eher für ein Kommunikationstraining, bevor mit der Prozeßberatung begonnen werden kann. Im Beispiel weiter oben ergab die TOBI-Auswertung eine Diskrepanz zwischen den Äußerungen der Gruppenmitglieder und dem, was durch die Meßmethode zutage kam. Wie auch immer die Empfehlung ausfällt, sie muß auf eine positive, konstruktive Art formuliert sein.

Der zweite Vertrag   Wenn der Klient die empfohlene Prozeßberatung „einkaufen" möchte und der Berater bereit ist, mit dem Klienten zu arbeiten, wird eine zweite Vereinbarung, ein zweiter Vertrag ausgehandelt. Dies ist besonders wichtig. Der – schriftliche – Kontrakt umreißt, was der Berater tun wird, und nennt dessen Erwartungen, Interventionsfelder und persönliche Überzeugungen. Die Gruppenmitglieder sollten diese schriftliche Vereinbarung dann unterzeichnen. Sie dokumentieren damit ihre Kenntnis der Vorgänge, ihr Einverständnis und ihr Engagement.

Die folgende „Vereinbarung über die Prozeßberatung von Gruppen" ist ein Muster für einen solchen schriftlichen Vertrag. Der Wortlaut ist allgemein gehalten, damit der Vertrag jeweils auf die Organisation und Bedürfnisse des Beraters zugeschnitten werden kann. Sollte sich der Berater sich gegen die Aufsetzung eines schriftlichen Vertrags entscheiden, kann er die wichtigsten Elemente im Gespräch und in die mündliche Vereinbarung einfließen lassen.

Schauen wir uns nun die einzelnen Abschnitte dieser Mustervereinbarung an.

Vereinbarung über die Prozeßberatung von Gruppen

Definition
Prozeßberatung ist die durchdachte und bewußte Intervention des Beraters in das laufende Geschehen und die Dynamik der Gruppe mit der Absicht, der Gruppe zu helfen, ihre vereinbarten Ziele wirksam zu erreichen.

Die Rolle des Beraters
Als Prozeßberater nehme ich eine Rolle ein, die Ihnen vielleicht nicht vertraut ist. Diese schriftliche Vereinbarung soll Sie vor allem darüber informieren, was Sie von mir als Berater erwarten können und was von den Mitgliedern des Teams/der Gruppe/der Belegschaft als Minimum gefordert ist, damit diese Beratung effektiv ist.

Üblicherweise interveniere ich (gebe Kommentare, mache Vorschläge usw.), während die Gruppe arbeitet. Ich kommentiere, was ich beobachte: wie die Personen interagieren und miteinander umgehen, wie die Gruppe als Einheit arbeitet und wie die einzelnen Mitglieder effektiver sein könnten. Wenn es mir sinnvoll erscheint, werde ich Gruppenmitglieder fragen, wie sie sich bezüglich dessen, was gerade geschehen ist, fühlen. Inhaltlich interveniere ich nicht. Das betrachte ich als Ihren Kompetenzbereich.

Meine Interventionen sind daraufhin ausgerichtet, wie die Gruppe arbeitet bzw. inwieweit das Verhalten der Mitglieder zur Effektivität der Gruppe beiträgt oder nicht, damit die Gruppe ihre formulierten Ziele und Vorhaben erreicht.

Meine Interventionen werden im Einklang mit den Zielen stehen, auf die sich die Gruppenmitglieder ausdrücklich geeinigt haben. Daher werde ich mich unter anderem als erstes damit beschäftigen, was die Gruppe als ihr Leitbild, ihre Aufgabe und Ziele festlegt.

Bereiche, in denen ich vor allem intervenieren werde, sind:

• Kommunikation
• Problemlösungen
• Entscheidungsfindung
• Fragen der Führung
• zwischenmenschliche Beziehungen
• Konflikte

Diese Interventionen können auf Gruppenebene, auf interpersonaler Ebene (zwischen mehreren Personen) oder individuell erfolgen.

Meine Erwartungen an die Gruppenmitglieder
Meine wichtigste Erwartung ist, daß die Gruppenmitglieder mich als eine Art Instrument begreifen, das ihnen dabei hilft, ihre Aufgabe auf effektivere Weise zu bewältigen. Selbst wenn Sie meine Interventionen vielleicht nicht für richtig halten, erwarte ich doch, daß Sie sie als Möglichkeit bzw. Alternative in Erwägung ziehen. Ich habe außerdem die Hoffnung, daß Sie Probleme, die Ihnen meine Anwesenheit bereitet, offen ansprechen, damit die gesamte Gruppe daran arbeiten kann.

Persönliche Überzeugungen des Beraters
Das Klientensystem bzw. die einzelnen Mitglieder haben das Recht, zu jedem Zeitpunkt meine Absichten und Gründe für alles, was ich tue oder vorschlage, zu erfahren.

Die Mitglieder können frei entscheiden, ob sie sich an einer Befragung, einer Übung oder sonstigen Aktivitäten, die ich vorschlage, beteiligen wollen oder nicht.

Es liegt nicht in meiner Absicht, in meinen Interventionen über ein für die Gruppenmitglieder zumutbares Maß hinauszugehen, noch werde ich, wenn keine Nacharbeit geplant ist, das Klientensystem ratloser zurücklassen, als ich es vorgefunden habe.

Jede persönliche Information, die aus einem Fragebogen, Workshop, Seminar oder der Beratung stammt, wird vertraulich und anonym behandelt und ohne ausdrückliche Erlaubnis der beteiligten Person(en) nicht weitergegeben.

Ich gehe davon aus, daß Menschen auf unterschiedliche Art und in unterschiedlichem Tempo lernen und nicht, indem sie überfordert oder eingeschüchtert werden.

Ich betrachte Konflikte und Widerstände als eine natürliche Folge der Unterschiede und Interaktionen zwischen Menschen und nicht als grundsätzlich negativ oder destruktiv. Konflikte lassen sich zwar nicht immer beilegen, aber man kann lernen, mit ihnen umzugehen.

Nach meiner Auffassung gehört es zur Rolle des Beraters/Problemmanagers, Angestellte, Workshop-Teilnehmer oder Mitglieder der Organisation vor persönlicher Bloßstellung und Schuldzuweisung zu bewahren und sie vor Verhaltensweisen zu schützen, die nach meinem Empfinden für sie persönlich, für Dritte oder für die Organisation destruktiv sind.

Einverständniserklärung
Ich verstehe die Definition, Rolle und Erwartungen, die in dieser Vereinbarung dargelegt sind, und werde mich als Team-/Gruppen-/Belegschaftsmitglied bemühen, die Erwartungen des Beraters an mich zu erfüllen, und werde auf die Entwicklung einer effektiv funktionierenden Gruppe hinarbeiten.

Berater   Gruppenmitglied

Datum   Gruppenmitglied

                                           Gruppenmitglied

                                           Gruppenmitglied

                                           Gruppenmitglied

Definition   Es ist sinnvoll, mit einer Definition der Prozeßberatung zu beginnen. Die meisten Klienten haben weder
eine genaue Vorstellung vom Prozeß, noch ist ihnen bewußt, daß der Prozeßberater sich bei seinen Interventionen
sowohl auf den methodischen als auch auf den gruppendynamischen Prozeß beziehen wird. Verwenden Sie eine Definition, die für Sie paßt. Seien Sie allerdings darauf vorbere-
tet, die genaue Bedeutung der in der Definition enthaltenen
Begriffe erklären zu können.

Die Rolle   In diesen Abschnitt gehört unter anderem die Be-
des Beraters schreibung der Verhaltensweisen, die man vom Prozeßberater erwarten kann. Bauen Sie hier Beispiele
Ihrer typischen Interventionen ein. Seien Sie auch darauf
eingerichtet, den Klienten mehrere Beispiele geben zu können, wenn Sie die schriftliche Vereinbarung gemeinsam
durchsprechen. Außerdem sollte genannt werden, in welchen Bereichen der Prozeßberater die Interventionen vornehmen wird.

Meine Erwartungen Allzu oft denken Klienten nur daran, wie
an die Gruppen-   sich der Berater verhält oder verhalten soll,
mitglieder   und lassen dabei ihr eigenes Verhalten außer
acht. Dieser Abschnitt erinnert die Klienten
daran, daß sie alle gemeinsam für das Verhalten in der
Gruppe verantwortlich sind. Mit der Beschreibung seiner
Erwartungen setzt der Berater Normen für ein effektives,
zur Erfüllung der Aufgabe hinführendes Verhalten.

Persönliche   Jeder Prozeßberater, der in eine Beziehung mit
Überzeugungen den Klienten eintritt, vertritt unausgesprochen
des Beraters   eine Reihe von Werten und Überzeugungen, auf
deren Grundlage er seine Arbeit durchführt. Die-
se müssen explizit gemacht werden, damit der Klient die
Motivationen und Grundannahmen des Beraters nachvollziehen kann. Es trägt auch zu einem Gefühl emotionaler Sicherheit beim Klienten bei, wenn er weiß, daß der Berater

ganz im Sinne des Klienten agiert und diesen entsprechend schützen wird.

Einverständnis- Und schließlich ist es von Vorteil, den Klienten
erklärung die schriftliche Vereinbarung unterzeichnen zu lassen. Sie wird damit sozusagen zu einem Dokument, und das erhöht die Verantwortlichkeit und das Engagement für den Beratungsverlauf.

Kurz gesagt: Je deutlicher alles formuliert wird, desto weniger Schwierigkeiten wird der Berater haben. Durch den Vertrag bzw. die schriftliche Vereinbarung wird modellhaft vorgeführt, was Offenheit und Zusammenarbeit bedeutet. Dieser Vertrag baut Vertrauen zwischen Vertragspartnern auf – und genau darauf beruht eine effektive und erfolgreiche Beratung. Natürlich sollte man im Vertrag keine Wunder versprechen; und umgekehrt sollte man erst in der gemeinsamen Arbeit fortfahren, wenn Klienten und Berater einen klar formulierten Vertrag in Händen halten.

Der mündliche Der dritte Zeitpunkt, zu dem der Prozeßberater
Vertrag einen Vertrag vereinbaren kann, ist unmittelbar vor Beginn der „Phase II: die eigentliche Arbeit".

Auf den ersten gemeinsamen Sitzungen mit der Gruppe kann der Prozeßberater seine Rolle in einem mündlichen Vertrag festlegen. Der Berater beschreibt kurz und anhand konkreter Beispiele, was er warum tun wird. Dieser mündliche Vertrag dient dazu, die Gruppenmitglieder an den früheren schriftlichen Vertrag zu erinnern und die Voraussetzungen für die Arbeit zu schaffen. Wie das folgende Beispiel eines mündlichen Kontrakts zeigt, wird er einfach formuliert und läßt Raum für Fragen und Erwartungen der Klienten.

> *Der mündliche Vertrag mit einer Gruppe*
>
> Bevor wir anfangen, möchte ich ein paar Minuten darauf verwenden, Ihnen zu erläutern, wie ich meine Rolle verstehe.

Ich möchte die Freiheit haben, zu jeder Zeit einen Kommentar abgeben zu können darüber, was ich in der Gruppe an Verhalten sehe, das die Gruppe beim Erreichen ihres Ziels fördert oder aber behindert.

In die inhaltliche Arbeit werde ich nicht eingreifen. Das liegt in Ihrer Verantwortung und in Ihrem Kompetenzbereich.

Es ist meine Absicht und Hoffnung, daß Sie allmählich lernen werden, diese Interventionen selbst vorzunehmen, um die Gruppe voranzubringen und auf diese Weise effektiver zu werden.

Ich möchte Kommentare abgeben können, wann immer ich es für sinnvoll halte. Ich verlange nicht, daß Sie alle meine Interventionen unbedingt akzeptieren. Doch ich bitte darum, sie zu bedenken und nicht gleich von der Hand zu weisen.

Sind Sie alle damit einverstanden?

Ich würde außerdem gern wissen, was Sie von mir erwarten, um mit Ihnen darüber zu sprechen, ob sich Ihre Erwartungen mit meiner Auffassung von der Rolle des Prozeßberaters decken.

Hier hat der Berater ein weiteres Mal die Gelegenheit, seine Professionalität und Glaubwürdigkeit unter Beweis zu stellen. Er macht die Grenzen seiner Rolle und seiner Aufgabe deutlich.

Das folgende Kapitel 4 beschäftigt sich mit der eigentlichen Arbeit des Beraters. Es werden Methoden behandelt, mit deren Hilfe ein effektives Arbeitsklima erzeugt und Verhaltensnormen entwickelt werden, die als Leitfaden dienen können. Zunächst wird die Gruppe darin unterstützt, ihre Werte, ihr Leitbild, ihre Aufgabe und Ziele zu formulieren.

Planungsteam von Führungskräften

Während seiner ersten Gruppensitzung hat Scott, der Berater, die Prozeßberatung von Gruppen und deren Potential im einzelnen und konkret dargestellt. Er hat das Schaubild „Ablauf einer Prozeßberatung" gezeigt und konkrete Beispiele gegeben. Die Gruppe hat vorsichtig Fragen gestellt und Bedenken geäußert, was Auseinandersetzungen, Zeitaufwand und das Äußern von Gefühlen anging. Auch der gruppenorientierte Ansatz zur Problemlösung im Gegensatz zur ansonsten üblichen individuellen Herangehensweise stieß auf Skepsis. Scott hat offen reagiert und die Gruppenmitglieder ermuntert, sich zu jedem dieser Anliegen direkt zu äußern. Dies fiel den Gruppenmitgliedern offensichtlich schwer: jeder sprach zur Gruppe, als würde er einen Vortrag halten. Scott wies darauf hin, daß dieses Verhalten dafür spreche, eine Prozeßberatung durchzuführen. Die Gruppenmitglieder waren von diesen unmittelbaren Beobachtungen beeindruckt und begeisterten sich allmählich für den Gedanken, einen Prozeßberater einzubeziehen.

Bevor die Gruppe eine endgültige Entscheidung treffe, so empfahl Scott, wolle er Informationen zu ihren individuellen Auffassungen, Hoffnungen und zu möglichen Spannungsfeldern sammeln. Die Gruppenmitglieder stimmten zu, und in der folgenden Woche setzte er ein Verfahren zur Selbsteinschätzung von Arbeitsstilen ein und trug mit den Gruppenmitglieder mittels verschiedener Erhebungsverfahren einige Daten zusammen. Die Gruppe legte fest, an welchen zwischenmenschlichen Bereichen sie vorrangig arbeiten und welche Arbeitsschwerpunkte sie als erste angehen will. Die Gruppe war richtig aufgeregt, als sie sich darauf verständigte, mit einem Prozeßberater zu arbeiten.

Qualitätszirkel

Nach dem zusätzlichen Training über gruppendynamische und zwischenmenschliche Aspekte der Gruppenarbeit fühlten sich zwei Leiter, Kim und Michael, viel besser in der Lage, mit ihrer Gruppe zurechtzukommen. Dem dritten, Larry, war unwohl bei dem Gedanken, in seiner Gruppe die verborgenen Gefühle auszuloten. „Wenn wir uns auf die

Aufgabe beschränken würden, wäre alles in Ordnung",
dachte er. Nach ihrer Fortbildung beschlossen Kim und
Michael, ihre Rollen und Verträge neu zu verhandeln. Sie
berichteten von ihrem Training und setzten sich dafür ein,
sich in der Gruppe sowohl der Methodik der Aufgabenbewältigung als auch der Verbesserung des Arbeitsklimas zu
widmen.

Zirkel I. Kims Gruppe war sofort dazu bereit. Dies lag zum
Teil an Kims Herzlichkeit und ihrer konstruktiven Art. Sie
gab zu, daß es schwierig werden könnte, schlug jedoch vor,
daß sich die Gruppe in regelmäßigen Abständen Zeit dafür
nehmen sollte, neue Fertigkeiten zu erlernen. Die erste Aktion, die Kim durchführte, bezog sich darauf, wie man Feedback gibt und annimmt. Sie verlief gut, und die etwas
ängstlichen Teilnehmer wurden mitfühlend behandelt. Kim
ließ die Gruppe erst an vorgegebenen Beispielen üben, bevor
sie zu authentischen Aufgaben der Gruppe und schließlich
zu einfachen Überlegungen zum gruppendynamischen Prozeß überging. Dieses Vorgehen fand eine sehr gute Resonanz.

Zirkel II. Michaels Gruppe gab zwar ihre Zustimmung zur
Abfassung eines neuen Vertrags, doch die Mitglieder blieben recht zurückhaltend. Michael war zwar von seinem
Vorgehen überzeugt, doch hatte er eine etwas hochnäsige
und abgehobene Art. Er erklärte ihnen, was er in dem Training erfahren hatte und wie das Gelernte der Gruppe seiner
Meinung nach weiterhelfen könne. Dann teilte er ihnen seine bisherigen Beobachtungen mit. Er achtete darauf, das
Gruppenverhalten zu beschreiben und sich nicht auf Einzelpersonen zu beziehen.

Er bat die Gruppenmitglieder um Reaktionen auf seine Beobachtungen. Das löste eine Flut von Kommentaren aus –
von Beobachtungen zum Gruppenprozeß über Vorschläge,
was die Gruppe tun solle, bis hin zu dem, wie unbequem
die Stühle seien. Michael fühlte sich ein wenig überfordert

und war sich nicht sicher, wie er all die Informationen bewältigen sollte, von den Gefühlen ganz abgesehen. Ein Mitglied der Gruppe schlug vor, die Kommentare in „Kategorien" einzuteilen, mit denen man sich dann später befassen würde. Dieses Vorgehen wurde von einem zweiten Gruppenmitglied unterstützt, und ein Großteil der Gruppe war einverstanden. Während Michael noch überlegte, ob er intervenieren sollte, stand eine dritte Person auf und ging ans Flipchart, um mitzuschreiben. An diesem Punkt endete die Sitzung, allerdings mit einer begeisterten Zustimmung zur Fortsetzung dieses neuen Prozesses.

Zirkel III. Der dritte Leiter, Larry, konnte sich einfach nicht mit dem Gedanken anfreunden, daß er sich anders als direktiv verhalten sollte. Er erzählte seiner Gruppe zwar vom Training, das er besucht hatte, machte sich jedoch über die „Gefühls"-Sache lustig. Als eine Frau aus der Gruppe zu bedenken gab, daß es doch vielleicht ganz gut sein könnte, Konflikte und Uneinigkeiten offener zu handhaben, wurde sie durch andere Mitglieder zum Schweigen gebracht. Larry griff nicht ein. Er ging zur Tagesordnung über, und die Gruppe quälte sich weiter herum.

Krankenhausverwaltung

Die Leitung traf sich mit der Prozeßberaterin, Laura, und bombardierte sie sofort mit Fragen, was sie zu tun beabsichtige. Sie bat darum, erst einmal die Prozeßberatung als solche erklären zu dürfen und was von ihr in der Rolle der Prozeßberaterin zu erwarten sei. Sie wollte auch ihre Erwartungen an die Gruppenmitglieder erläutern. Laura präsentierte ihr Konzept, beantwortete Fragen und verwickelte die Gruppe bald in einen Dialog, nicht nur mit ihr, sondern auch zwischen den einzelnen Gruppenmitgliedern. Sie wies darauf hin, daß die Verantwortung für den Erfolg bei der Gruppe liege und nicht bei ihr.

Die Mitarbeiter waren von ihrer klaren Darstellung, Auffassung, Selbstsicherheit und ihrem Wunsch nach Zusammenarbeit beeindruckt. Laura befragte die Gruppe – als Gruppe – und sammelte die Informationen, die sie für erforderlich hielt, um als Prozeßberaterin arbeiten zu können. Ihr Hauptanliegen dabei war, daß die Gruppe sich eine gemeinsame Informationsbasis schuf. Laura und die Gruppe einigten sich auf eine Zusammenarbeit. Sie erklärte, daß die Gruppe im nächsten Schritt ihre Aufgabe formulieren, die jeweiligen Rollen verstehen lernen und eine Reihe konkreter Arbeitsnormen entwickeln werde.

4 Der Ablauf einer Prozeßberatung: Phase II, die eigentliche Arbeit

Betrachten wir nun die zweite Hauptphase der Prozeßberatung, die eigentliche Arbeit. Wir werden uns damit beschäftigen, wie man das richtige Arbeitsklima schafft. Dazu gehören die Erörterung der verschiedenen Rollen und Erwartungen, die Entwicklung von Normen, die Schaffung eines Leitbildes, die Definition der Aufgabe und der Ziele. Danach werden wir uns der Rolle des Beraters widmen. Wir werden darauf eingehen, wie man den richtigen Zeitpunkt für eine Intervention bestimmen kann, ausgehend von der Diskrepanz zwischen den Aussagen und dem tatsächlichen Verhalten der Gruppenmitglieder. Und schließlich werden Sie erfahren, mit welchen Problemen des sozialen und methodischen Prozesses Sie rechnen müssen, wenn die Phase der eigentlichen Prozeßarbeit beginnt.

Ein gutes Klima schaffen Am Ende der ersten Phase, des Einstiegs, ist der Klient über die Prozeßberatung informiert worden. Er hat einer Einschätzung zugestimmt und sich – aufgrund der so gewonnenen Daten – für einen Prozeßberater entschieden. Der Berater ist bereit, an der Gruppe teilzunehmen und Interventionen vorzunehmen, während die Gruppe arbeitet. Dafür ist es sinnvoll, zuerst ein geeignetes Arbeitsklima zu schaffen.

Rollen und Erwartungen Dies ist zwar bereits in der Informationssitzung erklärt worden, doch erinnert der Berater die Gruppe noch einmal daran, daß er nicht am Flipchart stehen, die Gruppe leiten oder die Zeitplanung überwachen wird. Diese Aufgaben können von mehreren Gruppenmitgliedern abwechselnd übernommen werden. Manche Prozeßberater sind allerdings der Meinung, daß sie als Mitglied der Gruppe durchaus auch einmal eine solche Rolle übernehmen sollten. Dies hat sicherlich etwas für sich, kann zur Glaubwürdigkeit des Beraters beitragen und den Gruppenzusammenhalt stärken.

Der Berater weist außerdem deutlich darauf hin, daß er inhaltlich nicht intervenieren wird – unabhängig davon, ob er über entsprechendes Wissen verfügt oder nicht. Es ist auch nützlich, noch einmal daran zu erinnern, daß die Klienten durch die Prozeßberatung vor allem selbst Prozeßfertigkeiten erwerben sollen, damit sie auch in Zukunft effektiver arbeiten können.

Entwicklung *von Normen*   Entwicklung von Normen heißt, daß die Mitglieder der Gruppe Verfahrensweisen für die Arbeit und Leitlinien für die Interaktion diskutieren und gemeinsam festlegen. Anerkannte Formen der Entscheidungsfindung (z. B. Mehrheitsbeschluß, Einstimmigkeit, Versuch eines einstimmigen Entscheids oder prozentuale Festlegung einer Zustimmungsmehrheit) und Methoden der Problemlösungen und Datenerhebung (z. B. Brainstorming-Verfahren) sind für die Gruppe äußerst wertvolle Instrumente (GORDON 1961; VAN GUNDY 1981; KOBERG & BAGNALL 1981; BRANSFORD & STEIN 1984).

Arbeitsnormen schaffen Klarheit, bieten einen Rahmen und mindern den sonst üblichen Reibungsverlust bei der Gruppenarbeit. Auch durch Regeln des zwischenmenschlichen Umgangs miteinander lassen sich unproduktive Konflikte vermeiden. Die Gespräche werden effizienter. Einen Verhaltenskodex festzulegen, ist eigentlich eine ganz einfache Sache. NEAL CLAPP (1980) hat einen sehr lesenswerten Aufsatz über die Entwicklung von Normen in Arbeitsgruppen verfaßt.

Auch wenn die Gruppe formal einen Leiter hat, etwa eine Führungskraft, kann es sein, daß die Leitung in der Gruppe wechselt, je nach Aufgabe, Wünschen der Führungskraft, Kompetenzen der Mitglieder und Absichten der Gruppe.

Zwischenüberlegung

Normen zur Interaktion. Interaktionsnormen können z. B. ganz einfach erzeugt werden, indem der Berater die Gruppe fragt: „Wie kann man anderen eine Sitzung so richtig vermiesen?" Meist wird dann geantwortet: „Andere beim Reden unterbrechen; zu spät kommen; sich nicht beteiligen; nicht bei der Sache bleiben." Daraufhin stellt der Prozeßberater die Frage: „Welche Verhaltensweisen machen eine Sitzung effektiv?" Alle genannten Punkte werden auf einem großen Blatt notiert. Wenn Einstimmigkeit darüber besteht, welche Punkte aufgenommen werden sollen, wird an jede Wand des Raums ein Blatt aufgehängt. Auf diese Weise haben die Mitglieder die vereinbarten Normen jederzeit im Blick und lernen schnell, sie auch ohne Intervention des Beraters einzuhalten. Wenn ein Kollege die Regeln verletzt, werden die anderen auf die Liste hinweisen: „Nummer drei! Erinnern Sie sich?" Natürlich macht dieses Verfahren es auch dem Berater leichter, das Verhalten der Mitglieder zu kommentieren. In gewisser Weise legitimiert eine solche Liste diesbezügliche Interventionen.

Leitbild, Auftrag, Ziele   Jede Gruppe muß wissen, *wer* sie ist, *was* ihr Zweck ist und *wie* sie dorthin gelangen wird, wo sie hin will. Leitbild, Auftrag und Ziele zu formulieren, kostet zwar Zeit, ermöglicht der Gruppe aber, sich ihrer Zielrichtung vielleicht erstmals bewußt zu werden. Besonders klare Ausführungen dazu findet man bei Block (1987, dt. 1992).

Leitbild   Ein Leitbild bezieht sich auf die Werte und Grundüberzeugungen, die die Gruppe motivieren. Zwar wird jede Gruppe von Werten bestimmt, sie werden jedoch selten zur Sprache gebracht. Mit deutlich formulierten und von allen anerkannten Werten wird das Leitbild realistischer und steht der Gruppe klarer vor Augen. Das Leitbild der Gruppe ist nicht das Leitbild der Organisation, doch sollte es mit jenem in Einklang stehen. Es ist eine Aussage über die Zukunft, im Präsens und in aktiver Form formuliert, und be-

schreibt den gewünschten Zustand und das gewünschte
Verhalten. Dazu ein Beispiel. Eine Finanzabteilung formulierte zunächst folgende Aussage als ihr Leitbild:

> Das Unternehmen wird durch aktive Partnerschaft mit unseren
> Kunden an Wert gewinnen. Wir werden uns mit einem anspre-
> chenden, pünktlichen und effizienten Service auf unsere Haupt-
> ziele konzentrieren.

Mit geringfügigen sprachlichen Änderungen (Präsens und
Aktivform) hat das Leitbild eine stärkere Wirkung:

> Wir verleihen dem Unternehmen durch eine aktive Partnerschaft
> mit den Kunden mehr Wert. Wir konzentrieren uns mit einem an-
> sprechenden, pünktlichen und effizienten Service auf unsere Haupt-
> ziele.

Ein selbständiges Team hat folgendes zu seinen Werten formuliert:

> S..... ist einfach das beste Team aller Teams. Wir riskieren etwas,
> sind kreativ und bestimmen selbst, was wir tun. Wir sind das
> Maß, an dem andere Teams gemessen werden.

In den Beispielen geht es jeweils darum, was die Gruppe ist,
und nicht darum, was sie tut oder produziert. Denn das
gehört zur Formulierung des Auftrags.

Zwischenüberlegung

Leitbilder schaffen. Es bietet sich an, die Schaffung eines Leitbildes mit
dem Begriff der „self-fulfilling prophecy" zu erklären: Wenn man sich
eine Zukunft nach den eigenen Vorstellungen ausmalen kann, wird man
sich entsprechend verhalten und dieses Leitbild umsetzen. Es gibt Videokassetten, die Sie einsetzen können, um den richtigen Rahmen und die
richtige Atmosphäre für das Leitbild zu erzeugen, z. B. *Productivity and
the Self-Fulfilling Prophecy: The Pygmalion Effect,* produziert von
CRM McGraw-Hill Films; *The Power of Vision* und *Discovering the
Future: The Business of Paradigms,* beide Joel Arthur Barker-Videos,
produziert von der Charthouse Learning Corporation.

Der Berater kann die Gruppe auffordern, ihren eigenen Wertekanon aufzustellen, oder er kann eine vorgegebene Liste verwenden. Eine solche Liste (BECK & HILLMAR 1986) erspart es Ihnen zu erklären, was ein Wert überhaupt ist. Die Standardisierung erleichtert das Vorgehen (siehe Abbildung 12). Bei einer vorgegebenen Liste bittet der Berater die Gruppenmitglieder, jeweils drei Werte anzugeben, die sie für die wichtigsten halten. Auch die drei am wenigsten relevanten Werte sollen herausgesucht werden. Wenn diese Einzelarbeit abgeschlossen ist, versucht die Gruppe, sich auf drei oder vier motivierende Hauptwerte zu einigen. Diese Diskussion ist normalerweise recht intensiv und produktiv, weil die Mitglieder ihre Wertpräferenzen und die Gründe ihrer Wahl offenlegen.

Wenn die Gruppe zu einem Konsens gekommen ist, gibt der Berater Informationen zum Thema Leitbild. Die Gruppenmitglieder werden nun gebeten, unter Berücksichtigung der Wertediskussion und des gemeinsam festgelegten Wertekanons wiederum in Einzelarbeit ein Leitbild zu entwerfen. Danach trifft die Gruppe wieder zusammen und formuliert ein gemeinsames Leitbild. Dies kann schwierig, aber auch motivierend sein.

Dem methodischen Prozeß kommt es auch zugute, wenn Sie jedes Mitglied bitten, sein Leitbild auf Flipchart-Papier zu schreiben. So können sich alle die Blätter ansehen und nach Gemeinsamkeiten suchen. Schlüsselbegriffe, die in der endgültigen Version enthalten sein sollen, werden rot markiert.

Die Gruppe kann zum Entwurf des Leitbildes auch in Untergruppen aufgeteilt werden. Dort werden die einzelnen Aussagen diskutiert. Anschließend wird aus Mitgliedern jeder Untergruppe ein Komitee gewählt, das einen Entwurf produziert. Jedes Gruppenmitglied bekommt davon eine Kopie, um an den Formulierungen zu feilen, sie zu überarbeiten und zu kommentieren.

Das Leitbild muß so gestaltet sein, daß die Gruppe sich damit identifizieren kann, denn es wird die Arbeit und das Gruppenverhalten leiten. Außerdem dient es dem Prozeßberater als Maßstab für seine Interventionen.

Auftrag   Als nächstes geht es um die Klärung des Auftrags. Während das Leitbild beschreibt, „was wir sind", beschreibt der Auftrag, „was wir tun". Was ist der Zweck der Gruppe? Was genau wird als Ergebnis von uns erwartet? Welchen Auftrag haben wir – und wer hat ihn uns gegeben? Welche Erwartungen haben diejenigen, die unsere Fortschritte und unser Endergebnis oder Produkt prüfen und auswerten werden?

Es kommt erstaunlich oft vor, daß Gruppen, Teams oder Komitees sich nicht die Zeit nehmen, genau zu klären, was sie in Angriff nehmen wollen. Zwar ist dafür einiges an Diskussion nötig, doch kann man sich meist leicht einigen.

Wie die Organisation, der ich angehöre, sein sollte (bitte legen Sie eine Rangfolge von 1, höchster Wert, bis 19, niedrigster Wert, fest):

_____ *A. Leistungsfähig – leistet einen wertvollen Beitrag und trägt den Bedürfnissen einzelner Rechnung.*

_____ *B. Ausgeglichen – kümmert sich in angemessener Weise um die Bedürfnisse der Gesellschaft, der Organisation und der einzelnen Mitglieder, ohne einen dieser drei zu vernachlässigen.*

_____ *C. Schön – hat bei ihrer Architektur, Landschaftsplanung und im Arbeitsumfeld einen Sinn für Ästhetik.*

_____ *D. Fürsorglich – nimmt Mitglieder wichtig, bietet ihnen eine Gelegenheit zusammenzukommen, und gibt ihnen das Gefühl, gebraucht zu werden.*

_____ *E. Angenehm – ein Ort, wo Menschen sich gut einfügen, miteinander in Kontakt kommen und das Gefühl haben, gebraucht zu werden.*

_____ *F. Egalitär – bietet gleiche Chancen für alle und Zugang zu den Informationen, die nötig sind, um das eigene Leben verantwortlich zu gestalten.*

_____ *G. Anregend – bietet den Mitgliedern stimulierende und aktive Möglichkeiten, sich persönlich zu entwickeln, etwas zu wagen und sich auszuleben.*

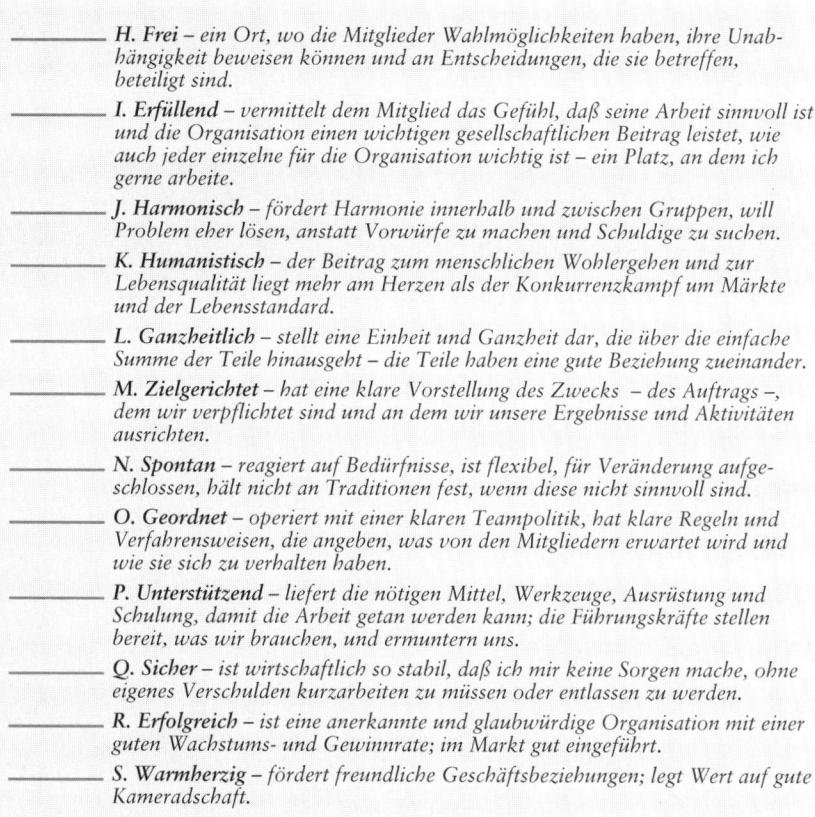

————— **H. Frei** – *ein Ort, wo die Mitglieder Wahlmöglichkeiten haben, ihre Unabhängigkeit beweisen können und an Entscheidungen, die sie betreffen, beteiligt sind.*

————— **I. Erfüllend** – *vermittelt dem Mitglied das Gefühl, daß seine Arbeit sinnvoll ist und die Organisation einen wichtigen gesellschaftlichen Beitrag leistet, wie auch jeder einzelne für die Organisation wichtig ist – ein Platz, an dem ich gerne arbeite.*

————— **J. Harmonisch** – *fördert Harmonie innerhalb und zwischen Gruppen, will Problem eher lösen, anstatt Vorwürfe zu machen und Schuldige zu suchen.*

————— **K. Humanistisch** – *der Beitrag zum menschlichen Wohlergehen und zur Lebensqualität liegt mehr am Herzen als der Konkurrenzkampf um Märkte und der Lebensstandard.*

————— **L. Ganzheitlich** – *stellt eine Einheit und Ganzheit dar, die über die einfache Summe der Teile hinausgeht – die Teile haben eine gute Beziehung zueinander.*

————— **M. Zielgerichtet** – *hat eine klare Vorstellung des Zwecks – des Auftrags –, dem wir verpflichtet sind und an dem wir unsere Ergebnisse und Aktivitäten ausrichten.*

————— **N. Spontan** – *reagiert auf Bedürfnisse, ist flexibel, für Veränderung aufgeschlossen, hält nicht an Traditionen fest, wenn diese nicht sinnvoll sind.*

————— **O. Geordnet** – *operiert mit einer klaren Teampolitik, hat klare Regeln und Verfahrensweisen, die angeben, was von den Mitgliedern erwartet wird und wie sie sich zu verhalten haben.*

————— **P. Unterstützend** – *liefert die nötigen Mittel, Werkzeuge, Ausrüstung und Schulung, damit die Arbeit getan werden kann; die Führungskräfte stellen bereit, was wir brauchen, und ermuntern uns.*

————— **Q. Sicher** – *ist wirtschaftlich so stabil, daß ich mir keine Sorgen mache, ohne eigenes Verschulden kurzarbeiten zu müssen oder entlassen zu werden.*

————— **R. Erfolgreich** – *ist eine anerkannte und glaubwürdige Organisation mit einer guten Wachstums- und Gewinnrate; im Markt gut eingeführt.*

————— **S. Warmherzig** – *fördert freundliche Geschäftsbeziehungen; legt Wert auf gute Kameradschaft.*

Quelle: „Values I Seek in My Organization" von Richard S. Underhill. In: Beck, A. C. & Hillmar, E. D. (Eds.) (1986), Positive Management Practices. San Francisco, CA: Jossey-Bass. Genehmigter Nachdruck.

Abb. 12: Formular zur Einstufung der Organisationswerte

Ziele

Sobald das Leitbild feststeht und der Auftrag bestimmt ist, ist es an der Zeit, die genauen Ziele zu definieren. Woran können wir messen, ob wir auf dem richtigen Weg sind? Wie bewerten wir die Ziele?

Erwartungsgemäß ändern sich die Ziele mit der Zeit eher
als das Leitbild oder der Auftrag. Denken Sie daran, daß
die Gruppe bisher noch nicht inhaltlich gearbeitet hat. Vielleicht bekommt man bei dieser Beschreibung den Eindruck,
als würde die Formulierung des Leitbildes, des Auftrags
und der Ziele viel Zeit kosten; in Wirklichkeit ist dies jedoch nicht der Fall. Ganz ohne Zeit geht es natürlich nicht,
und selbst das ist – leider – mehr, als manche Unternehmen
zu investieren bereit sind. In vielen modernen amerikanischen Organisationen, sei es in der Wirtschaft oder im gemeinnützigen Bereich, ist solche kurzsichtige Haltung dennoch die Realität.

Welche methodischen und gruppendynamischen Probleme
können in diesen ersten Sitzungen von Phase II auftreten?
Worauf muß der Prozeßberater achten? Oft kommt es vor,
daß Teilnehmer davor zurückschrecken, über einen Wertekanon zu sprechen oder ein Leitbild für die Gruppe zu formulieren. Auch wenn Sie die Themen in der Informationsphase eingeführt haben, werden sie in dieser Phase wahrscheinlich auf Widerstand stoßen. Hier ein typischer Dialog:

Mike: *(ein Gruppenmitglied)*	Gehen wir endlich an die Arbeit. Was soll dieser Quatsch?
PB:	Mike, Sie scheinen ziemlich ärgerlich und können es kaum abwarten anzufangen. Das kann ich ver- stehen. Es gibt viel zu tun.
Mike:	Allerdings! Wir verschwenden hier sowieso schon zu viel Zeit.
PB:	Vielleicht würde es ganz allgemein helfen, wenn ich nochmals kurz skizziere, warum ich glaube, daß wir einige von diesen Dingen tun sollten ...
Mitglieder:	(Schweigen)
PB:	Danke für die begeisterte Unterstützung.
Mitglieder:	(Gelächter)
PB:	Bitte haben Sie Geduld mit mir, wenn ich mich

wiederhole, ... aber ich glaube, auf lange Sicht werden Sie das sinnvoll finden.

Der Prozeßberater rekapituliert kurz und ohne sich zu rechtfertigen, was eine effektive Gruppe ausmacht, und erläutert das Prinzip des Leitbildes mit Begriffen der sich selbsterfüllenden Prophezeiung. In diesem Beispiel verwendet er das Bild einer Fußballmannschaft, die sich auf das Endspiel vorbereitet.

PB:	Was denken Sie...? Wo stehen Sie...?
Mitglieder: *(außer Mike)*	Erscheint mir sinnvoll ... Hört sich gut an ... Machen wir daran weiter.
PB:	Mike, wo stehen Sie?
Mike:	(lachend) Meine Güte, Leute wie Sie können einen wirklich zu allem überreden.
PB:	Tja, wo Sie gerade stehen und wie Sie sich fühlen, ist wichtig ... wie auch bei jedem anderen von uns. Ich weiß es zu schätzen, daß Sie das angesprochen haben. Sind wir jetzt soweit, daß wir weitermachen können?
Mike:	(nickt zustimmend) Ja, gut, von mir aus.

Bei diesem Gespräch sehen wir, wie der Prozeßberater, ohne sich dabei zu rechtfertigen, mit allem, was in der Gruppe an Ressentiments hochkommt, umzugehen versteht. Er erkennt die Berechtigung von Mikes Gefühlen und dessen Eifer an und vernachlässigt dennoch nicht sein Vorhaben, die Werte und das Leitbild der Gruppe zu bestimmen. Der Berater reagiert mit Humor, indem er die Gruppe darum bittet, bei der kurzen Wiederholung „Geduld mit ihm zu haben". Mit dieser „Doppelstrategie" bringt er die Gruppe voran. Bei dieser Gelegenheit kann der Berater auch noch einmal betonen, wie wichtig es ist, bei der Arbeit innezuhalten und zu überprüfen, wo die Mitglieder gerade stehen und wie sie sich mit und während ihrer Arbeit fühlen.

Die eigentliche Nun beginnt die Gruppe mit der Hauptarbeit. Der
Arbeit   Prozeßberater interveniert *in die laufende Grup-
                      penarbeit.* Es ist hilfreich, den mündlichen Vertrag
(siehe Kapitel 3) bei den ersten Sitzungen noch einmal in
Erinnerung zu rufen, damit die Gruppenmitglieder auf die
Interventionen des Beraters eingestimmt sind.

Gleichgültig, wie vorgebildet die Gruppe ist, wenn die Mitglieder bisher nie mit einem Prozeßberater gearbeitet haben, werden sie das Vorgehen zunächst vielleicht etwas
peinlich finden. Oft sind Gruppen eher mit einem Problemmanager vertraut. Sie halten sich zurück und warten
auf Anweisungen. Wenn der Berater dann eher Vorschläge
macht, als daß er die Richtung vorgibt, kommt es zu ge-
quälten Situationen und manchmal auch zu Aggressionen.
Es kann passieren, daß die Vorschläge des Beraters ignoriert werden. Dann muß er eventuell in dieser Sache selbst
intervenieren.

Nach SCHEINS Beschreibung (1961) wird der Veränd e-
rungsprozeß durch eine Auflösung des alten Verhaltens
(„unfreezing") eingeleitet. Erst dann findet die Veränderung
statt, wobei das neue Verhalten danach wiederum feste Ge-
stalt annimmt („refreezing"). Zwar hat sich seine Arbeit –
die ihre Wurzeln in der LEWINschen Feldtheorie (Lewin
1951, dt. 1963) hat – aus den „Gehirnwäsche"-Versuchen
der chinesischen Kommunisten entwickelt, jedoch ist die
Theorie auch auf das Sensitivity-Training, auf Persönlich-
keits- und Organisationsveränderung (SCHEIN & BENNIS
1965) und das aktuelle Modell der Prozeßberatung von
Gruppen angewandt worden.

In der ersten Phase der Gruppenzusammenarbeit stellen die
Mitglieder fest, daß ihre Arbeitsbemühungen nicht effektiv
sind: Sie hören einander nicht zu, die Ziele sind unklar, die
Vorgehensweise hat Mängel, und die Leitung verhält sich
widersprüchlich. Der Prozeßberater interveniert. Die Mit-

glieder sind verunsichert (SCHEIN & BENNIS 1965). Sie suchen wieder Bestätigung, jeder schaut, wie sich der andere
verhält, und alle schauen auf den Berater bei ihrer Suche
nach effektiven und effizienten Verhaltensweisen. Da der
Berater ihnen keine dirigistische Anleitung geben wird,
müssen die Mitglieder selbst neue Verhaltensweisen ausprobieren, sie müssen also den Prozeß selbst erlernen.

Zu Beginn der Gruppenzusammenarbeit interveniert der
Prozeßberater häufiger. Die Mitglieder verhalten sich zunächst vorsichtiger und sind nicht so sehr bereit, ein neues
Verhalten auszuprobieren – das entwickelt sich erst im Laufe der Zeit. In den mittleren und Endphasen der Gruppe
haben die Mitglieder zudem neue Fertigkeiten und grup-
penbezogene Verhaltensweisen erlernt. Die verschiedenen
Stadien der Arbeitsgruppe werden in Kapitel 6 besprochen.

Zwischenüberlegung

Überprüfung der Gefühle der Mitglieder. Nehmen Sie in Ihren Vertrag
auf, daß Sie regelmäßig (mindestens jede halbe Stunde) überprüfen werden, wie sich die Gruppenmitglieder bei der Arbeit gerade fühlen.

Schneller Check: „Wie geht es Ihnen bei dem, was Sie gerade tun?"

Diese kleine Intervention zahlt sich groß aus. Es wird nicht lange dauern
und die Gruppenmitglieder werden sich gegenseitig befragen.

Bei Widersprüchen Manchmal wissen Prozeßberater, in welchen
intervenieren Bereich es zu intervenieren gilt, fragen sich
jedoch, wann sie intervenieren sollen. Eine
wirksame Art, die Gruppe voranzubringen, besteht darin,
wie ich es nenne, bei Widersprüchen zu intervenieren.

ARGYRIS und SCHON (1974) beschreiben eine sogenannte
explizite Theorie im Gegensatz zur *handlungsbestimmenden Theorie* („espoused theory versus theory-in-use"). Die

explizite Theorie umfaßt das Verhalten, das wir für wertvoll erachten, und von dem wir glauben, daß es Teil unseres
zwischenmenschlichen Verhaltensrepertoires sei. Unsere explizite Theorie kann sich in unserem tatsächlichen Verhalten manifestieren oder auch nicht. Unsere handlungsbe-
stimmende Theorie hingegen bezieht sich auf unser tatsächliches Verhaltensrepertoire, wie es von anderen gesehen
wird. In den Worten von ARGYRIS und SCHON (1974, 7):

> Wenn jemand gefragt wird, wie er sich unter bestimmten Um-
> ständen verhalten würde, ist seine Antwort normalerweise Aus-
> druck seiner expliziten Verhaltenstheorie für die betreffende Si-
> tuation. Das ist die Handlungstheorie, der er sich verpflichtet
> fühlt und die er anderen auf Anfrage mitteilt. Die Theorie, die je-
> doch tatsächlich sein Handeln bestimmt, ist seine handlungsbe-
> stimmende Theorie, die mit seiner expliziten Theorie übereinstim-
> men mag oder auch nicht. Es kommt hinzu, daß die Person sich
> nicht unbedingt der Unvereinbarkeit beider Theorien bewußt ist.

Über ihr Leitbild, ihre Aufgabe, Ziele, Normen und über
ihre praktische Arbeit bezieht die Gruppe kollektiv Stellung
gegenüber bestimmten Verhaltensweisen. In ähnlicher Weise haben einzelne Gruppenmitglieder Vorstellungen davon,
was effektives Gruppenverhalten ausmacht. Doch die
Gruppe als Gruppe sowie einzelne Mitglieder verhalten sich
manchmal so, daß es zu ihrem gewollten und explizit
geäußerten Verhaltensnormen im Widerspruch steht. Und
genau an diesem Widerspruch setzen die Interventionen des
Prozeßberaters an. Widersprüche oder Diskrepanzen können auf verschiedenen Ebenen auftreten: zwischen dem,
was ein Gruppenmitglied sagt und tatsächlich tut; zwischen
dem, was ein einzelnes Mitglied und was die Gruppe sagt;
oder zwischen dem, wie das Mitglied sich verhält und was
die Verhaltensnorm der Gruppe ist usw. Abbildung 13 zeigt
die Bereiche, in denen Widersprüche auftreten und wo Interventionen erforderlich sind.

Der Prozeßberater muß aufmerksam sein und jederzeit das
Wissen parat haben, welche Verhaltensweisen nach außen

hin vertreten wurden. Wenn Leitbild, Auftrag, Ziele und Normen der Gruppe feststehen, erleichtert dies den Prozeß natürlich beträchtlich. Der Prozeßberater interveniert, wenn er eine Diskrepanz im Verhalten erkennt. Vielleicht hilft es Ihnen, einen Flipchart zu verwenden und verschiedene gehörte Äußerungen und beobachtete Verhaltensweisen aufzuschreiben. Sie können an geeigneter Stelle aufgelistet und zu einem späteren Zeitpunkt entsprechend kommentiert werden.

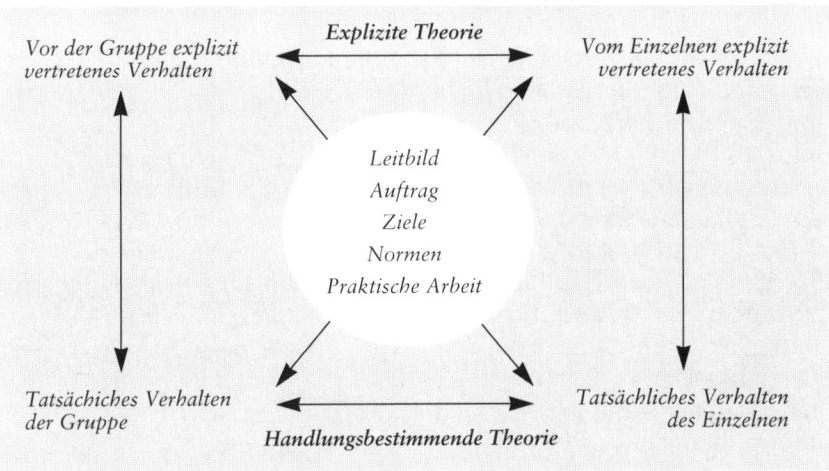

Abb. 13: Bei Widersprüchen intervenieren

Planungsteam von Führungskräften

Als die erste reguläre Sitzung mit dem Berater stattfinden sollte, hatte sich die Aufregung über die gemeinsame Arbeit schon etwas gelegt und einer gewissen Besorgnis Platz gemacht. Diese nahm noch zu, als Scott noch einmal mündlich seine Rolle in Erinnerung rief und wiederholte, wie wünschenswert es sei, daß er in den methodischen und den sozialen Prozeß interveniere.

Scott machte den Vorschlag, die Gruppe könnte einige weitere Funktionen festlegen, die reihum übernommen werden könnten, wie z. B. den Protokollführer und jemanden, der für die Zeitplanung zuständig ist. Ein Gruppenmitglied, Tim, fragte daraufhin: „Warum übernehmen Sie das nicht? Bezahlen wir Sie denn nicht dafür?" Scott erläuterte daraufhin, ohne sich unter Rechtfertigungsdruck zu fühlen, welchen Wert es für die Mitglieder habe, neue Rollen zu übernehmen und auch ihn dadurch freizustellen, damit er sich auf den Gruppenprozeß konzentrieren könne.

Mehr als die Hälfte der Gruppe wollte sich nun sofort in die Arbeit stürzen. Scott machte den Vorschlag, zuerst darüber zu sprechen, wie ihnen dabei zumute sei, hier anwesend und am Planungsprojekt beteiligt zu sein. Nach vierzig Sekunden Stille ergriff Harry das Wort: „Ich fühle mich durch das Ausmaß der Aufgabe ganz schön überfordert." Bill versuchte ihm das als unnötiges Gefühl auszureden. Scott intervenierte und deutete an, daß es in Ordnung sei, zu fühlen, was auch immer man gerade fühle. Dann fragte er die anderen Mitglieder, wie es ihnen bei dem Projekt gehe. Ein langer, intensiver Austausch in der Gruppe begann. Dabei zeigte sich auch, daß die Teammitglieder ganz unterschiedliche Auffassungen darüber hatten, was ihr Auftrag sei und welche Resultate erwartet würden.

Während der Diskussion stellte Scott ein durchschnittliches Maß an zwischenmenschlichen Fähigkeiten fest. Er empfahl der Gruppe, sich ein wenig Zeit zu nehmen, um Verhaltensnormen zu entwickeln, mit denen man arbeiten könne.

Die Sitzung endete mit einer Tagesordnung für die nächste Zusammenkunft. Geplant waren u. a. die Klärung des Gruppenauftrags, die Aufstellung eines Zeitplans und die Entwicklung eines Leitbildes; das heißt, wie sich das Team mit Blick auf das Ende seiner Arbeit beschreiben würde.

Ein kurzes Feedback zur Kontrolle (nur einige Worte pro Person) ganz am Schluß der Sitzung ergab: „erleichtert, weiter so, vorsichtig, gute Arbeit, wir sind auf dem richtigen Weg, viel zu tun, zuviel Gefühl – zuwenig Arbeit, zufrieden", und das positive Zeichen „Daumen nach oben".

Qualitätszirkel

Zirkel I. Kim wurde kompetenter und bekam rasch mehr Selbstvertrauen. Der Gruppe ging es blendend. Die Mitglieder waren aufgeschlossen und setzten sich mit den anstehenden Fragen auseinander. Allerdings begannen die Mitglieder, sich den beiden anderen Zirkeln überlegen zu fühlen. In vieler Hinsicht waren sie tatsächlich überlegen, aber sie sprachen allmählich abfällig von der Konkurrenz. Und auch innerhalb des Teams wurde Konkurrenz zu einem dominanten, aber nicht offen ausgetragenen Thema. Die Mitglieder waren zwar frei, Ideen vorzubringen, die oft kreativ und innovativ waren. Doch jeder empfand einen starken Besitzanspruch auf die eigenen Ideen, so daß vieles bei der heftigen Konkurrenz unterging. Kim gab zu bedenken, ob die abfälligen Bemerkungen gegenüber den beiden anderen Zirkeln vielleicht die Konkurrenz in der eigenen Gruppe widerspiegelten. Die Gruppenmitglieder leugneten dies empört, und das Thema wurde rasch fallengelassen. Kim entschied, noch zu warten, bis die Gruppe mehr Material gesammelt hat, bevor sie wieder intervenieren würde.

Zirkel II. Michael kam sich vor, als werde er die Geister, die er rief, nicht mehr los, und doch freute er sich über die Reaktionen. Gleichzeitig war er wütend auf das Mitglied, das mit dem Vorschlag interveniert hatte, die Kommentare an die Wand zu hängen. Er ärgerte sich, nicht selbst darauf gekommen zu sein. Bei der nächsten Sitzung fragte Michael die Gruppe, ob sie am Projekt oder am gruppendynamischen Prozeß arbeiten wolle. Die Antwort war: an beidem.

Nach einer Diskussion einigte sich die Gruppe darauf, am
Projekt zu arbeiten, und Michael sollte eingreifen, wenn er
beobachtete, daß die Gruppe zwischenmenschliche Probleme auszusprechen vermeide. Außerdem sollte vor Ende der
Sitzung noch eine halbe Stunde Zeit freigehalten werden,
um eine der Fragen anzugehen, die das Arbeitsklima betreffen und noch von der letzten Woche übrig geblieben waren.
Michael setzte die im Trainingsseminar gelernten Verhaltensweisen ein und bemühte sich darum, die Gruppe bei
der Sache zu halten und gleichzeitig auf Fragen der Gruppendynamik einzugehen. Zum Beispiel teilte er seine Beobachtung mit, daß die Gruppe weiterhin Entscheidungen –
wenn auch unwichtigere – traf, ohne daß alle damit einverstanden waren. Cynthia sagte dazu: „Also, die Leute sollen
sich melden, wenn sie nicht einverstanden sind." Rudy, ein
eher ruhiges Mitglied, erwiderte darauf: „Während ich
noch darüber nachdenke, ist die Gruppe schon wieder ganz
woanders." Cliff machte den Vorschlag: „Michael, könnten
Sie nicht nachfragen, wenn Sie den Eindruck haben, daß
wir nicht einer Meinung sind?" Michael erschien diese Bitte
sehr vernünftig.

Zirkel III: Die dritte Gruppe schleppte sich mühsam weiter.
Mitglieder beschwerten sich über die verschwendete Zeit,
und Larry wurde bei seinen Interventionen immer frustrier-
ter und härter. Er machte den Vorschlag, daß die Gruppe
vielleicht „ein bißchen frisches Blut brauche, um Bewegung
in die Sache zu bringen". Fred erwiderte kaum hörbar:
„Vielleicht brauchen wir eher einen neuen Problemmanager."

Anstatt die Gelegenheit zu nutzen, die Gefühle der Mitglieder erkunden, beschloß Larry, einfach weiterzumachen und
fragte: „Sollen wir neue Mitglieder in dieses Team aufnehmen?... Naja, denken Sie darüber nach, und wir werden
nächste Woche noch einmal darüber sprechen."

Krankenhausverwaltung

Bei der nächsten Sitzung schilderte Laura noch einmal ihre Rolle und wie sie möglicherweise helfen könne. Sie machte dann den Vorschlag, daß es für die Gruppe sinnvoll sein könnte, sich über ihre Aufgabe zu verständigen.

Ned: Hören Sie, wir wissen, warum wir hier sind. Machen wir weiter.

Laura: Vielleicht haben Sie recht, Ned. Bitte fassen Sie das Einverständnis für die Gruppe zusammen.

Ned: Äh, ja, klar, mache ich.

Ned gibt daraufhin seine Auffassung der Aufgabe wieder.

Jeremy: Moment mal! Das ist es nicht.

Ted: Jeremy hat recht. Unsere Aufgabe ist es, eine Richtung und Zukunft für dieses Krankenhaus zu finden.

Theresa: Also, das stimmt so nicht ganz.

Die Mitglieder der Gruppe verbrachten den Rest der Sitzung unter Lauras Mithilfe damit, ihren Auftrag genau zu bestimmen. Sie kamen dabei leicht vom Thema ab, aber Laura hielt die Gruppe mit einer einfachen Intervention auf Kurs: „Die Gruppe ist vielleicht wieder vom Thema abgekommen." Am Ende der Sitzung war die Gruppe freudig überrascht, daß sie eine allgemeine Einigung über ihre Aufgabe und ihren Hauptzweck erzielt hatte. Aufgrund von Lauras Interventionen blieb die Gruppe konzentriert und erledigte mehr Arbeit als sonst.

Laura gab außerdem zu bedenken, daß der Gruppe besser gedient sein könnte, wenn sie eine Reihe spezifischer Verhaltensnormen entwickeln würde, die ihre Arbeit und Interaktion leiten sollen.

5 Interventionsarten und -intensität

Wir haben jetzt bereits ein Grundgerüst und wissen, wann Interventionen vorzunehmen sind. Nun stellen sich Fragen wie: „Welche Arten von Interventionen kann ich vornehmen? Sollen sich meine Interventionen an die Gesamtgruppe oder an einzelne Personen richten? Wie tiefgreifend sollten die Interventionen sein? Wie weit soll ich mit dieser Gruppe gehen?"

Dieses Kapitel behandelt, welche Arten von Interventionen uns als Prozeßberatern zur Verfügung stehen. Wir entscheiden über das Ziel bzw. die Adressaten der Intervention und wie intensiv die Intervention sein soll. Zuerst bestimmen wir die Interventionstiefe, dann betrachten wir die Interventionstypen, die diese Tiefe erzielen. Zum Schluß des Kapitels vergleichen wir Interventionen, die in der aktuellen Situation vorgenommen werden, mit solchen, die erst im nachhinein erfolgen.

Interventionsarten Zur Betrachtung der verschiedenen Interventionsarten, die uns als Prozeßberatern zur Verfügung stehen, bedienen wir uns einer typologischen Matrix.

Über die Jahre sind mehrere solcher Matrizes entwickelt worden, darunter der *Interventionswürfel* von COHEN und SMITH (1976), der bahnbrechend wirkte. Die typologische Matrix, die in diesem Kapitel verwendet wird, leitet sich von COHEN und SMITH ab, wurde allerdings für die Prozeßberatung von Gruppen modifiziert (siehe Abbildung 14).

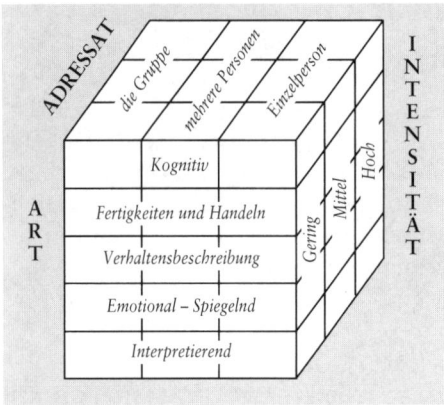

Abb. 14: Interventionswürfel

Wir unterscheiden Interventionen nach Art, Adressat und Intensität. Der Prozeßberater entscheidet sich jedes Mal, wenn er eine Intervention vornimmt, für eine bestimmte Kombination aus Art, Adressat und Intensität. Betrachten wir zunächst die drei Kategorien und dann die jeweiligen Kombinationen.

Art   Es gibt fünf wichtige Arten der Intervention: die kognitive, die auf die Entwicklung von Fertigkeiten bzw. auf das Handeln abzielende, die das Verhalten beschreibende, die emotional-spiegelnde und die interpretierende Intervention.

Kognitive Interventionen sind abstrakt, intellektuell oder beziehen sich auf eine Idee. Auch beratende Fragen zählen zu dieser Kategorie. „Die Gruppe könnte überlegen, ob zeitliche Vorgaben für sie wichtig sind."

Interventionen zu *Fertigkeiten* und *Handeln* verwendet der Prozeßberater, um eine Trainingsmaßnahme oder ähnliches zum Erlernen bestimmter Fertigkeiten vorzuschlagen, etwa eine Problemlösungseinheit,. „Ich möchte gern eine kurze Übungssitzung darüber vorschlagen, wie man Feedback gibt und annimmt."

Bei der *beschreibenden* Intervention schildert der Prozeßberater genau, welches Verhalten er in der Gruppe beobachtet hat. „Die Gruppe verhält sich, als sei bereits eine Entscheidung gefallen, dabei haben bisher nur zwei Leute zugestimmt."

Wenn der Berater die emotionalen Gefühlsäußerungen wiedergibt, die er in der Gruppe beobachtet hat, so gehört dies zur vierten Interventionsart, der *emotional-spiegelnden.* „Fred, Sie scheinen über Sams Bemerkung ziemlich wütend zu sein. Was ist los?"

Der fünfte, *interpretierende* Interventionstyp ist besonders im Anschluß an eine Verhaltensbeschreibung oder emotional-spiegelnde Intervention angebracht. Hierbei handelt es sich um eine Hypothese oder Vorstellung davon, was sich dynamisch in der Gruppe abspielt. Der Berater stellt Vermutungen an. Ziel ist dabei, die Mitglieder aus der Reserve zu locken: Sie sollen darüber reden, was sie über das aktuelle Geschehen denken und was sie dabei fühlen. Die Interpretation ist objektiv und analytisch gesehen nicht unbedingt „die Wahrheit". Sie basiert jedoch auf dem Wissen und der Erfahrung des Beraters. „Ich kann nur vermuten, daß das mangelnde Engagement der Gruppenmitglieder der Grund war, warum man Sie hierhergeschickt hat."

Adressat   Adressat der Intervention können die ganze Gruppe, zwei oder mehr Personen, wenn es um eine zwischenmenschliche Interaktion geht, oder eine Einzelperson sein. Hier einige Beispiele:

An die Gruppe: „Die Gruppe hat heute erstaunlich wenig Energie."

An mehrere Personen: „Ned und Bill, ich vermute, Ihre Uneinigkeit in dieser Frage reicht schon weiter zurück, und wir anderen sind in die Geschichte nicht eingeweiht."

An eine Einzelperson: „Sally, Sie scheinen immer begeistert zu sein, wenn die Gruppe sich wieder ihrer Aufgabe widmet."

Intensität   Ich verwende den Begriff Intensität hier im Sinne von COHEN und SMITH (1976): als die *vom Berater angestrebte* Stärke, Kraft oder Wirkung der Intervention. Natürlich kann die Reaktion auf eine Intervention anders ausfallen als beabsichtigt.

Die Intensität einer Intervention kann gering, mittel oder hoch sein (COHEN & SMITH 1976). Der Berater bestimmt die Intensität hauptsächlich durch Wortwahl, Ton der Stimme und nonverbale Zeichen wie z. B. Körperhaltung. Dies ist ein gutes Beispiel dafür, wie man sich selbst als Instrument der Veränderung einsetzen kann.

Grundsätzlich sind Risiko, Intensität und Wahrscheinlichkeit der Wirkung höher, wenn der Berater Interventionen an eine Einzelperson statt an die Gruppe oder an mehrere Mitglieder richtet. Nehmen wir die folgenden zwei Beispiele. Vergleichen Sie die Sätze: „Gruppenmitglieder scheinen sich zu ärgern, daß es in der Gruppe nicht vorwärts geht" mit „Barney, Sie scheinen sich zu ärgern, daß es in der Gruppe nicht vorwärts geht". Die Ausrichtung der ersten Intervention verteilt sich auf die Mitglieder, während sich die zweite auf eine einzelne Person, nämlich Barney, konzentriert. Auf die erste Intervention muß das einzelne Gruppenmitglied nicht unbedingt reagieren, aber für Barney wäre es schwierig, die Bemerkung zu ignorieren.

In ähnlicher Weise nehmen Risiko, Intensität und Wirkung je nach Interventionstyp zu: Eine kognitive Intervention ist weniger riskant als eine Aufforderung zum Erlernen einer Fertigkeit bzw. Handeln oder als eine Verhaltensbeschreibung, und diese ist wiederum weniger riskant als eine emotional-spiegelnde und eine interpretierende Intervention. Risiko bedeutet hier Unsicherheit bezüglich der Reaktionen

bzw. eine größere Wahrscheinlichkeit von Ablehnung oder
Widerständen. Beim kognitiven und dem auf Fertigkeiten
bzw. Handeln ausgerichteten Interventionstypus sind die
Interventionen eher verstandesmäßig, und in derselben Weise kann auf sie reagiert werden. Die Verhaltensbeschreibung ist neutral, während die emotional-spiegelnde und interpretierende Intervention gewöhnlich intensivere Reaktionen auslösen.

Die emotional-spiegelnden und interpretierenden Kommentare des Beraters sind persönliche Schlußfolgerungen und
damit subjektiv. Sie erfordern ein höheres Maß an Können.
Bitte beachten Sie, daß diese Interventionen keine psycho-
therapeutische Absicht haben. Sie zielen vielmehr darauf
ab, daß die Gruppenmitglieder bestimmte gruppendynamische Ebenen erforschen, sofern sie zur Gruppeneffektivität
und Aufgabenbewältigung wichtig sind.

Die *Angemessenheit einer Intervention* hängt von der Dauer der Gruppenzusammenarbeit und der jeweiligen Phase
der Gruppenentwicklung ab. So sind in den frühen Phasen
der Gruppe an die Gesamtgruppe adresssierte, kognitive Interventionen geeignet und angebracht. Die Mitglieder sind
neu und mit Fragen der Zugehörigkeit beschäftigt, sie sind
ein bißchen ängstlich und verletzlich. Hier eine interpretierende Bemerkung zu machen - ganz gleich mit welch geringer Intensität - wird sehr wahrscheinlich Störungen provo-
zieren. Die Gruppenmitglieder brauchen zu diesem Zeitpunkt ein Gefühl psychischer Sicherheit.

Emotional-spiegelnde und interpretierende Interventionen
werden dann häufiger vorgenommen, wenn die Gruppe ge-
reift ist. Manche Gruppen werden interpretierende Intervention zu keinem Zeitpunkt rechtfertigen - oder dulden.
Gruppen, die es doch tun, müssen den Sinn dieser Art der
Intervention verstehen und einen entsprechenden Vertrag
abgeschlossen haben.

Kombinierte Die meisten Gruppen brauchen eine gewisse An-
Interventionen zahl verhaltensbeschreibender und emotional-
spiegelnder Interventionen, damit sie bei der Erfüllung ihrer Aufgabe vorankommen. Wir werden nun einige der vielen Kombinationsmöglichkeiten von Interventionstyp, Adressat und Intensität ausleuchten.

	ART				
ADRESSAT	Kognitiv	Handeln/ Fertigkeiten	Verhaltens- beschreibung	Emotional – Spiegelnd	Interpretierend
die Gruppe	*„Die Gruppe scheint mit ihrem Zeitplan hinterher zu sein."*	*„Ich möchte eine Entschei- dungstechnik vorschlagen, die Sie vielleicht nützlich finden."*	*„Sie [die Gruppe] unterbrechen einander immer wieder und ver- suchen damit, unbedingt das Resultat zu be- einflussen."*	*„Die Mitglieder haben eine Menge Ärger an- gestaut, weil sie die Entscheidung nicht beeinflußt haben."*	*„Die Verbitterung über frühere Miß- erfolge läßt mich spekulieren, ob Sie vielleicht Angst davor haben, er- folgreich zu sein."*
mehrere Personen	*„Vielleicht überlegen Sie beide sich ein- mal, was Sie gemeinsam haben."*	*„Ich würde vorschlagen, daß jeder von Ihnen dem anderen einen Brief schreibt, in dem Sie Ihren Konflikt beschreiben."*	*„Sie beide helfen und schützen sich ständig gegenseitig, ...*	*aber wenn dies angesprochen wird, leugnen Sie es beide und werden wütend und verlegen.*	*... Kann es sein, daß Sie Angst davor haben, miteinander zu konkurrieren?"*
Einzelperson	*„Tim, hier ist ein Buch zu dem Thema, das Sie viel- leicht lesen möchten."*	*„Anne, warum nehmen Sie sich nicht genau jetzt ein biß- chen Zeit und notieren Ihre Gedanken und Gefühle in Ihr Tagebuch."*	*„Jedes Mal, wenn die Gruppe soweit ist, eine Entscheidung zu treffen, schlagen Sie eine neue Alternative vor."*	*„Es ist offen- sichtlich, daß Sie sehr viel Zuneigung für John empfinden, aber nur ungern öffentlich darüber reden möchten."*	*„Judy, ich frage mich, ob Ihr Schweigen ein Zeichen dafür ist, daß Sie wütend auf die Gruppen- mitglieder sind, weil diese bei Ihnen nachgefragt haben."*

Abb. 15: Interventionstypologie

Wie in Abbildung 15 zu sehen, macht der Prozeßberater bei
einer an die Gruppe gerichteten, kognitiven Intervention
eine einfache rationale Aussage, die die gesamte Gruppe

einbezieht. Oder er wendet sich an zwei Personen und
schlägt ihnen vor, sich eine bestimmte Sache rational zu
überlegen. Immer noch im kognitiven Bereich macht der
Berater einer Einzelperson einen Vorschlag, der hilfreich
sein könnte.

Bei einer Intervention, die auf Handeln oder Fertigkeiten
abzielt, bietet der Berater strukturierte und definierte Maßnahmen an, von denen er meint, die Gruppe könne von ihnen profitieren. Diese Art der Intervention sollte sparsam
eingesetzt werden, da der Berater dadurch leicht in die Rolle des Leiters oder Trainers gerät und seine selbstgesetzten
Grenzen überschreitet. Derlei Interventionen, seien sie nun
an die Gruppe, an mehrere Mitglieder oder eine einzelne
Person gerichtet, beinhalten einen festgelegten Ablauf als
Vorschlag und dienen oft dem Erlernen einer Fertigkeit
oder etwa einem abgemilderten Feedback. Erstaunlicherweise wagen sich viele Prozeßberater nicht über die kognitive Intervention und den Bereich der Fertigkeiten hinaus
und sprechen auch nur die Gruppe als ganze an. Ein wenig
Übung im Bereich der Verhaltensbeschreibung und, soweit
angebracht, Interventionen, die sich an einzelne oder mehrere Personen richten, würden das Spektrum der Berater-
tätigkeit erheblich erweitern.

Verhaltensbeschreibung ist eben dieses: Der Prozeßberater
beschreibt Verhaltensweisen, die er in der Gruppe wahr-
nimmt. Eine Gruppenintervention wäre hier zum Beispiel:
„Sie unterbrechen einander immer wieder und versuchen
damit, unbedingt das Resultat zu beeinflussen." In einem
solchen Fall beschreibt der Berater, was er sieht, und wartet
dann darauf, daß die Teilnehmer reagieren. Beschreibungen, die sich an mehrere Personen und einzelne wenden,
sind ähnlich.

Wenn der Prozeßberater den emotionalen Gehalt eines Er-
eignisses kommentiert oder spiegelt, hat die Intervention

Zwischenüberlegung

Sich selbst als Person einbringen. Manche Prozeßberater meinen, sie
sollten ihre eigenen Gefühle oder Ansichten nicht als Interventionen
zum Ausdruck bringen. Bedenken Sie jedoch, daß es Berichte von Fällen
gibt, die es nahelegen, daß der Berater die Gruppenmitgliedern erst aus
der Reserve locken muß, bevor sie bereit sind, sich mit Konflikten auseinanderzusetzen. Die eigenen Gefühle können der Gruppe wie „Ver-
suchsballons" angeboten werden, solange es sich weder um Wertungen
noch um Schuldzuweisungen handelt.

Beispiel: „Ich möchte Ihnen mitteilen, was ich gerade erlebe – und her-
ausfinden, ob das allein meine Wahrnehmung ist. Ich bin mit meiner
Energie ganz am Boden und habe das Gefühl, durch Schlamm zu waten.
Geht es auch einigen von Ihnen so?"

meist eine stärkere Wirkung. Wie immer muß auch diese
Art von Intervention vertraglich vereinbart und der Zeit
und den Umständen angemessen sein. Wie die Beispiele zeigen, werden Worte gewählt, die das vorherrschende Gefühl
wiedergeben. Häufig werden emotional-spiegelnde Intervention im Zusammenhang mit Verhaltensbeschreibungen
und interpretierenden Kommentaren verwendet. In Abbildung 15 folgt einer Verhaltensbeschreibung, die sich an
mehrere Personen richtet, ein emotional-spiegelnder Kommentar und danach eine Interpretation: „Sie beide helfen
und schützen sich ständig gegenseitig" (Verhaltensbeschreibung), „aber wenn dies angesprochen wird, leugnen Sie es
beide und werden wütend und verlegen" (emotional-spie-
gelnd). „Kann es sein, daß Sie Angst davor haben, miteinander zu konkurrieren?" (Interpretation).

Die interpretierende Intervention ist eine Form der Spekula-
tion. Der Prozeßberater stellt eine Hypothese auf oder zieht
eine Schlußfolgerung aus der Dynamik des Gruppengesche-
hens. In vielen Gruppen wird die interpretierende Intervention weder erwünscht noch angebracht sein. Bei Gruppen

mit einem hohen Interaktionsgrad, etwa bei einem Team, in dem jeder zur Aufgabenlösung beitragen muß, wird die interpretierende Intervention zugleich angemessen und wirkungsvoll sein. Der Sinn einer solchen Intervention ist nicht, psychologisch zu analysieren oder als Therapeut zu agieren. Der Berater soll vielmehr aufdecken, was in der Gruppe geschieht, damit die Teilnehmer zu anderen Dingen übergehen und ihre Aufgabe vollenden können. Wie alle Interventionen können sie sich aus dem methodischen oder dem sozialen Prozeß ergeben, doch müssen sie immer im Dienste der Aufgabenerfüllung stehen.

Ein Hinweis zur Warnung: Emotional-spiegelnde und interpretierende Interventionen erfordern sehr viel Können, besonders wenn sie sich nur an einige Mitglieder oder einen einzelnen richten. Für den Anfänger in der Prozeßberatung sind Interventionen auf Gruppenebene vielleicht die bessere Wahl – vor allem zu Beginn einer Beratung. Außerdem ist es zwingend erforderlich, daß der Prozeßberater einen eindeutig formulierten Vertrag hat, in dem diese Interventionsarten legitimiert wurden.

Für alle Arten von Interventionen braucht man entsprechende Kenntnisse, Fähigkeiten und Übung, doch vor allem gilt dies für emotional-spiegelnde und interpretierende Interventionen, da sie sich meist auf die Gruppendynamik beziehen und möglicherweise eine starke Wirkung haben. Alle Interventionen sollten auf eine verständnisvolle, warmherzige und fürsorgliche Art durchgeführt werden.

Doch scheitert Prozeßberatung von Gruppen oft daran, daß der Berater nicht weiß, wie er die Dynamik der Gruppe allen Mitgliedern begreiflich machen kann. Eine Gruppe schöpft ihre Energie, ob es einem paßt oder nicht, aus ihrem sozio-emotionalen Befinden. Der wirklich fähige Prozeßberater verfügt über das komplette Repertoire, von der kognitiven bis zur interpretierenden Intervention. Zusätz-

lich kann die Intensität bei jedem Interventionstyp von gering bis hoch variiert werden, je nachdem, wie der Berater
sich bei der Intervention verhält. Es ist wie bei einem
Schauspieler, der das Publikum zu Tränen rühren kann,
selbst wenn er aus einem Wörterbuch vorliest.

**Zehn Indizien,
daß etwas
vor sich geht**
Ich kenne Prozeßberater, die behaupten, sie ver-
fügten über ein großes Interventionsrepertoire,
das die gesamte Matrix umfasse. Doch waren es
oft gerade sie, die nicht merkten, wenn in der
Gruppe etwas vor sich ging. Abbildung 16 bietet zehn Indizien für die Dynamik der Gruppe. Der Prozeßberater kann
dieses kleine Schema diskret als Instrument zu Rate ziehen,
während die Gruppe arbeitet. Je mehr überprüfte Aspekte
von der Mitte, d. h. von der Zahl 3, abweichen, desto
wahrscheinlicher ist es, daß in der Gruppe etwas vor sich
geht, das eine Intervention erfordert.

*1. Klarheit über
das Ziel*
Sind sich die Mitglieder über das Gruppenziel
bzw. den Gruppenauftrag einig? Ist das Ziel allen
klar? Zeigen Sie die rote Fahne, wenn sich die
Mitglieder in den frühen Phasen der Gruppe einigen, ohne
das Ziel zu besprechen. Rechnen Sie als Berater mit anfäng-
licher Verwirrung und planen Sie auf jeden Fall Zeit ein,
um das Ziel zu diskutieren.

*2. Zielgerichtet-
heit*
Die überkontrollierte und die ziellose Gruppe
stehen sich als entgegengesetzte Pole gegenüber.
Im ersten Fall sind die Mitglieder hochorgani-
siert und aufgabenorientiert. Nur inhaltliche Diskussionen
werden geduldet. Man hält sich streng an das Vorgehen. Im
zweiten Fall gibt es wenig oder keine Struktur. Die Mitglieder gehen jeder Idee und Vorgehensweise nach, die angeboten wird. Optimalerweise besteht eine Balance zwischen
Strukturiertheit einerseits und Aufgeschlossenheit für Expe-
rimente andererseits.

1. Klarheit über das Ziel

1	2	3	4	5
Keine Übereinstimmung				Unmittelbare Übereinstimmung

2. Zielgerichtetheit

1	2	3	4	5
Überkontrolliert				Ziellos

3. Interaktionsmodus

1	2	3	4	5
Intellektuell				Emotional

4. Energie

1	2	3	4	5
Eingeschränkt		Animiert		Aufgeregt

5. Körperhaltung

1	2	3	4	5
Geschlossen		Offen		Zurückgelehnt

6. Anspannung

1	2	3	4	5
Instabil				Überschwenglich

7. Konzentration

1	2	3	4	5
Zerfahren				Streng

8. M/G-Balance

1	2	3	4	5
Nur Methode		Ausgeglichen		Nur Gruppendynamik

9. Humor

1	2	3	4	5
Fehlt				Störend

10. Umgang mit Interventionen

1	2	3	4	5
Ignoriert	Abgewiesen	In Erwägung gezogen	Nach kurzer Diskussion akzeptiert	Ohne Diskussion akzeptiert

Abb. 16: Zehn Indizien für Gruppendynamik

3. Interaktionsmodus

Achten Sie darauf, wie die Mitglieder bezüglich der Aufgabe miteinander umgehen: Geschieht dies rational und abstrakt oder emotional? Der Interaktionsmodus wird bestimmt durch das Gefühl, das hinter den Äußerungen steht.

4. *Energie*   Energie ist zwar schwer zu definieren, doch kann man erkennen, wie sie sich im Verhalten niederschlägt. Die Gruppenmitglieder können zum Beispiel bei ihren Äußerungen angespannt und kurz angebunden sein. Nur wenige Ideen werden geäußert und zur Diskussion gestellt. Im Gegensatz dazu kann eine Gruppe bei ihrer Arbeit auch geradezu stürmisch sein; das Energieniveau ist hoch, scheint jedoch zu nichts zu führen. Optimal ist ein animierter Zustand, in dem sich die Energie in Bahnen lenken läßt.

5. *Körperhaltung*   Verschlossene Menschen sehen folgendermaßen aus: in sich gekehrt, Arme verschränkt, Beine übereinandergeschlagen oder unter dem Sitz versteckt. Eigentlich würde der Berater aufgeweckte Gruppenmitglieder erwarten. Das andere Extrem ist eine Gruppe, in der sich alle zurücklehnen: alles ist möglich, der Körper signalisiert völlige Offenheit, schon fast zu lässig.

6. *Anspannung*   Am leichtesten ist Anspannung bei einem Konflikt zu spüren. Zum einen gibt es instabile Gruppen, bei denen man das Gefühl hat, daß sie beim leichtesten Druck auseinanderbrechen werden. Die Mitglieder wollen meist nicht reden, vor allem nicht darüber, was los ist. Zum anderen gibt es überschwengliche Gruppen, bei denen das Reden die Hauptsache ist und die überall gleichzeitig sein wollen.

7. *Konzentration*   Effektive Gruppen kümmern sich sowohl um ihre Aufgabe als auch um das Wohlbefinden ihrer Mitglieder. In weniger effektiven Gruppen ist dies nicht der Fall. Ideen werden nicht weiterverfolgt. Sobald ein Mitglied zu reden aufhört, beginnt ein anderes mit einem ganz anderen Thema. Ein Mitglied bringt ein tiefes Gefühl zum Ausdruck, die anderen reagieren nicht darauf. Statt dessen beschreibt jemand anderes sein eigenes Problem oder Anliegen. Der Verlauf ist offensichtlich zerfahren.

Im Gegensatz dazu gibt es Gruppen, in denen so viel Ziel-
bewußtsein herrscht, daß es keinen Platz für Abweichungen
gibt. Dies gilt besonders für inhalts- und aufgabenorientier-
te Gruppen. Der methodische Prozeß wird sklavisch verfolgt. Schon innezuhalten, um die Bedürfnisse der Mitglieder zu überprüfen, wird als große Störung empfunden.

8. Balance zwischen Wie schon in früheren Kapiteln erörtert,
Methodik und muß zwischen methodischem und sozia-
Gruppendynamik lem Prozeß ein optimales Gleichgewicht
herrschen. Bei Überbetonung der zu erle-
digenden Aufgabe leiden das Energieniveau und die emotionalen Bedürfnisse der Gruppenmitglieder. Entsprechend
kann eine Überbetonung der gruppendynamischen Beziehungen die Gruppe ineffektiv machen, weil die Aufgabe
vernachlässigt wird.

9. Humor Gruppen, denen der Humor fehlt, sind tödlich. Sie
sind langweilig, lähmend und im allgemeinen unproduktiv. Doch auch zuviel Humor ist störend. Zunächst
kann Humor „Spaß machen" und befreiend wirken. Doch
bald wird er für die Mitglieder unbefriedigend und gleich-
falls unproduktiv. Humor ist daher wünschenswert, schafft
bei Spannungen Erleichterung und bringt die Mitglieder zusammen. Doch das richtige Maß ist wichtig.

10. Umgang mit Wenn der Prozeßberater interveniert, kann
Interventionen er eine ganze Reihe unterschiedlicher Reaktionen erhalten. Wenn die Gruppe Interven-
tionen konsequent ignoriert oder ablehnt, werden dynamische Prozesse geleugnet, die eigentlich untersucht werden
müßten. Es kann sogar sein, daß die Dynamik etwas mit
dem Verhältnis zwischen Gruppenmitgliedern und Berater
zu tun hat. Wenn die Gruppe die Interventionen des Beraters durchgängig mit wenig oder gar ohne Diskussion akzeptiert, ist ebenfalls Mißtrauen angebracht. Eigentlich erwartet der Berater, daß seine Interventionen zunächst abge-

wogen und dann gegebenenfalls abgelehnt oder angenommen werden. Extreme, unausgeglichene Verhaltensweisen gegenüber Interventionen deuten auf unterschwellige Gruppenprobleme hin.

Zwischenüberlegung

Zehn Indizien. Nutzen Sie jede der „Zehn Indizien" für eine Intervention, besonders wenn Sie ein Verhalten beschreiben.

Beispiel: „Lassen Sie mich das bei Ihnen überprüfen. Ist es nur meine verzerrte Wahrnehmung oder ist die Gruppe tatsächlich todernst? Ich habe in der letzten Stunde keine einzige witzige Bemerkung gehört. Was ist los?"

Wie bereits gesagt, genügt nicht immer ein einzelnes Indiz, um die Aufmerksamkeit des Beraters zu wecken. Doch mehrere Indizien, die gleichzeitig wirksam sind, sind unweigerlich Zeichen für eine unterschwellige Dynamik. Der Prozeßberater prüft, welcher Art die Dynamik ist, und entscheidet, auf welche Weise und wie tiefgehend er intervenieren will. Damit kommen wir nun zur Bestimmung der Tiefe einer Intervention.

Interventionstiefe In vieler Hinsicht ähnelt die Arbeitsgruppe der Titanic, die auf den Eisberg zusteuert. Stellen Sie sich die Gruppenmitglieder als die Passagiere vor, und die Führungskräfte, Berater und Leiter sind die Mannschaft. Das Schiff steuert ein generelles Ziel an – einen fernen Hafen –, aber es gibt keine Seekarte, die zeigt, wie man dorthin gelangt. Darüber hinaus ist die Mannschaft vielleicht nicht genügend ausgebildet und hat keinen Alternativplan für den Fall, daß Probleme auftauchen. Die Passagiere haben ihre eigenen, meist unausgesprochenen Sorgen. Der Kapitän glaubt fest daran, daß das Schiff nicht untergehen kann.

Auch Arbeitsgruppen können auf eine Katastrophe zusteuern. Es gibt ein fernes Ziel, jedoch keinen konkreten Plan,
um dorthin zu gelangen. Den Gruppenmitgliedern fehlen
die nötigen Fertigkeiten, und sie wissen nicht einmal, welche eigentlich notwendig wären, um der Aufgabe gerecht
zu werden. Es sind keine Alternativpläne vorhanden, und
es werden auch keine in Betracht gezogen. Die Mitglieder
haben jeweils ihren eigenen Stil, eigene Ideen und Sorgen.
Die Führungskraft hat ihre eigenen Vorstellungen, wie das
Ziel zu erreichen ist, und läßt andere möglicherweise nicht
gelten. Die Gruppe könnte völlig dysfunktional handeln,
ohne daß die Führungskraft es merkt.

Jede Gruppe hat ihren „Eisberg" vor sich. Da gibt es zum
einen die festgelegte Arbeit, den Inhalt, der sich – für alle
sichtbar – über dem Meeresspiegel befindet (siehe Abbildung 17). Welche Arbeit zu tun ist, wird offen ausgesprochen, meist herrscht darüber bei den Mitgliedern Einigkeit.
Unter der Oberfläche liegen jedoch die versteckten bzw. un-
terschwelligen dynamischen Prozesse. *Diese dynamischen
Prozesse erzeugen die Energie für die Entstehung der jeweiligen Verhaltensweisen in der Gruppe, und von ihnen hängt
es ab, wie effektiv sich die Gruppe auf ihre expliziten Ziele
zubewegen wird.* Es sind diese methodischen und sozialen
Prozesse, auf die der Prozeßberater mit seinen Interventionen Einfluß nimmt. Soziale Prozesse sind sehr komplex und
spielen sich auf mehreren Ebenen gleichzeitig ab – einige
davon offen, andere versteckt.

Abbildung 17 zeigt fünf Ebenen: Ebene I beschreibt vor allem den Inhalt; er befindet sich über der Oberfläche und ist
leicht zu beobachten. Auf diese Ebene nimmt der Prozeßberater keinen Einfluß.

Auf Ebene II findet man die Verhaltensweisen, die zum
größten Teil offen zu Tage treten. Sie liegen direkt an der
Oberfläche und bleiben dem aufmerksamen Beobachter

nicht verborgen. Manchmal bleibt das Verhalten der Ebene
II auch unterschwellig, das heißt, es spielt sich direkt unter
der Oberfläche ab.

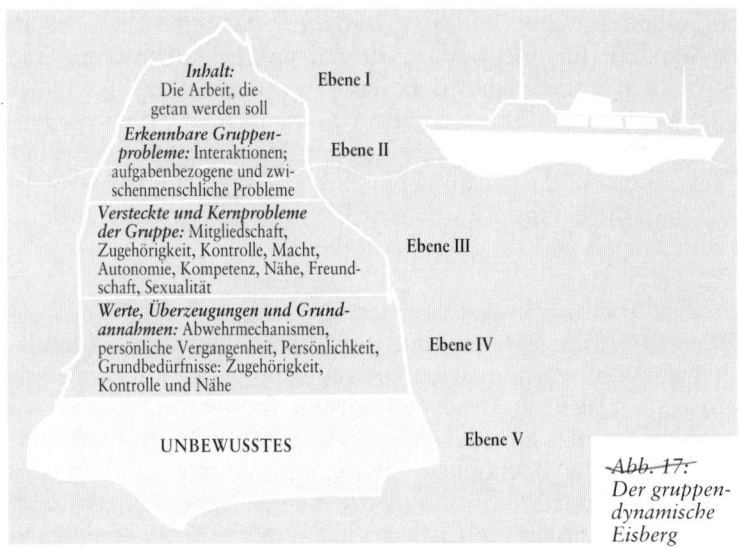

Inhalt:
Die Arbeit, die
getan werden soll

Ebene I

Erkennbare Gruppen-
probleme: Interaktionen;
aufgabenbezogene und zwi-
schenmenschliche Probleme

Ebene II

Versteckte und Kernprobleme
der Gruppe: Mitgliedschaft,
Zugehörigkeit, Kontrolle, Macht,
Autonomie, Kompetenz, Nähe, Freundschaft, Sexualität

Ebene III

Werte, Überzeugungen und Grund-
annahmen: Abwehrmechanismen,
persönliche Vergangenheit, Persönlichkeit,
Grundbedürfnisse: Zugehörigkeit,
Kontrolle und Nähe

Ebene IV

UNBEWUSSTES   *Ebene V*

~~Abb. 17:~~
Der gruppen-
dynamische
Eisberg

Die Ebenen III und IV müssen aus den Verhaltensmustern,
die sich auf Ebene I und II zeigen, erschlossen werden. Ebene V, das Unbewußte, ist laut Definition nicht zugänglich.
Theoretisch liegt hier der wahrscheinliche Ursprung für die
Dynamik, die sich auf den Ebenen I bis IV zeigt. Das Unbewußte ist das Reservoir der Grundinstinkte, Motivationen,
Impulse und uneingestandenen Wünsche. Es ist dem normalen Bewußtsein nur schwer zugänglich, und der Prozeßberater sollte diesen Bereich besser außer acht lassen. In
den Bereich des Unbewußten vorzudringen, hätte auf die
Gruppe eine negative und auf das Gruppenmitglied möglicherweise sogar eine destruktive Wirkung. Die Abläufe des
Unbewußten können nur im professionellen Rahmen bestimmter Einzel- und Gruppentherapien angemessen untersucht werden.

Jede Ebene beeinflußt die Dynamik der jeweils darunter lie-
genden. Auf dieser Grundlage trifft der effektive Prozeßberater die Entscheidung über die *Tiefe* und *Art* seiner Intervention. Falls der Prozeßberater nur auf einer einzigen Ebene zu intervenieren versteht, fordert er damit den Mißerfolg
und die Unzufriedenheit der Gruppenmitglieder heraus. Betrachten wir nun die Ebenen im einzelnen.

Ebene I   Wesentlich ist auf Ebene I nur der Inhalt – die Arbeit,
Aufgabe, das Projekt bzw. die Dienstleistung. Wie die
Gruppenmitglieder die Aufgabe bewerkstelligen und wie sie
sich dabei *fühlen*, spielt hier keine Rolle. Auf Ebene I geht
es ausschließlich um das Was.

Ebene II   Auf Ebene II beschäftigen wir uns mit den grundlegenden und offensichtlichen Interaktionen und aufgabenbezogenen Verhaltensweisen der Mitglieder. Sie lassen sich
an der Oberfläche oder direkt darunter beobachten, auch
wenn sie von den Gruppenmitgliedern und dem Berater
nicht unbedingt explizit angesprochen werden. Es geht darum, wie Gruppenmitglieder sich darstellen, mit Konflikten
umgehen, Probleme lösen und Entscheidungen treffen. Wer
spricht mit wem und unter welchen Bedingungen? Bleiben
die Mitglieder bei der Aufgabe? Ist manchen die Dringlich-
keit nicht bewußt? Was sind die Voraussetzungen, um ein
Mitglied dieser Gruppe zu werden? Was sind die offensichtlichen Normen bezüglich Zugehörigkeit, Kontrolle und
persönlicher Zuneigung? (SCHUTZ 1958)

Ebene III   Auf Ebene III erschließen wir die *Grundanliegen der
Gruppe.* Diese Ebene liegt versteckt, nur durch Beob-
achtungen auf Ebene II können wir rückschließen, welche
Verhaltensweisen und Dynamik sie erzeugt. Mit diesen
gruppendynamischen Prozessen zu arbeiten, ist für den
Gruppenerfolg oft von entscheidender Bedeutung. Der Pro-
zeßberater, der auf dieser Ebene arbeitet, dringt zu den
Kernproblemen der Gruppe vor.

Zu den wichtigsten dynamischen Prozessen, die wir aus
dem Verhalten auf Ebene II erschließen, gehören: Fragen
von Mitgliedschaft, Zugehörigkeit, Kontrolle und Macht,
Unabhängigkeit, Kompetenz, Autonomie, Nähe und Sexualität. Auf Ebene III findet man die verschiedenen „-ismen"
Rassismus, Sexismus usw.

Es gibt nur wenige allgemeine Kernsachverhalte, die die
komplexe Dynamik einer Gruppe bewirken. Die Komplexität hat mit den vielfachen Ebenen zu tun. Denken Sie
kurz an ein aktuelles oder zurückliegendes Verhaltensbei-
spiel, das Sie in einer Gruppe erlebt haben. Die Wahrscheinlichkeit ist groß, daß Ihr Beispiel von seiner Dynamik
her unter eine der oben genannten allgemeinen Kategorien
fällt. Die Arbeit von SCHUTZ (1958) belegt dies.

SCHUTZ stellte die These auf, daß der Mensch drei zwischenmenschliche Grundbedürfnisse habe, die sich im Verhalten und in den Gefühlen gegenüber anderen äußern. Die
Verhaltensweisen und Gefühle basieren auf dem Selbstbild,
das man von sich hat. Diese drei Grundbedürfnisse sind:
Zugehörigkeit, Kontrolle und *Zuneigung.*

Zugehörigkeit bezieht sich auf das Gefühl, wichtig oder be-
deutsam zu sein und einen Wert zu haben: daß sich andere
für einen interessieren, daß man anderen etwas bedeutet.
Ein weiterer Aspekt des Selbstbildes, die Kontrolle, betrifft
das Gefühl von Kompetenz. Dazu gehören die Intelligenz,
das äußere Erscheinen, eine praktische Veranlagung und die
generelle Fähigkeit, in der Welt zurechtzukommen. Beim
Bereich der Zuneigung geht es darum, liebenswert zu sein,
und das Gefühl zu haben, daß der innere Kern seiner selbst,
wenn man ihn jemandem offenbart, als etwas Wunderbares
angesehen werden wird (SCHUTZ 1971).

Zugehörigkeit Die Dynamik in diesem Bereich manifestiert sich,
wenn Gruppenmitglieder um die Mitgliedschaft

kämpfen und um einen Platz in der Gruppe, von dem aus
sie ihren Beitrag leisten können: „Wie kann ich in dieser
Gruppe in Erscheinung treten und eine Identität haben?"

Das Zugehörigkeitsverhalten erleben wir als Vorsicht und
starke Konformität der Gruppenmitglieder. Manche Mitglieder lassen sich nur ungern auf Interaktion ein, andere
stürzen sich darauf. Manche Mitglieder bilden paarweise
Bündnisse oder Koalitionen mit anderen, die einen ähnli-
chen Hintergrund oder ähnliche Ansichten haben.

Kontrolle   Die Dynamik in diesem Bereich manifestiert sich bei
der Entscheidungsfindung und bei Fragen von Kompetenz, Macht, Autorität und Einfluß. Anweisungen befolgen, sich einfügen oder unterordnen: dies hat alles mit Fragen der Kontrolle zu tun.

SCHUTZ (1967, 19) beschreibt Kontrolle als „das Bemühen,
genug Einfluß zu erlangen, damit der Mensch seine Zukunft in dem Maße bestimmen kann, das er am angenehm-
sten empfindet, und Kontrolle soweit ab- bzw. aufzugeben,
daß er sich auf andere verlassen kann, die ihn lehren, leiten,
unterstützen und ihm manchmal auch etwas Verantwortung abnehmen.

Wer wird diese Gruppe leiten? Der Prozeßberater wird die
Machtverschiebungen beobachten können, wenn verschiedene Gruppenmitglieder um den Einfluß wetteifern. Dabei
kann es geschehen, daß sich manche Mitglieder an – oder
gegen – den Berater wenden, um sich zu orientieren oder
aber um Aggressionen abzubauen. Mitglieder kämpfen gegen Mitglieder, und es kommt zu einer Spaltung.

Zuneigung   SCHUTZ (1958, 20) definiert Zuneigung auf der Verhaltensebene als „das Bedürfnis, mit anderen Menschen eine befriedigende Beziehung, die von Liebe und Zuneigung geprägt ist, einzugehen und aufrechtzuerhalten".

Die Dynamik der Zuneigung zeigt sich darin, wie weit wir anderen Menschen erlauben, sich uns zu nähern. Werde ich in dieser Gruppe als ein wertvoller Mensch akzeptiert sein? Wird man mich nicht mehr mögen, wenn ich mich einmal gegen die Gruppe wende? Was ist der Preis des Zusammenhalts in dieser Gruppe? Wird Ausgrenzung nötig sein, damit Nähe zustandekommen kann? Wird das allmähliche Zusammenfinden und die Annäherung innerhalb der Gruppe zu einem Überoptimismus bezüglich des angestrebten Ergebnisses führen? Wenn die Gruppe ihre Ziele fast erreicht hat, kann es geschehen, daß sich manche Mitglieder zurückziehen, weil der Abschied droht.

Ebene III ist in gewisser Hinsicht für jede Gruppe entscheidend, denn dort spielen sich die wesentlichen dynamischen Prozesse ab. Wird die Dynamik dieser Ebene nicht bewältigt, gerät die Gruppe in eine Sackgasse und ist wie gelähmt. Das Endergebnis: Die Mitglieder sind unzufrieden, die Arbeit wird nicht erledigt, die Abwesenheitsquote steigt, die Kreativität wird im Keim erstickt.

LAWRENCE LESHAN (1974) erzählt zwei Volksmärchen, die indirekt diese Dynamik von Ebene III zum Thema haben. Das erste, ein altes Sufi-Gleichnis, nimmt eine Kutsche als Beispiel. Um die Kutsche zu lenken, braucht man einen Menschen, der die Richtung kennt. Der Gefühlszustand wird durch das Pferd (die eigentliche Kraft) repräsentiert, das die Kutsche zieht. Der Verstand entspricht der Kutsche. Wie LESHAN betont, sind alle drei notwendig, doch der Fahrer muß das Kommando haben.

In unserem Zusammenhang ist der Prozeßberater der Fahrer, und der Inhalt wird durch die Kutsche repräsentiert. Die Emotionen und Energie der Gruppe entsprechen der Kraft des Pferdes. Es zieht intensiv in unterschiedliche Richtungen. Diese Kräfte zu ignorieren und sich nur auf die Kutsche bzw. den Inhalt zu konzentrieren, wäre verhängnisvoll.

Die zweite Geschichte, die LeShan berichtet, ist eine chassidische Erzählung. Es geht um Kritik am Chabad-Chassidismus, der hauptsächlich auf den Willen und den Intellekt ausgerichtet war und das emotionale Leben nicht genügend berücksichtigte: „das wäre, als würde man einen guten Schützen ausbilden, der zielen und schießen kann und sein Ziel kennt. Das einzige Problem ist, daß die Patrone kein Pulver enthält" (LeShan 1974, 44). In unserem Kontext entspricht das Pulver dem emotionalen Leben der Gruppe, das für das Wachstum und die Produktivität erschlossen werden muß. Wenn ein Prozeßberater zwar weiß, wie man interveniert und in welche Richtung er zielt, sich jedoch nicht um die emotionalen Aspekte der Gruppe kümmert, wie es die chassidische Kritik bemängelt, wird er nicht erfolgreich arbeiten.

Interventionen auf Ebene III sind nicht bei jeder Gruppe angemessen, noch sollte man sie überhaupt allzu häufig vornehmen. Und doch sollte der Prozeßberater die Dynamik dieser Ebene besonders aufmerksam beobachten. Außerdem muß er auf dieser Ebene intervenieren können, um manche Gruppen voranzubringen. Bei solchen Interventionen auf Ebene III ist Vorsicht angebracht. Es könnte dem Berater ungewollt passieren, daß die Gruppe nicht darauf eingestellt ist. Wenn dies geschieht, ist es glücklicherweise meist so, daß die Gruppenmitglieder den Berater ignorieren oder seine Intervention für abwegig halten.

Ebene IV   Auf Ebene IV beschäftigen wir uns mit den Werten, Grundüberzeugungen und Annahmen, die wir in bezug auf die Welt haben. Hierzu gehören auch Abwehrmechanismen, die persönliche Vergangenheit und die eigene Persönlichkeit. Unsere ganz grundlegenden zwischenmenschlichen Bedürfnisse entstehen hier: Zugehörigkeit, Identität, Umgang mit der Umwelt und Intimität. Dies sind die am wenigsten veränderbaren Merkmale eines Menschen.

In den meisten Organisationen wird die Dynamik dieser
Ebene nicht berührt werden – Ausnahmen bestätigen die
Regel. Bei einem Sensitivity-Training oder bei Gruppen, in
denen es um persönliches Wachstum geht, dagegen wird
Ebene IV im Mittelpunkt stehen. Wie bei den anderen Ebenen auch, ist die Dynamik auf Ebene IV die Basis für die
Ebene III. Die Dynamik der Ebene IV zu erforschen, ist
normalerweise in der Organisations- und Arbeitsumgebung
nicht angebracht. Dies ist wahrscheinlich einer der Gründe,
warum das Sensitivity-Training in den sechziger Jahren in
amerikanischen Unternehmen einen schlechten Ruf bekommen hat. Trainer mit einer entsprechenden Ausbildung er-
forschten bereitwillig die Dynamik der Ebene IV, die Gruppenmitglieder dagegen fühlten sich bloßgestellt und gestört
und empfanden diese Art von Training als zu direkt und zu
intim.

Ebene V   Da es sich bei Ebene V um das Unbewußte handelt,
kann man davon ausgehen, daß deren Dynamik tief im
Verborgenen liegen. Sie sind weder der betreffenden Person
noch dem Prozeßberater zugänglich. Mit unbewußtem Material zu arbeiten, gehört sicherlich nicht zur Aufgabe eines
Prozeßberaters von Gruppen. Man sollte es der Gruppentherapie bzw. der analytisch orientierten Einzeltherapie
überlassen.

Die folgenden zwei Beispiele zeigen die Möglichkeiten, die
der Berater in jeder Situation hat.

Situation I

Die Gruppe ist zusammengekommen, um einen neuen Auftrag zu
besprechen. Jerry erinnert die Mitglieder daran, was geschah, als
sie das letzte Mal zusammenarbeiteten, und schlägt vor, daß sie
auf der Grundlage dessen, was sie inzwischen gelernt haben, einen neuen Anfang machen. Dies löst eine Flut witziger und dann
negativer Erinnerungen aus. Die Beiträge der Mitglieder sind vage
und indirekt vorwurfsvoll, wenn sie von ihren früheren gescheiterten Projekten erzählen.

Auf Ebene II kann der Prozeßberater eine *Verhaltensbe-schreibung* vornehmen und folgendermaßen intervenieren: „Jerry hat einen neuen Anfang vorgeschlagen, das ist jedoch zugunsten eines Neudurchlebens Ihrer früheren Mißerfolge übergangen worden". Hier sehen wir eine einfache Beschreibung ohne Schlußfolgerungen. Sie greift nur auf, was im Moment geschieht – das beobachtbare offensichtliche Verhalten. Diese kann die Gruppe jedoch dazu bringen, ihre eigene, tiefergehende Interpretation zu liefern.

Auf Ebene III kann der Prozeßberater mit einer *emotional-spiegelnden* Bemerkung intervenieren: „Die Gruppe scheint bestrebt, jemandem die Schuld für Vorkommnisse zuzuweisen, die schon lange vergangen sind. Haben Sie eine Ahnung, warum Sie so wütend aufeinander sind?" Durch diese Intervention initiiert der Berater ein tiefergehendes Nachdenken. Er spiegelt nicht nur den emotionalen Inhalt, er fragt auch, was hinter der Wut steckt.

Eine *interpretierende* Intervention der Ebene IV könnte sein: „Ihre Wut über frühere Mißerfolge scheint Ihrer jetzigen Zusammenarbeit im Weg zu stehen. Vielleicht hat jeder von Ihnen Angst vor dem Erfolg ..." Hier hat sich der Berater entschieden, eine Hypothese anzubieten, was los sein könnte, und schlägt vor, daß jeder sein eigenes Verhalten überprüfen solle. Der Berater hat zwar Vermutungen, um welche Dynamik es sich handeln könnte, doch muß eine spekulative Intervention nicht unbedingt „die Wahrheit" darstellen. Sinn der Sache ist es, die Mitglieder dazu zu bringen, miteinander über die Situation zu reden und – auf dieser Ebene – die eigenen Motive zu hinterfragen.

Wie Sie sehen, erschließt jede dieser Interventionen eine tieferliegende Ebene. Die Abfolge von Verhaltensbeschreibung, emotional-spiegelnder und interpretierender Intervention muß nicht unbedingt in Verbindung mit bestimmten Ebenen verwendet werden, doch für manche eignet sie sich besonders.

Situation II

Die Gruppenmitglieder reden über ihre wichtigsten persönlichen
Erfahrungen im Team. Alle haben bereits etwas erzählt bzw.
wurden über ihre persönlichen und beruflichen Erfahrungen befragt – bis auf Sally.

Auf Ebene II, dem beobachtbaren Verhalten, könnte man
eine Verhaltensbeschreibung vornehmen: „Niemand hat Sally nach ihren Erfahrungen gefragt." Die Intervention ist erfolgt; nun wartet der Berater auf Reaktionen der Mitglieder.

Auf Ebene III interveniert der Berater etwas tiefer, indem er
die Frage nach Sallys Zugehörigkeit aufwirft: „Sally, da Sie
bisher von den anderen nicht nach Ihren Erfahrungen gefragt worden sind, wie stehen Sie im Moment zu der Gruppe? Und wie stehen Sie, die anderen, als Gruppenmitglieder
zu Sally?"

Bei einer Intervention auf Ebene IV spekuliert der Berater
darüber, daß Sally wütend ist: „Sally, ist Ihr Schweigen ein
Zeichen dafür, daß Sie wütend auf die Gruppenmitglieder
sind, weil diese nicht bei Ihnen nachgefragt haben?"

Es muß hier noch einmal betont werden, daß sich die Tiefe
einer Intervention aus der Spanne und Kombination von
Adressat, Art und Intensität ergibt. Wie immer wird die Intervention allerdings im Dienste der Aufgabe vorgenommen. ROGER HARRISON ermahnt Berater, „nicht tieferge-
hend zu intervenieren, als es zur dauerhaften Lösung der
anstehenden Probleme notwendig ist" (HARRISON 1970,
190) und „nur so tiefgehend, wie der Klient seine Energie
und Ressourcen der Problemlösung und Veränderung zu-
wenden kann" (198). Zwar spricht HARRISON allgemein
von Beratern in Organisationen, doch treffen seine Worte
besonders gut auf Prozeßberater von Gruppen zu. Eine
gründlichere Erforschung wichtiger Dimensionen wird dem
Prozeßberater bei der Entscheidung helfen, welche Ebene er
wann wählen sollte.

Wahl der Interventionstiefe Woher weiß der Prozeßberater, auf welcher Ebene er jeweils intervenieren sollte? Was muß er dabei bedenken? Betrachten wir acht Dimensionen, von denen die Bereitschaft der Gruppe abhängt, sich auf unterschiedliche Interventionstiefen einzulassen: (1) der Ausgangsvertrag; (2) die Art der Gruppe; (3) die Art der Aufgabe; (4) Inhalt kontra Prozeß; (5) Häufigkeit und Dauer der Sitzungen; (6) erwartete Dauer der Gruppe; (7) Stadium der Gruppenentwicklung und (8) psychologisches Verständnis.

Ausgangsvertrag Die wichtigste Determinante ist die endgültige Version des Ausgangsvertrags. Der Klient muß die Erwartungen und den Interventionsstil des Beraters kennen. Wenn der Berater glaubt, daß die Art der Gruppe und der Aufgabe tiefgehende Interventionen erfordern, muß er die Gruppenmitglieder darüber informieren. Er gibt ihnen Beispiele, so daß sie genau verstehen, was passieren wird – und welche möglichen Risiken es gibt. Die Mitglieder müssen den Vertrag dann „einkaufen". Über 75 Prozent der gescheiterten Beratungen könnte man wahrscheinlich auf das Fehlen eines Vertrags bzw. auf einen unangemessenen Vertrag zurückführen. Selten geben Berater detaillierte Beschreibungen ihrer Interventionen. Wenn der Berater eine emotional-spiegelnde Intervention vornimmt, sind viele Gruppenmitglieder daher nicht vorbereitet und reagieren verwirrt oder sogar schockiert. Wenn es jedoch ein klares Einverständnis zwischen Klienten und Berater über den Vertrag gibt, kommt es selten zu Überraschungen.

Art der Gruppe Die Art der Gruppe, mit der er arbeitet, wird dem Berater helfen, sich für die Tiefe der Interventionen entscheiden. Es ist unwahrscheinlich, daß ein Prozeßberater eine Intervention der Ebene IV bei einer Ad-hoc-Gruppe vornehmen wird, die nur für kurze Zeit besteht. Dies gilt besonders bei eher einfachen Problemen. Umgekehrt sind Interventionen auf Ebene IV sowohl ange-

messen als auch notwendig, wenn eine Forschungs- und
Entwicklungsgruppe über einen längeren Zeitraum an
komplexen Aufgaben arbeitet und die Rentabilität des Unternehmen vom Ergebnis abhängt. Der Prozeßberater wird
hier auf tieferliegenden Ebenen intervenieren, um die Energie und Kreativität der Gruppe freizusetzen. Um es zu wie-
derholen: Dies muß im Kontrakt ausdrücklich vereinbart
sein, nachdem eine Einschätzung die Bereitschaft der Gruppe zu entsprechenden Interventionen ergeben hat.

Art der Aufgabe   Ist die Art der Gruppenaufgabe klar und tech-
nischer Natur, und sind vor allem Informatio-
nen und weniger Interaktionen erforderlich, sollten die Interventionen auf Ebenen erfolgen, die nahe an der Oberfläche liegen und nicht in tieferliegenden Schichten. Wenn
die Aufgabe ihrem Wesen nach uneindeutig ist und die Ressourcen aller Gruppenmitglieder vereint werden müssen,
werden die entsprechenden Interaktionen und entstehende
Dynamik tiefergehende Interventionen nötig machen.

Inhalt   Unabhängig von der Art ihrer Aufgabe sind man-
kontra Prozeß   che Gruppen rein inhaltlich ausgerichtet. Dafür
gibt es unterschiedliche Gründe. Zum Teil liegt es
am Stil, zum Teil an der Ausbildung und der Organisation.
In einer Oganisation ist Offenheit vielleicht keine Norm,
Konflikte können verpönt und zwischenmenschliches Feedback indiskutabel sein. In einem anderen Rahmen, einer
anderen Organisationskultur mag es umgekehrt sein. Dort
erlauben die Normen den Gruppenmitgliedern die offene
Interaktion und den direkten Umgang mit Konflikten, da
deren kreatives Potential erkannt worden ist.

Wenn ein Prozeßberater bei der ersten Einschätzung feststellt, daß die Gruppe in hohem Maße inhaltlich orientiert ist
bzw. wenig Toleranz für den Prozeß hat, sei es für den methodischen oder für den gruppendynamischen, ist es am effektivsten, vor allem auf Ebene II zu intervenieren. In Kapitel

3 wurde das „Team Orientation and Behavior Inventory" (GOODSTEIN, COOKE & GOODSTEIN 1983) als Mittel dargestellt, um die Prozeßbewertung und Prozeßfähigkeiten der Gruppe zu bestimmen. Die Ergebnisse geben sowohl dem Berater als auch den Gruppenmitgliedern einen diagnostischen Einblick, wie sie sich in diesem Bereich wahrnehmen.

Häufigkeit und Dauer der Sitzungen Wenn die Gruppensitzungen selten stattfinden und nur kurz sind, d. h., unter eineinhalb Stunden dauern, sind Interventionen auf tieferliegenden Ebenen kontraindiziert. Die Gruppe hat schlicht nicht genug Zeit, um sich zu festigen oder einen Zusammenhalt aufzubauen. Qualitätszirkel und Qualitätsteams sind hierfür ein gutes Beispiel. Ein Grund, warum so viele Qualitätszirkel scheitern, ist einfach die Tatsache, daß die Gruppe nicht genügend Zeit hat, sich zu treffen. Darüber hinaus treffen sich viele Zirkel nicht häufig bzw. regelmäßig. Das heißt, die Mitglieder sind Individuen, die ab und zu zusammenkommen, und bilden nicht wirklich eine Gruppe. Sie haben nicht den Arbeitszusammenhalt, der nötig ist, um komplexe Aufgaben zu lösen. Eine einfache, aber wirkungsvolle Intervention ist es hier, der Gruppe bzw. dem Team vorzuschlagen, öfter und jeweils für eine längere Sitzung zusammenzukommen.

Erwartete Dauer der Gruppe Gruppen, die damit rechnen, ihre Arbeit innerhalb kurzer Zeit zu vollenden, wehren sich normalerweise gegen tiefgehende Interventionen. Wenn die Gruppenmitglieder allerdings sehr erfahren und mit Interventionen zur Gruppendynamik vertraut sind – und wenn sie es mit ihrem Berater vertraglich festlegen –, können Interventionen auf Ebene III wirkungsvolle Impulse geben. Dies wird die Gruppe vorantreiben, ihre Aufgabe effizienter und effektiver zu erledigen. Auch dies ist nur dann der Fall, wenn die Gruppenmitglieder schon zuvor zusammengearbeitet oder an Gruppen teilgenommen haben, die sich auch mit gruppendynamischen Fragen beschäftigt haben.

Bei Gruppen, die über einen längeren Zeitraum bestehen, hat der Prozeßberater eine größere Auswahl an Interventionen. Jede Gruppe, ob mit langer oder kurzer Lebensdauer, sollte zeitliche Grenzen setzen. Denn Gruppen arbeiten effektiver, wenn sie wissen, wann sie enden werden.

Stadium der Gruppenentwicklung   Unabhängig davon, für welche Theorie der Gruppenentwicklung sich der Berater entscheidet – das Stadium, in dem die Gruppe sich jeweils befindet, wird die Tiefe der Intervention beeinflussen. Neu gebildete Gruppen, die sich in einem frühen Stadium befinden, werden kaum auf tiefgehende Interventionen ansprechen. Vielmehr muß der Berater Zeit darauf verwenden, ein sicheres Klima zu schaffen, in dem die Gruppe arbeiten kann. Der Berater muß ehrliches, jedoch nicht allzu intensives Verhalten vorleben.

Psychologisches Verständnis   Es ist leider so, daß viele Gruppenmitglieder kein psychologisches Verständnis haben. Sie wehren sich heftig gegen gruppendynamische Prozesse, Gefühle und individuelle Ansprache. Dies gilt besonders für Gruppen in Unternehmen; sie sind konfliktscheu. Es widerspricht ihren Normen, wichtige Probleme im Rahmen der Gruppe zu behandeln. Solche Fragen werden „ausgeklammert". Auf diese Weise kann kein Vertrauen entstehen, und die Gruppenmitglieder können nicht lernen, miteinander umzugehen, über Probleme zu sprechen und kreativ zu sein. Überhaupt werden effektives Arbeiten und Gruppenproduktivität verhindert.

Interventionstiefe und Gruppentyp   In Abbildung 18 kann man sehen, wie sich der „gruppendynamische Eisberg" bei der Beratungsarbeit umsetzen läßt. Die ersten zwei Spalten geben die Ebenen und deren jeweilige Hauptausrichtung an. Die dritte Spalte betrifft die Interventionstiefe, die von gering bis tief reicht. Je ausgeprägter die Tiefe, desto größer das emotionale Risiko der Gruppe bzw. der Personen, die angesprochen werden. „Risiko" bedeutet hier die Unvorhersehbarkeit der Reaktionen. Außerdem muß man natürlich mit einer größeren Intensität und – potentiell – mit einer größeren Wirkung auf die Gruppe rechnen – immer vorausgesetzt, die Intervention ist angemessen.

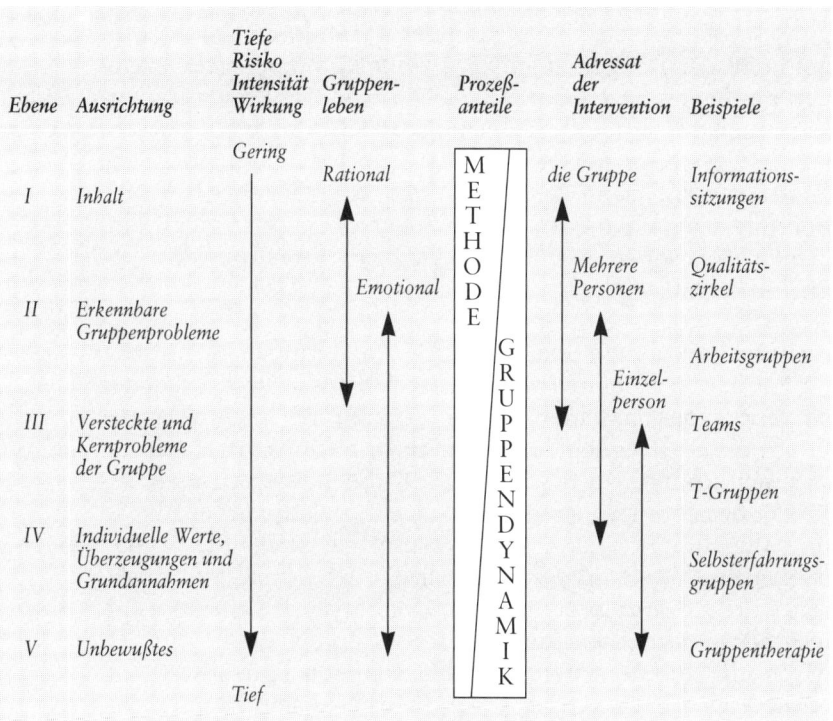

Abb. 18: Die Dynamik von Interventionen

Die vierte Spalte zeigt das Gruppenleben, wobei sich das Rationale (abstrakte Gedanken, Fragen, Vorgehensweisen usw.) primär auf den Ebenen I und II abspielt. Die für die Intensität des Gruppenlebens verantwortliche emotionale Komponente ist auf den Ebenen II bis V angesiedelt.

Die fünfte Spalte zeigt die Prozeßanteile. Wenn der Berater sich gerade auf die emotionalen Aspekte der Gruppe konzentriert, wird er wahrscheinlich weniger methodische und dafür mehr gruppendynamische Interventionen vornehmen. Entscheidet sich der Prozeßberater für diese Ausrichtung, ändern sich damit auch die Interventionen und entsprechend die jeweiligen Adressaten (sechste Spalte). Auch hier gibt es wieder viele Überlappungen. Man kann damit rechnen, daß der Berater *in jedem Gruppenkontext* Interventionen an die gesamte Gruppe oder an mehrere Personen bzw. Einzelpersonen richtet. Allerdings wird die Häufigkeit der an die Gesamtgruppe adressierten Interventionen auf Ebene II größer sein, wenn er dagegen auf den Ebenen III und IV operiert, werden die an mehrere Personen oder einen einzelnen Menschen gerichteten Interventionen im Vordergrund stehen.

Anhand der siebten Spalte, den Beispielgruppen, kann man einige grobe Regeln für die Erfordernisse verschiedener Gruppentypen ableiten. So ist es zum Beispiel bei einer Gruppe, die lediglich für einen Informationsaustausch zusammenkommt, zu erwarten, daß die Interventionen des Prozeßberaters strikt auf die Aufgabe zielen werden. Es ist unwahrscheinlich, und wäre vermutlich auch nicht angemessen, wenn er auf einer tieferliegenden Ebene intervenieren würde. Die Arbeit mancher Qualitätszirkel macht es allerdings notwendig, daß einzelne Interventionen über die Methodik hinausgehen und den sozialen Prozeß ansprechen. Viele Teams, Gruppen und Zirkel scheitern unter anderem deswegen, weil die Berater, Leiter und Problemmanager nur für strukturierte Interventionen ausgebildet sind. Sie haben weder die Kenntnisse noch die praktischen Fähigkeiten, um auf die sozio-emotionalen Aspekten von Gruppen einzugehen. Dabei ist bekannt, daß die Hauptenergie der Gruppe auf einer tieferen Ebene angesiedelt ist. Der Prozeßberater muß daher regelmäßig die gruppendynamischen Prozesse der Gruppe überprüfen.

Dies gilt auch für Arbeitsgruppen, besonders dann, wenn sie über einen längeren Zeitraum zusammenkommen. Teams müssen, wenn sie hochinteraktiv sein sollen, zwangsläufig sowohl methodische als auch gruppendynamische Interventionen einbeziehen. Diese helfen den Mitglieder, ihre Ziele zu erreichen, und fördern die Zufriedenheit der Mitglieder. Um bei der Teambildung zu helfen, ist es notwendig und angemessen, den Kern (Ebene III) zu erschließen. Wenn der Vertrag zwischen Berater und Team sowohl methodische als auch gruppendynamische Interventionen vorsieht, und wenn die Intervention erforderlich ist, kann der Prozeßberater gelegentlich sogar Interventionen auf Ebene IV anvisieren.

Es gibt zwar wenige Trainings-Gruppen und Selbsterfahrungsgruppen, die innerhalb von Unternehmen durchgeführt werden, jedenfalls nicht in ihrer reinen Form, doch sie werden öffentlich angeboten. Hier kennen sich die Mitglieder vorher nicht. In solchen Gruppen ist es wünschenswert und angemessen, persönliche und zwischenmenschliche Probleme, individuelle Werte, Überzeugungen und Grundannahmen zu untersuchen. Dazu braucht der Berater Kompetenz für Interventionen auf Ebene IV.

Zwischenüberlegung

Metaphern dienen als wirksame Interventionen. Stellen Sie sich eine grundlegende Liste für Ihren „Werkzeugkasten" zusammen. Die Bilder müssen allerdings aus Bereichen stammen, die die Gruppenmitglieder kennen.

Beispiele: Sport, Garten, Natur und Maschinen.

Die Metaphern dürfen nicht abgehoben sein, sonst werden sie, im Beraterjargon, „floppen". Die Gruppe mit Biedermeier-Möbeln zu vergleichen, ist nicht unbedingt sinnvoll.

Beispiele:
1. „Manchmal läuft die Gruppe auf ein Tor zu, allerdings auf das falsche."
2. „Wenn diese Gruppe ein Garten wäre, wie würden Sie Ihre Arbeit beschreiben?"

Tiefe und Art der Intervention Wenden wir uns nun der Auswahl einer Intervention statt aus der typologischen Matrix zu, um die Interventionstiefe zu optimieren. Eine Intervention auf Ebene II kann zum Beispiel durch eine Verhaltensbeschreibung erfolgen. Der Berater beschreibt lediglich, was er beobachtet hat. Zugang zu den Kernproblemen auf Ebene III zu erhalten, erfordert meist eine emotionalspiegelnde Intervention, oft im Anschluß an eine Verhaltensbeschreibung. Wenn es der Vertrag und das Stadium der Gruppe zulassen, kann auch eine interpretierende Intervention angebracht sein. Ebene IV erfordert meist eine interpretierende Intervention. Dies sind allgemeine Richtlinien; es gibt jedoch viele Ausnahmen. Vieles hängt von den Fähigkeiten des Prozeßberaters ab und inwieweit er in der Lage ist, sich selbst als Instrument der Veränderung einzusetzen. Manche Berater verwenden sinnvollerweise eine interpretierende Intervention von geringer Intensität, um an Dynamiken der Ebene II heranzukommen. Dies erfordert jedoch erhebliches Können und viel Erfahrung.

Aktuelle und nachträgliche Interventionen Die wirkungsvollsten Interventionen sind solche, die sich auf das Geschehen *im Hier und Jetzt* beziehen. Der Prozeßberater beschäftigt sich mit dem, was sich in der Gruppe ereignet, in dem Moment, in dem es geschieht. Ein Beispiel: Fred versucht, Arthur Feedback darüber zu geben, daß er seine Kollegen ständig unterbricht. Arthur unterbricht Fred, um sein Verhalten zu rechtfertigen. Der Berater nutzt diese unmittelbare Situation, um Arthur zu zeigen,

daß er sich genau in diesem Moment so verhält, wie Fred
ihm gerade deutlich machen will. Bei einer nachträglichen
Intervention würde der Berater einen späteren Zeitpunkt
abwarten, um auf Arthurs Verhalten zurückzukommen.

Die Kraft der aktuellen Intervention liegt darin, daß es sich
um eine *unmittelbare* Erfahrung der angesprochenen Person sowie der Gruppenmitglieder handelt. Als Strategie der
Beratung ist sie sehr wirkungsvoll. Sogar auf die defensiv-
sten Menschen haben aktuelle Interventionen eine Wirkung. Natürlich muß der Prozeßberater das aktuelle Geschehen sehr aufmerksam verfolgen und Vorkommnisse in
einer Art und Weise formulieren, daß die angesprochenen
Gruppenmitglieder nicht in Verlegenheit geraten, weil sie
sich „erwischt" fühlen. Die Formulierung der Interventionen muß Unterstützung und Mitgefühl vermitteln und zum
Besten der angesprochenen Person geschehen.

Weit verbreitet ist es auch, daß Gruppenmitglieder eine Situation oder Verhaltensweisen abstrakt diskutieren. Ihnen
ist nicht bewußt, daß dieselbe Dynamik auch in ihrer Gruppe am Werk sein könnte. Zum Beispiel reden Mitglieder
über andere Gruppen, in denen sich die Leute „ständig gegenseitig unterbrechen". Der Prozeßberater interveniert:
„Könnte dasselbe Verhalten, die Unterbrechungen, auch
hier vorkommen?"

Man kann davon ausgehen, daß alles, worüber die Gruppe
spricht, mit der Gruppe selbst zu tun hat. Dieser Gedanke
stammt aus der Gruppentherapie, gilt jedoch auch für andere Gruppen, Teams und Komitees. „Wir gehen davon aus,
daß sich der Inhalt der Sitzung, egal wie entfernt er zu sein
scheint, immer auf die aktuellen Beziehungen und Gefühle
der Gruppe bezieht" (WHITAKER & LIEBERMAN 1964, 17).

Metaphern Ein Spezialfall wirkungsvoller aktueller Interventionen leitet sich aus dem Gebrauch von Metaphern ab.

Beispiel: Eine Gruppe gerät in ein Gespräch über „Puzzle-
Spiele". Zwei Mitglieder erzählen, daß sie nur ungern Puzz-
les legten; sie fanden es frustrierend und nervend. Der Prozeßberater fragt, ob die Gruppe Parallelen zwischen dem
Puzzle-Spiel und Verhaltensweisen in der Gruppe erkennen
könne. Dies führt zu einer intensiven Diskussion über ihren
Ärger auf die Geschehnisse in ihrer Gruppe und über ihre
Unfähigkeit, die Dynamik zu verstehen. Sie konnten sich
kein Bild machen.

Andere verbreitete Metaphern kommen aus dem Bereich
des Sports (u. a. Fußball oder Golf). Der Prozeßberater
könnte etwa fragen: „Welche Spiele werden in dieser Gruppe gespielt?" Auch „explosive" bzw. „feurige" Metaphern
sind oft anschaulich: „Vielleicht gibt es hier gleich einen
großen Knall?" oder „Wo brennt es denn gerade?"

Ist die *nachträgliche* Intervention denn je sinnvoll? – Auf jeden Fall. Sie ist vor allem dann angemessen, wenn der Berater mit seiner Intervention warten will, bis er mehr Informationen gesammelt hat. Oder wenn er sehen möchte, ob
die Gruppe das Problem selbst anspricht bzw. löst. Der Berater möchte vielleicht auch abwarten, um festzustellen, ob
das Verhalten ein konsistenteres Bild ergibt. Wenn der Zeitpunkt günstig ist, teilt er den Gruppenmitgliedern mit, was
er beobachtet hat. Im Anschluß an die nachträgliche Intervention sollte der Berater allerdings aktuelle Interventionen
zu dem von ihm beschriebenen Verhalten vornehmen.

Kapitel 6 betrachtet die Stadien einer Arbeitsgruppe mit
dem Blick des Beraters. Bei jedem Stadium wird jeweils die
methodische und die gruppendynamische Dimension ausführlich behandelt.

Planungsteam von Führungskräften

In der nächsten Sitzung wurde sich das Team schließlich über seinen Auftrag einig und beschloß, wie er systematisch angegangen werden sollte. Die starke Persönlichkeit und Aggressivität der Teammitglieder führten oft zu Konfrontationen, es wurde wenig zugehört, die Mitglieder stellten ihre Bedürfnisse über die der Organisation. Scott intervenierte häufig, um die Mitglieder beim Thema zu halten und um ihnen die Möglichkeit zu geben, ihre Gefühle über die anderen, die Arbeit und den Fortschritt der Gruppe zu äußern.

Obwohl sie als Führungskräfte darauf bestanden hatten, daß ihre Untergebenen Problemlösungstechniken erlernten, hatte nur einer sich selbst darüber Gedanken gemacht. Scott schlug Bill vor, den anderen diesen Ansatz beizubringen. (Interventionstyp: Fertigkeiten und Handeln; an eine Einzelperson gerichtet; geringe Intensität; aufgabenbezogen.) Die Mitglieder unterstützten diesen Vorschlag in hohem Maße. Bill war offensichtlich zufrieden. Zur nächsten Sitzung kam er ausgerüstet mit Folien und Texten. Er nahm eines der erkannten Teamprobleme als Beispiel. Die Sitzung war sehr erfolgreich und brachte die Gruppe näher zusammen.

Qualitätszirkel

Zirkel I. Als Kim während einer Sitzung den Eindruck hatte, daß die Konkurrenz innerhalb der Gruppe wieder einmal bald zum offenen Konflikt führen würde, malte sie ein einfaches Bild auf das Flipchart: ein Teppich und ein Besen. Sie fragte: „Welches sind die Fragen und Probleme, die zur Zeit in dieser Gruppe unter den Teppich gekehrt werden? Ich meine Dinge, über die Sie nicht sprechen, die die Effektivität der Gruppe eventuell beinträchtigen. Wenn Sie so-

weit sind, gehen Sie an das Flipchart und notieren Sie die
Themen." (Interventionstyp: Fertigkeiten und Handeln; an
die Gruppe gerichtet; geringe Intensität; auf die Gruppendynamik bezogen.)

Es gab Gelächter in der Gruppe. Nach ungefähr einer Minute stand Zeb auf und schrieb: „Ungleiche Beteiligung".
Phil ergänzte: „Führung" und „Konkurrenz". Landau
schrieb: „Besitzdenken". Andere ergänzten: „Keiner hört
zu", „zu wenig Zeit" und „ausgeprägte Egos".

Zebs Kommentar führte zu verlegenem Lachen: „Es gibt jede
Menge Dinge, mit denen wir uns nicht auseinandersetzen."

Kim machte den Vorschlag, daß jeder zwei Stichworte an-
kreuzen solle, um festzulegen, mit welchen Themen begonnen werden sollte. Jedes Mitglied ging zum Flipchart und
kreuzte die zwei Stichworte an, die ihm am wichtigsten waren. „Konkurrenz" ging als klarer Sieger hervor, gefolgt von
„Besitzdenken". „Ungleiche Beteiligung" wurde Dritter.

Am Ende der Sitzung schlug Kim den Mitgliedern vor, über
die Ergebnisse noch ein wenig nachzudenken und dann zu
entscheiden, in welcher Weise sie die Punkte angehen wollten.

Zirkel II. Michael fiel es allmählich leichter, neue Interventionen auszuprobieren. Seine Verhaltensbeschreibungen
wurden klarer und präziser. Er wagte sich weiter in den
zwischenmenschlichen Bereich hinein – in den offenen und
den versteckten. Wenn ein Mitglied ihn direkt angriff,
brachte dies Michael allerdings weiterhin aus der Fassung,
und er geriet manchmal in die Defensive. Er wußte, daß er
„alles zu persönlich" nahm.

Während einer Sitzung an einem Spätnachmittag kam es zu
einem entscheidenden Vorfall. Shelly und Chip hatten eine
Auseinandersetzung, und Michael schritt ein. Shelly wandte

sich um und stellte Michaels Beobachtung und Intervention in Frage. Michael stotterte, verteidigte seine Intervention und versuchte weiterzumachen. Die Gruppe ließ ihn jedoch nicht entkommen. Shelly forderte ihn heraus: „Wie kommt es, daß Sie von uns erwarten, daß wir Konflikte angehen, aber einen Rückzieher machen, wenn es um Sie selbst geht?"

Michael gab widerstrebend zu, daß Konflikte ihm Angst machten. Außerdem befürchtete er, daß seine Interventionen, auch wenn es wenige waren, den Konflikt eher verstärken als beilegen würden. (Intervention: Selbstoffenbarung des Beraters.)

„Das heißt, Sie haben dasselbe Problem wie wir?", fragte Chip ungläubig.
„Ja, stimmt."
„Mann, bin ich beruhigt, das zu hören! Dann sind Sie ja so wie wir. Übrigens finde ich Ihre Kommentare für uns – jedenfalls für mich – wirklich nützlich." Einige andere nickten und bestätigten dies.
Dann fügt jemand hinzu: „Ja, ich finde auch, Sie sollten, was Konflikte angeht, so weitermachen wie bisher."

Michael spürte unendliche Erleichterung – und Auftrieb. Er wünschte, er hätte schon früher über seine Gefühle gesprochen, wußte aber, daß er davor Angst gehabt hatte. Er engagierte sich nun mehr denn je für die Gruppe und ihre Entwicklung.

Zirkel III. Larry sprach die Gruppe nicht noch einmal auf die Aufnahme neuer Mitglieder an. Sein Qualitätszirkel wurde noch zwei Monate lang fortgesetzt, doch die Beteiligung bröckelte. Mitglieder kamen zu spät oder gingen vorzeitig. An einem Punkt intervenierte Larry: „Macht es jemandem etwas aus, daß die Beteiligung zu wünschen übrig läßt?" (Interventionstyp: kognitiv; an die Gruppe gerichtet; geringe Intensität; gruppendynamisch ausgerichtet.)

Les äußerte sich als einziger dazu: „Eigentlich nicht."
Einige Mitglieder lachten; der Rest schwieg dazu. Es wurde
nicht weiter darüber gesprochen.

Larry machte einen Termin mit der Personalentwicklerin
aus, die für die Bildung der Qualitätszirkel verantwortlich
war.

Krankenhausverwaltung

Bei der nächsten Sitzung machte Ned überraschend den
Vorschlag: „Stellen wir doch den Katalog von Verhaltensnormen zusammen."
Die Gruppe stimmte bereitwillig zu, wahrscheinlich, weil
sie dachte, daß die Normen helfen könnten, Ned im Zaum
zu halten. Innerhalb von zwanzig Minuten stellte die Gruppe folgendes zusammen:

• Sitzungen pünktlich beginnen
• Nicht unterbrechen
• Genauer erläutern, wenn darum gebeten wird
• Ideen prüfen, Menschen unterstützen
• Jeder beteiligt sich – Redezeit aber jeweils höchstens eine
  Minute lang
• Alle dreißig Minuten überprüfen, wie es läuft
• Sitzungen pünktlich beenden

Laura schlug vor, sie sollten die Regeln auf zwei große Blätter schreiben und diese gut sichtbar im Sitzungsraum auf-
hängen (Interventionstyp: kognitiv; an die Gruppe gerichtet;
geringe Intensität; methodisch orientiert). Man einigte sich
darauf, die Blätter bis zur nächsten Sitzung fertig zu haben.

Dr. Heinrich J. K. DÜRSCHEID

Dipl. Volkswirt · Dipl. Psychologe

Sekretariat
51588 Nümbrecht
Niederbreidenbach 2
Tel.: 0 22 93 / 81 54 00
Fax: 0 22 93 / 81 54 02

Workshop – Haus
Nümbrecht

http://www.duerscheid.de · email: info@duerscheid.de

S. 111
Kopie für Brodecken

DR. DÜRSCHEID & PARTNER

Beratung Training Organisationsentwicklung

6 Entwicklungsphasen einer Arbeitsgruppe

Woran es nun wirklich nicht fehlt, ist eine weitere Abhandlung zum Thema Gruppenentwicklung. Die verbreitetsten Theorien sind allerdings vom Standpunkt der Teilnehmer aus entwickelt worden (BENNIS & SHEPARD 1948, SCHUTZ 1958, TUCKMAN 1965). Was ich demgegenüber hier bieten möchte, ist eine Analyse aus der Perspektive des Prozeßberaters, das heißt, ich werde untersuchen, welche Phasen eine Arbeitsgruppe in ihrer Entwicklung durchläuft und wie der Berater diese mit seinen Interventionen beeinflußt.

Die vier Phasen Bestimmte Verhaltensweisen und Fragen müssen in jeder Phase beachtet werden, damit die Gruppe effektiv ist und ihre Mitglieder zufrieden sind. Abbildung 19 zeigt vier Phasen und die zu erwartende Häufigkeit, mit der der Berater methodische und gruppendynamische Interventionen vornimmt. Das Kapitel bietet zunächst einen kurzen Überblick und geht dann ausführlich auf jede Phase ein.

In der *Aufbauphase* sind die Mitglieder neu in der Gruppe, auch wenn sie einander vielleicht schon kennen. Auch das Projekt bzw. der Auftrag ist ihnen neu. Es ist zu erwarten, daß die Mitglieder ein bißchen besorgt sind, was ihre Rolle, Mitgliedschaft und ihren Auftrag für die Gruppe betrifft. Sind sie bereits geübt und erfahren, werden sie eine Tagesordnung aufstellen und ihre Aufgabe klären.

Es ist ziemlich wahrscheinlich, daß die Mitglieder nicht wissen, wie sie vorgehen sollen, und sich mit Vorschlägen an die Gruppe zurückhalten werden. Der Prozeßberater wird sowohl bei methodischen als auch bei gruppendynamischen Fragen häufig intervenieren müssen. Zwar variieren alle Phasen, je nach Gruppe, in ihrer Länge, doch er-

fordert die Aufbauphase in der Regel nicht mehr als sechs
zweistündige Sitzungen oder vielleicht nur drei Sitzungen.
Übrigens ist das Ende dieser Phase normalerweise sehr gut
zu erkennen. Daher weiß der Prozeßberater genau, wann
die Gruppe zur Bearbeitungsphase übergegangen ist. Wenn
eine Gruppe die Aufbauphase umgeht oder abkürzt, wird
sie früher oder später ins Stocken geraten. Die Mitglieder
sind verärgert, ziehen sich zurück oder wollen um jeden
Preis vorankommen. Dies ist bei Gruppen der Fall, die keine Tagesordnung aufstellen, nicht planen und sich nicht
über die nächsten Schritte und das weitere Vorgehen verständigen.

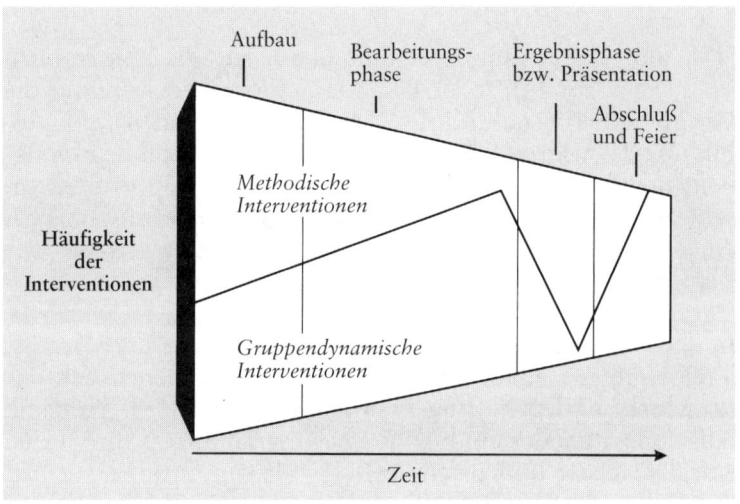

Abb. 19: Entwicklungs- und Beratungsphasen einer Arbeitsgruppe

Die *Bearbeitungsphase* nimmt den größten Zeitraum ein.
Es gibt vieles, was wir über die mittleren Phasen einer Arbeitsgruppe nicht wissen, auch nicht, wie zu intervenieren
wäre. Die Arbeit mit und in der Gruppe gleicht daher eher
einer Kunst denn einer Wissenschaft. Wenn Prozeßberater
von Situationen berichten, in denen sie sich festgefahren

haben, liegen diese meist in der Bearbeitungsphase. Wie der Begriff schon sagt, arbeitet die Gruppe in dieser Phase am methodischen und sozialen Prozeß. Offene und versteckte Probleme in beiden Bereichen kommen zum Vorschein. Der Prozeßberater leistet entsprechende Hilfestellung bei der Bewältigung dieser Prozesse. Während die Gruppe diese Phase durchlebt, verlagert sich der Schwerpunkt auf die Gruppendynamik – immer in bezug zur Aufgabe –, und der methodische Prozeß tritt etwas zurück. Das heißt nicht, daß nicht an der eigentlichen Aufgabe gearbeitet würde. Doch die Gruppe braucht, während sie an komplexen und oft unklaren Problemen arbeitet, ein hohes Maß an Interaktion und muß sich entsprechend stärker auf ihre Arbeitsbeziehung konzentrieren.

Wenn der Termin für die Abgabe des Produkts bzw. für die Präsentation heranrückt, geht es um Detailfragen. Diese Phase wird passend die *Ergebnis-* bzw. *Präsentationsphase* genannt. Der Prozeßberater macht eventuell Vorschläge, wie man im einzelnen vorgehen könnte. Fragen der Gruppendynamik, die noch nicht bereinigt sind, können bei der Vorbereitung zur Ablieferung des Produkts bzw. des Arbeitsergebnisses hintangestellt werden. Wenn nicht, muß die Gruppe sie mit Hilfe des Beraters klären, damit der Termin eingehalten werden kann. Diese Phase ist normalerweise recht kurz und, falls die Gruppe ihre Probleme abgearbeitet hat, von Vorfreude und Aufregung geprägt.

Ist die Präsentation vorbei bzw. das Produkt abgeliefert, folgt die letzte Phase: der *Abschluß*, die Auflösung der Gruppe und (im Idealfall) das *Feiern*. Leider feiern viele Gruppen, Teams und Mitarbeiter ihre Leistung und Erfolge nicht.

Gruppen gehen auch oft auch ohne richtigen Abschluß auseinander. In manchen Fällen gehört es sogar zur Norm des Unternehmens, den gelungenen Abschluß einer Arbeit nicht zu feiern, so daß der Prozeßberater hart daran arbeiten

muß, die Gruppe dazu zu bringen, die Fragen zu untersuchen, die sich aus der Erfüllung der Aufgabe ergeben. Sind
die Gruppenmitglieder zufrieden mit dem, was sie erreicht
haben? Wie fühlen sie sich, wenn sie an die Gruppe denken? Wie erleben sie die Trennung, nachdem sie so viel Zeit
miteinander verbracht haben? Was haben sie gelernt, das
sie nun auf neue Situationen übertragen können? Welche
Fallen können sie in Zukunft vermeiden? Hat die Gruppen
„Meilensteine" ihrer Entwicklung gefeiert? Wie kann die
Gruppe jetzt ihren abschließenden Erfolg feiern? Möglichkeiten gibt es mehrere: eine mündliche Bestätigung von allen; ein kleines Geschenk zur Erinnerung; ein Bericht in der
organisationsinternen Zeitschrift; ein Ballspiel oder ein gemeinsames Fest, mit oder ohne Freunde und Ehepartner.

Die Abschlußphase ist wie die vorhergehende normalerweise kurz. Wichtig ist jedoch, daß die Gruppe durch diese
Phase hindurchgeht und die Probleme, die sie aufwirft,
nicht ignoriert.

Optimalerweise interveniert der Berater im Laufe der vier
Phasen immer seltener. In der Regel wird in den ersten Phasen der Gruppe häufiger methodisch interveniert. Gruppendynamische Interventionen nehmen dann zu, wenn die
methodischen abnehmen. Sobald der Abgabetermin für das
Produkt, den Bericht bzw. die Präsentation naht, erreicht
die Zahl der methodischen Interventionen allerdings eine
Spitze (siehe Abbildung 19). Die Abschlußphase wiederum
ist, von einigen Folgeaufgaben abgesehen, hauptsächlich
gruppendynamisch ausgerichtet, wobei die Interventionen
absolut gerechnet meist wesentlich seltener als in den ersten
Phasen erfolgen.

Betrachten wir nun jede Phase ausführlich in folgender
Hinsicht: allgemeines, beobachtbares Verhalten, methodische Fragen, gruppendynamische Probleme und Interventionen des Prozeßberaters.

Aufbauphase

Allgemeines

Es ist immer wieder faszinierend, und manchmal auch witzig, die erste Sitzung einer Gruppe bzw. eines Teams zu beobachten, vor allem weil sie so vorhersehbar ist (Abbildung 20). Auch wenn sich die Gruppenmitglieder bereits kennen, ähneln sich die steifen Begrüßungsfloskeln: „Kennen Sie den und den?" Manche werfen sich in Pose: „Ich habe schon an vielen Gruppen dieser Art teilgenommen, es wird so und so ablaufen." Die Mitglieder sind betont höflich und zumeist nicht sehr selbstsicher. Einige verhalten sich schroff oder sogar aggressiv, um ihre Unsicherheit zu überspielen. Der Status jedes einzelnen ergibt sich in dieser Phase meist aus der Position und Rolle, die derjenige außerhalb der Gruppe hat. Kommentare erscheinen oft willkürlich, man hört einander kaum zu. Vielleicht bringt jemand vorsichtig eine Idee vor. Keiner reagiert. Eine Bemerkung hat keinerlei Bezug zur vorigen. Methodische und gruppendynamische Fähigkeiten, soweit vorhanden, sind noch nicht zu erkennen. Die Gruppenmitglieder erwarten vom Leiter, daß er Richtung und

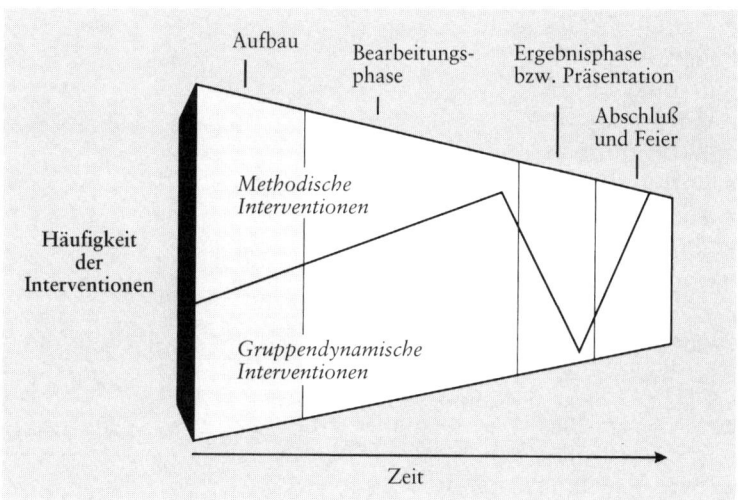

Abb. 20: Aufbauphase

Strukturen vorgibt. Doch auch wenn keine Richtung vorge-
geben wird, zögern die Mitglieder, die Verantwortung für
den Gruppenerfolg zu übernehmen.

Zur Aufbauphase gehört auch, was SCHUTZ (1958) das
Aufnahmestadium nennt, wie auch die *Formierung* in der
Begrifflichkeit von TUCKMAN (1965) sowie BENNIS und
SHEPARDS (1948) Unterphase *Abhängigkeit-Unterordnung.*

Methodik   In den meisten Arbeitsgruppen werden sich die ersten
offen ausgesprochenen Fragen auf die Aufgabe beziehen. Selbst bei einem expliziten Auftrag wird es noch Unklarheiten geben. Dieses Problem muß der Prozeßberater
als erstes bewältigen, damit sich die Mitglieder wohl fühlen
und motiviert sind.

Konkret muß sich der Prozeßberater der folgenden methodischen Aspekte bewußt sein und diese in Angriff nehmen:

• Klarheit bezüglich des Ziels
• Rollenverteilung:
  Zeitplaner
  Protokollführer
  Leiter
  Problemmanager
• Vorhandene Arbeitsmittel
• Methodische Kompetenz
• Umgang mit Ideen

Zwischenüberlegung

Die Tyrannei des Flipcharts. Sie haben es bestimmt schon oft erlebt, daß
bei der ersten Gruppensitzung, sobald der Auftrag bzw. die Aufgabe erteilt worden ist, jemand aufspringt, zum Flip chart geht und mit Schreiben bzw. mit dem Brainstorming beginnt. Zu viele Gruppen sind lö-
sungs- statt problemorientiert. Sobald jemand am Flipchart steht, bildet

die Gruppe außerdem ein Hufeisen und keinen Kreis mehr. Die Mitglieder sprechen zu demjenigen, der schreibt, und nicht mehr miteinander.

Kommen Sie daher ein bißchen früher zur Sitzung und hängen Sie alle Schreibvorrichtungen ab. Bevor jemand zu schreiben anfängt, schlagen Sie vor, daß die Gruppenmitglieder sich etwas Zeit nehmen, um darüber zu sprechen, wie es ihnen dabei geht, in dieser Gruppe zu sein und an dieser speziellen Aufgabe zu arbeiten. Bevor überhaupt etwas aufgeschrieben wird, sollte über eine problemorientierte Vorgehensweise gesprochen und das genaue Vorgehen festgelegt werden.

Gruppendynamik Die ersten gruppendynamischen Probleme sind normalerweise unterschwellig oder werden jedenfalls nicht öffentlich geäußert. Mitglieder möchten in dieser Phase nicht anders sein bzw. erscheinen als die anderen. Die Anliegen und Probleme sind natürlich da, bleiben aber verborgen. „Gehöre ich hierher? Werde ich dazupassen? Werden die anderen mich mögen? Wie werden sich die Gruppenmitglieder mir gegenüber verhalten? Ich habe kein gutes Gefühl bezüglich ...!"

Die Mitglieder sind vorsichtig. Sie tasten einander vorsichtig ab und verstecken ihre eigenen Gefühle. Offenheit gehört meist nicht zu den geltenden Normen. Niemand will zeigen, wo er verletzbar ist. Konformität scheint zu diesem Zeitpunkt eine Bedingung für die Gruppenmitgliedschaft zu sein. Im einzelnen geht es hierbei um Fragen in den folgenden Bereichen:

- Aufnahme in die Gruppe
- Mitgliedschaft
- Zugehörigkeit
- Abhängigkeit
- Risiken bei Offenheit
- Wohlbefinden
  Physisch
  Psychisch

- Arbeitsklima
- Engagement
- Mitarbeit
- Identifizierung
  mit der Gruppe

Verhalten des Beraters Der Berater geht die Probleme des gruppendynamischen und des methodischen Prozesses an. Zwar haben methodische Anliegen Vorrang, doch muß der Berater zuerst für den Aufbau einer stabilen Arbeitsbeziehung und für Transparenz, Glaubwürdigkeit und psychische Sicherheit sorgen. Wenn der Vertrag klar formuliert ist, ist das hier sehr hilfreich. Wichtig sind vor allem Wärme, Humor, Aufmerksamkeit, die Fähigkeit zum Zuhören und zur Umschreibung der Probleme, die physische Anwesenheit, eine nicht-defensive Haltung sowie das Formulieren von Vorschlägen und Ratschlägen.

Betrachten Sie das folgende Beispiel:

Eine interne Prozeßberaterin wird in ein funktionsübergreifendes Arbeitsteam gerufen. Die Organisation ist in der Krise, alle Angestellten – besonders die Führungskräfte – sind stark überlastet. Auch die Teammitglieder sind der Gruppe einfach zugeordnet worden. Es gibt viel Murren, als sich die Mitglieder zu ihrer ersten Gruppensitzung treffen.

„Bringen wir diese Sch... hinter uns", murmelt eine offensichtlich unzufriedene Führungskraft.

„Hört sich an, als würden Sie lieber etwas anderes machen", erwidert die Prozeßberaterin.

„Worauf Sie sich verlassen können!" (Lachen.)

Mit Verständnis und Mitgefühl fährt die Beraterin fort: „Ich bezweifle sehr, daß viele von uns sich freiwillig für diese Gruppe gemeldet haben. Es wird nicht leicht sein, die Arbeit in unsere vollen Terminkalender einzuplanen. Daher wäre es sinnvoll, ein bißchen darüber zu sprechen, wie wir hierhergekommen sind."

Die Führungskräfte bringen ihre Wut und ihre Verärgerung zum Ausdruck und stellen den unklaren Auftrag in Frage. Die Prozeßberaterin paraphrasiert die Antworten einzelner Mitglieder und faßt dann zusammen, was sie gehört hat. Dann fügt sie hinzu: „Da wir nun alle bei diesem Team mitmachen müssen, reden wir doch darüber, was wir tun können, damit sich der Aufwand lohnt."

Manche Mitglieder meinen daraufhin, die Idee dieser Gruppe sei eigentlich gar nicht so schlecht, jedenfalls im Vergleich zu anderen. Vielleicht könne sich etwas Gutes daraus ergeben. Das End-

ergebnis ist, daß die Aufgabe geklärt wird und die Mitglieder vereinbaren, sich für sechs Wochen auf die Gruppe einzulassen, um
dann ihre Arbeit erneut zu bewerten.

Hätte die Prozeßberaterin keine Beziehung zur Gruppe entwickelt und nicht auf die unmittelbaren gruppendynamischen
Anliegen reagiert, hätte sich die Gruppe sofort festgefahren.

Der Berater kann damit rechnen, daß die Gruppe durch ir-
gendeinen Druck gelenkt wird, der auch die Fragen, was und
wie die Arbeit zu tun ist, bestimmt. Mitgefühl gegenüber den
Mitgliedern und Widerstand gegen den Gruppendruck sind
hier nötig. Denken Sie immer daran, daß das Ziel des Beraters – und hoffentlich auch der Gruppe – ist, daß die Mitglieder selbst die Fertigkeiten erlernen, die sie brauchen. In der
Aufbauphase hilft der Prozeßberater der Gruppe bezüglich
des methodischen und sozialen Prozesses, damit sie gerüstet
ist, ihre Hauptarbeit effektiv und effizient anzugehen.

Berater-   Die Interventionen in der Aufbauphase richten
interventionen   sich hauptsächlich an die Gruppe, manchmal auch
an mehrere Personen. Kognitive und Handlungs-
interventionen mit einer niedrigen bis mittleren Intensität
werden hier die bevorzugten Interventionsarten sein. Die
geeignete Interventionstiefe ist in diesem Stadium die Ebene
II. Selbst bei einem guten Vertrag werden die Mitglieder zu
diesem Zeitpunkt tiefergehende Interventionen kaum tole-
rieren.

Das Verhalten der Mitglieder und die Bemühungen des Beraters zeigen, warum dieses Stadium die Aufbauphase heißt.
Die Interventionen zielen darauf ab, ein Gefühl von Sicherheit herzustellen, damit die Mitglieder effizient und zufrieden arbeiten können. Der Berater ist ihnen behilflich, die
dazu notwendigen Fertigkeiten zu erwerben.

Folgendes sind einige typische methodische Interventionen
für die Aufbauphase:

„Was ist für jeden der Zweck dieser Gruppe?"

„Vielleicht möchten Sie hier verschiedene Rollen vergeben, z. B. jemanden, der für die Zeitplanung zuständig ist, oder einen Protokollführer. Diese Funktionen können dann jeweils innerhalb der Gruppe wechseln."

„Vielleicht wäre eine Tagesordnung hilfreich, um die Prioritäten Ihrer heutigen Arbeit festzulegen."

„Bevor Sie Ideen am Flipchart auflisten, wäre es vielleicht hilfreich festzulegen, wie Sie vorgehen möchten."

Typische gruppendynamische Interventionen wären zum Beispiel:

„Wie fühlen Sie sich hier und bei der Arbeit an diesem Projekt?"

„Wenn ich eine neue Gruppe beginne, bin ich immer ein bißchen nervös – so wie jetzt. Geht Ihnen das auch so?"

„Wie geht es Ihnen heute mit Ihrer Zusammenarbeit?"

Bearbeitungsphase   Die Bearbeitungsphase (Abbildung 21) ist die längste Phase in der Zusammenarbeit einer Gruppe. Während dieser wichtigen Phase wird die Gruppe zur Reife gelangen und ihren Auftrag vollenden.

Allgemeines   Die Gruppe lebt sich ein. Normen entstehen – explizit oder implizit. Mit Hilfe des Beraters entwickeln die Mitglieder methodische Maßnahmen, um ihre Effizienz und Effektivität zu steigern. Der Konformitätsdruck ist in den Anfängen dieser Phase hoch. Die Ideen und Ansichten der verschiedenen Mitglieder gehen jedoch auseinander, ebenso die Meinungen darüber, wie man Probleme lösen solle und wie grundsätzlich vorzugehen sei. Diese Ausdifferenzierung verursacht die unterschiedlichsten offenen und verdeckten gruppendynamischen Probleme, und diese haben einen Einfluß auf die Gruppe. Das erkennt man am Verhalten, zum Beispiel an der Weigerung, die Ideen anderer zu akzeptieren, an Auseinandersetzungen über Kleinigkeiten, an Machtkämpfen und an Apathie.

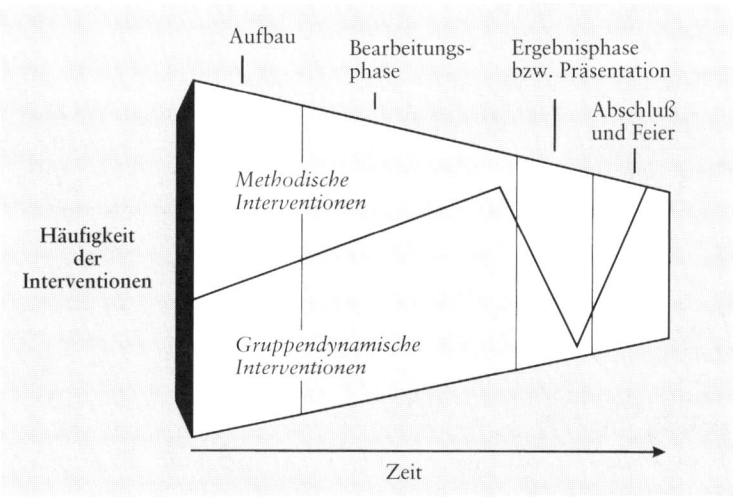

Abb. 21: Bearbeitungsphase

Der Konflikt zwischen denen, die ein hohes Maß an Strukturierung und Aufgabenorientierung wünschen, und denen, die Zeit für die Arbeit am sozialen Prozeß haben möchten, kann zu einem großen Problem werden. Natürlich muß es ein ausgeglichenes Verhältnis zwischen den beiden Elementen geben.

Zu Anfang haben die Bedürfnisse des einzelnen Vorrang vor denen der Gruppe, auch wenn diese individuellen Bedürfnisse nicht offen ausgesprochen und diskutiert werden.

In erfolgreichen Gruppen räumen die Mitglieder den Gruppenbedürfnissen allmählich Priorität ein, wobei sie gleichzeitig versuchen, den individuellen Bedürfnissen Rechnung zu tragen. Im Laufe dieser zweiten Phase ist die erfolgreiche Gruppe durch Mut zum Risiko, Hilfsbereitschaft, Offenheit und methodisches Experimentieren charakterisiert. Kreative Problemlösung wird zur Norm.

Nach SCHUTZ (1958) tauchen in diesem Stadium der Gruppenentwicklung Fragen von *Kontrolle* auf. TUCKMAN (1965) sieht für diese Phase stürmische Normierungsprozesse („norming and storming dynamics") voraus. Auch die verschiedenen Unterphasen, die BENNIS und SHEPARD (1948) benennen, können die Bearbeitungsphase charakterisieren: *Abgrenzung, Entschlossenheit, Begeisterung-Höhenflüge, Ernüchterung-Kampf* und schließlich *gemeinsame Bestätigung.*

Methodik Da der Plan für das Vorgehen feststeht (Aufbauphase), arbeitet die Gruppe nun daran, ihr Problem bzw. ihre Probleme auszuformulieren und Methoden der Datensammlung festzulegen. Die Gruppe arbeitet an einer Reihe von Problemlösungen, indem sie Prioritäten setzt, kreative Problemlösungstechniken anwendet, mit Hilfe alternativer Entscheidungsstrategien unter verschiedenen Möglichkeiten auswählt und einen realistischen Aktionsplan entwickelt. Von der Gruppe wird erwartet, daß sie am Ende ein bestimmtes Produkt abliefert oder eine Präsentation macht. Was die Methodik betrifft, wird sich der Prozeßberater auf folgendes zu konzentrieren haben:

• Problemlösungsschritte
• Entscheidungsstrategien
• Nutzung der Ressourcen
• Zeitvorgaben
• Zielgerichtetes, konzentriertes Arbeiten
• Kreative Problemlösungstechniken

Gruppendynamik Gruppendynamische Probleme tauchen in der Bearbeitungsphase häufig und plötzlich auf. Die Gruppenmitglieder fühlen sich inzwischen wohler. Sie beginnen ihre Unterschiede zu zeigen. Manche Mitglieder drängen offen nach Einfluß und Leitungspositionen, andere verhalten sich unauffällig und agieren hinter den Kulissen. Intrigen, geheime Pläne, Verschwörungen und heimliche Übereinkünfte sind alles andere als selten. Dies hört sich vielleicht nach einem Groschenroman an, doch solche Verhaltensweisen sind normal, sobald sich eine Gruppe bildet bzw. sich mehr als zwei Menschen zusammentun, um gemeinsame Probleme zu lösen.

Da die Abläufe und Problemlösungsmechanismen innerhalb der Gruppe inzwischen gut laufen, ist der Interaktionsgrad in dieser Phase hoch. Ein hoher Interaktionsgrad bedeutet Unterschiede, und Unterschiede bedeuten Konflikt. In diesem „Gruppentheater" mag sich der Prozeßberater vorkommen, als würde er an mehreren Stücken gleichzeitig mit jeweils eigenen Minihandlungen und stetem Szenenwechsel arbeiten. Die Gruppenmitglieder sind dabei Autoren und Schauspieler zugleich. Im einzelnen wird sich der Berater auf die folgenden Bereiche konzentrieren müssen:

• Mitarbeit
• Engagement
• Zufriedenheit
• Gruppendynamik konsequent beobachten
• Führung
• Risikobereitschaft und Herausforderungen
• Wettbewerb und Vergleich mit anderen Gruppen
• Unterstützung, Ermunterung und Bestätigung
• Macht, Kontrolle, Einfluß und Hackordnung
• Probleme des Geschlechts, der Hautfarbe und des Alters
• Dysfunktionale Mitglieder
• Zusammenarbeit
• Verhältnis der Mitglieder zu Autorität

- Autonomie der Mitglieder
- Bildung von Untergruppen
- Konflikte und Konfrontationen
- Selbstsicherheit, Ansehen und Kompetenz

Verhalten   Für den Prozeßberater kann es schwierig sein, die
des Beraters   Gruppe in dieser Situation dazu zu bringen, weiterhin *problemorientiert* zu bleiben. Gruppen, Teams
und Mitarbeiter suchen nach unmittelbaren und schnellen
Antworten und Lösungen. Durch seine Ausrichtung und Interventionen entwickelt der Prozeßberater Glaubwürdigkeit. Sein Verhalten ist jederzeit transparent, er wird ein
echtes Mitglied der Gruppe, wenn auch mit einer besonderen Rolle. Nach kurzer Zeit ist dieser Rollenunterschied für
die Teilnehmer jedoch kaum noch von Bedeutung und wird
bereitwillig akzeptiert.

Berater-   Die Bearbeitungsphase ist von einer Zunahme
interventionen der gruppendynamischen und einer Abnahme der
methodischen Interventionen geprägt. Denn
wenn die Fragen zum Vorgehen, der Entscheidungsfindung
und der Informationssammlung erst einmal geregelt sind
und sich eingespielt haben, wird sich der Prozeßberater
darauf konzentrieren, die gruppendynamischen Probleme
offenzulegen, die die Arbeit der Gruppe stören oder behindern. Es kann jedoch nicht oft genug wiederholt werden,
daß gruppendynamische Interventionen immer nur im
Dienste der Aufgabe vorzunehmen sind. Dies gilt für alle
vier Phasen, besonders wichtig ist es allerdings in der Bearbeitungsphase.

Neben an die Gruppe gerichtete Interventionen setzt der
Berater nun auch solche ein, die sich an mehrere oder eine
einzelne Person richten. Eine psychische Sicherheit ist nun
gegeben. Die aktuellen Probleme erfordern Interventionen,
die sich an bestimmte Personen richten. Zu den hier ange-
brachten Interventionsarten gehören die Verhaltensbeschrei-

bung und später die emotional-spiegelnde Intervention.
Sollte es angemessen sein, nimmt der Berater auch interpretierende Interventionen vor.

Falls ein umfassender Vertrag abgeschlossen worden ist,
werden neben Interventionen der Ebene II nun auch Kern-
fragen der Ebene III (siehe Abbildung 17) bearbeitet.

In Einzelfällen mag es auch sinnvoll sein, die Ebene IV zu
sondieren. Ein Beispiel: Eine Gruppe leitender Angestellter
gab sich selbst den Auftrag, einige dramatische Veränderungen in ihrer Abteilung vorzunehmen. Unter den acht
Führungskräften waren zwei Frauen, einer der Männer war
Afroamerikaner. Jeder verteidigte sein angestammtes Revier, das sie „Silo" nannten. Während der Einschätzungsphase zu Anfang sprachen die Gruppenmitglieder offen
über ihre Probleme, auch über Geschlechterfragen und Fragen der Hautfarbe. Nach den allgemeinen Erläuterungen
schlug der Prozeßberater der Gruppe vor, einen Vertrag in
Betracht zu ziehen, der je nach Situation Interventionen des
Beraters auf den Ebenen III und IV legitimiere – aber nur
wenn die Gruppe es ernst meine und sich mit der gesamten
Bandbreite ihrer Probleme auseinandersetzen wolle.

Nach vielen Fragen waren die Mitglieder einverstanden,
diesen Punkt in ihren Vertrag aufzunehmen. Sie erkannten,
wie wichtig der soziale Prozeß für die Aufgabe war und
waren bereit, sich gegenseitig in die Pflicht zu nehmen. Diese Entscheidung führte zu einem konstruktiven Konflikt
über Wertvorstellungen, Unterschiede der Geschlechter und
der Hautfarbe. Für einige Probleme der Gruppe fanden sich
auf diese Weise kreative Lösungen. In diesem Fall waren
eindeutig die Informationen des Beraters und der deutlich
formulierte Vertrag entscheidend.

Wie angedeutet, werden mehr gruppendynamischen Interventionen nötig, wenn sozio-emotionale Fragen auftau-

chen. Die Zahl der methodischen Interventionen nimmt ab, wenn die Gruppe mitten in der Arbeit ist und einen Entscheidungsmodus und Problemlösungsmaßnahmen etabliert hat. Wenn allerdings der Abgabetermin näherrückt, werden methodische Interventionen wieder wichtiger. Es sind dann viele aufgabenbezogene Einzelheiten zu überwachen und Aktionspläne aufzustellen. Für die Präsentation sind Feinabstimmungen und möglicherweise Nacharbeitungspläne erforderlich.

Zwischenüberlegung

Brainstorming. Das traditionelle Brainstorming ist vermutlich die am häufigsten falsch eingesetzte Intervention im Bereich der Personalentwicklung. Vergleichbar der Tyrannei des Flipcharts, macht mit Sicherheit jemand, sobald die Gruppe zusammengekommen ist, den Vorschlag: „Machen wir doch ein Brainstorming." Selbst Mitglieder, die schon seit einer Weile zusammenarbeiten, haben manchmal Probleme, sich an einem Brainstorming in der Gruppe zu beteiligen. Die Mitglieder spüren den Leistungsdruck, die Zensur und die heimliche Bewertung. Erwägen Sie statt dessen ein individuelles Brainstorming, bei dem die Vorschläge erst anschließend eingebracht werden – von jeder Person einer. Die Gruppenmitglieder werden dies vermutlich viel effektiver finden.

Eine andere Möglichkeit ist es, Vorschläge auf Karteikarten zu schreiben. Die Karten werden dann anonym in die Mitte des Tisches gelegt. Die Gruppenmitglieder greifen in die Mitte und ziehen eine Karte. Nachdem sie sie gelesen haben, schreiben sie einen weiteren Punkt hinzu, der ihnen zum ersten einfällt. Die Karte wird zurückgelegt, und das Verfahren wird fortgesetzt, bis alle Karten aufgebraucht sind.

Ergebnisphase bzw. Präsentation

Allgemeines

Die dritte Phase ist durch ein hohes Maß an methodischer Aktivität geprägt, denn die Mitglieder legen letzte Hand an ihr Projekt bzw. an ihre Präsentation (siehe Abbildung 22). Oder wie es ein Mitglied drastisch formulier-

te: „Wir liefen umher wie aufgescheuchte Hühner!" Auf
Nachfrage fügte er hinzu: „O ja, wir wußten, was wir taten. Es war ganz schön aufregend." Diese Phase ist sehr
aufgabenorientiert. Es herrscht nur wenig Toleranz für gruppendynamische Probleme. Außerdem erhöht sich der Konformitätsdruck dramatisch. Wenn wichtige gruppendynamische Probleme auftauchen – und das wird der Fall sein –,
muß sich der Prozeßberater durchsetzen, damit sich die
Mitglieder damit auseinandersetzen.

Was TUCKMAN (1965) *Leistungsdynamik* nennt, läßt sich in
dieser Phase gut beobachten. Der Gruppenzusammenhalt
ist offensichtlich, die Gruppenmitglieder fühlen sich bei der
Zusammenarbeit wohl, trotz nun offensichtlicher Unterschiede. Die Bedürfnisse der Gruppe haben Vorrang vor
Einzelinteressen, die Mitglieder äußern sich nur selten negativ zu Vorschlägen der anderen.

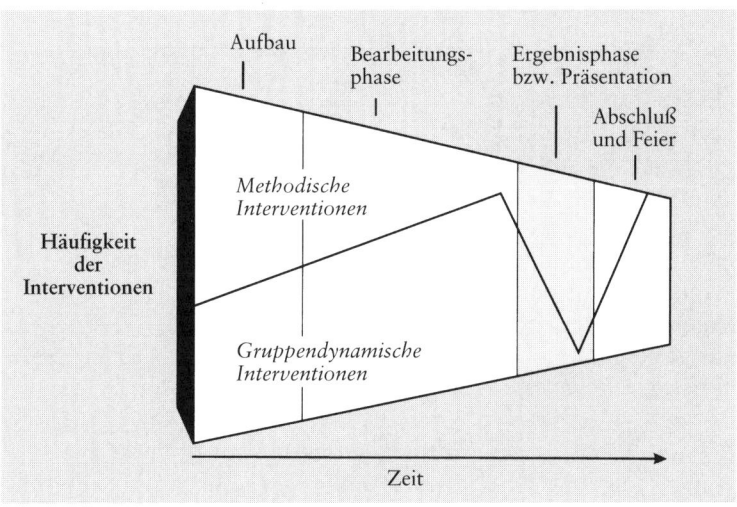

Abb. 22: Ergebnisphase bzw. Präsentation

Methodik   Wie an der folgenden Liste zu erkennen, gibt es viele
              Details, über die die Gruppenmitglieder nachdenken
und – was besonders wichtig ist – bezüglich derer sie handeln müssen:

• Strategische Überlegungen zur Situation der Gruppe
• Einzelheiten der Präsentation
• Abschluß des Projekts
• Einhalten der Termine
• Einbeziehen zusätzlicher Ressourcen
• Räumliche Bedingungen und Anordnungen
• Wer macht wann was

Gruppendynamik   Die gruppendynamischen Prozesse sind in
                    dieser Phase meist weniger offensichtlich als
in den beiden vorhergehenden. Hierzu gehören auch Fragen
von Macht und Einfluß (z. B. wer den Bericht erhalten wird)
und wie die Arbeit der Gruppe von anderen bewertet werden wird. Einige der besonderen Dynamiken, auf die man
sich während der Ergebnisphase konzentrieren sollte, sind:

• Frühzeitiger Abschluß
• Präsentationsangst
• Einschätzung der Führungskräfte, die die abgeschlossene
  Arbeit erhalten werden
• Gereiztheit bei der Einigung in Detailfragen
• Kompetenz der Gruppe und des einzelnen
• Konkurrenz mit anderen Gruppen und innerhalb der
  eigenen Gruppe
• Wer trägt was bei
• Engagement für das Endprodukt oder Ergebnis
• Durchhaltevermögen der Mitglieder

Verhalten   Das oben genannte aufgeregte Verhalten ist typisch
des Beraters für diese kurze Phase der Arbeitsgruppe. Damit
                muß der Prozeßberater umgehen können. Es geht
darum, die Energie, Motivation und das Streben nach Qua-

lität zu erhalten und gleichzeitig dafür zu sorgen, daß die Gruppe sich um die grundlegenden Aufgaben kümmert und wichtige gruppendynamische Probleme, die später Schaden anrichten könnten, nicht unter den Teppich kehrt.

Der Prozeßberater läßt sich in dieser Phase leicht in die inhaltliche Arbeit hineinziehen. Er ist zu einem Mitglieder der Gruppe geworden und setzt sich für deren Erfolg ein. Bei seiner Position kann er einen großen Einfluß auf die Gruppe und ihr produktives Ergebnis ausüben.

Berater- An diesem Punkt der Gruppenentwicklung inter-
interventionen veniert der Prozeßberater auf allen Ebenen und setzt jede Intervention ein, die notwendig ist – vorausgesetzt, er hat einen entsprechenden Vertrag. Die Herausforderung für ihn besteht darin, der Gruppe zu helfen, bei der Aufgabe zu bleiben, und dennoch wichtige gruppendynamische Angelegenheiten nicht zu vernachlässigen. Manche Gruppenmitgliedern neigen vielleicht dazu, Entscheidungen impulsiv zu treffen, ohne die Folgen zu durchdenken.

Es ist sehr hilfreich, regelmäßig innezuhalten mit der Bemerkung: „Lassen Sie mich bitte kurz prüfen, wie es Ihnen in diesem Moment geht." Die Mitglieder antworten und die Arbeit geht weiter, es sei denn, ein Gruppenmitglied bringt ein Anliegen vor. Man könnte denken, daß eine solche kurze Intervention die Gruppe aufhalte. Wenn eine Gruppe jedoch effizient und effektiv arbeitet, werden kurze gruppendynamische Checks sie nicht bremsen; sogar lange Unterbrechungen beinträchtigen eine effektive bzw. hochkarätige Gruppe meist nicht.

Das Geschehen spielt sich schnell ab, und der Prozeßberater muß stets auf dem Laufenden bleiben. Er muß situationsbezogen, zielbewußt und unaufdringlich handeln – eine nicht gerade leichte Aufgabe.

Hier einige mögliche Interventionen:

„Ist jedem klar, wer was macht?"

„Es fällt mir auf, daß die Gruppe sehr schnell auf die Entscheidung zusteuert. Ist wirklich jeder einverstanden?"

„Vielleicht überlegen Sie sich einen Ausweichplan, falls etwas schiefgeht."

„Bitte lassen Sie mich an dieser Stelle einen schnellen Check
durchführen, wie optimistisch oder pessimistisch Sie dem
Ergebnis gegenüberstehen."

„Wie steht es mit der Kreativität der Gruppe? Glauben Sie,
Sie strengen sich genügend an?"

Abschluß   Während die Gruppe nach Abgabe des Produkts
und Feier   bzw. nach ihrer Präsentation einen Gang zurück-
                      schaltet, denkt sie über ihre Geschichte nach (Ab-
Allgemeines   bildung 23). Die Mitglieder werten ihre Leistun-
                      gen, Beiträge und Erfolgserlebnisse aus. Mit der
Hilfe des Beraters reden sie auch über Fragen und Probleme, die die Auflösung der Gruppe mit sich bringt. Die letzten Aufgaben und Maßnahmen werden erledigt. Der Zeitpunkt und die Art, wie die Erfolge und Beziehungen der
Gruppe gefeiert werden sollen, sollten nun festgelegt werden. Nur allzu oft wird dieser wichtige Aspekt der Gruppe
ignoriert, umgangen oder abgetan. Doch stellt das Feiern
einen positiven Abschluß der Gruppe dar.

Mit Hilfe des Prozeßberaters hat sie ihre Arbeit mit einem
gewissen Maß an Zufriedenheit erfüllt. Die Stimmung ist
meist recht gut. Die Mitglieder geben sich oft ein bißchen
großspurig, was ihre Leistungen betrifft. Es herrscht ein
Gefühl von Teamwork, Zusammenhalt und Einigkeit. Es

besteht sogar die Gefahr, daß sich die Gruppenmitglieder,
wenn sie weiter zusammenarbeiten würden, zu sehr abkap-
seln würden. Das heißt, sie würden möglicherweise Informationen oder eine Prüfung von außen ablehnen.

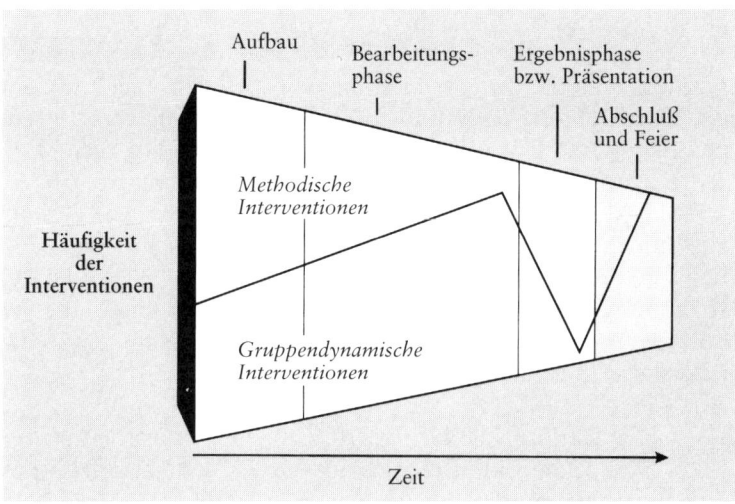

Abb. 23: Abschluß und Feier

Gefühle der Verbundenheit und Zuneigung treten zutage –
und dies kann manchen Gruppenmitgliedern regelrecht un-
angenehm sein. Gefühle im allgemeinen und Zuneigung im
besonderen zu zeigen oder zu besprechen, gilt in vielen Un-
ternehmenskulturen noch als Tabu, besonders in Nordame-
rika. Doch wenn die Gruppenmitglieder sich bei einem Projekt gemeinsam angestrengt und sich – mit Hilfe des Prozeßberaters – geöffnet, sich miteinander auseinandergesetzt
und etwas riskiert haben, wenn sie kreativ gewesen sind,
bis in die Nacht gearbeitet und die Bedürfnisse der Gruppe
über ihre eigenen gestellt haben, entsteht einfach Nähe.
Diese Verbundenheit ist für gut arbeitende Gruppen und
Teams geradezu charakteristisch. Die Mitglieder fühlen sich
gemeinsam dem Projekt – und einander – verpflichtet.

„Hätte ich mehr tun können? Habe ich wirklich zum Erfolg dieses Projekts beigetragen?" Diese und ähnliche Fragen beschäftigen die Mitglieder zu diesem Zeitpunkt.

Auch SCHUTZ (1958) spricht von einem Stadium der *Zuneigung*. Doch statt ihre Zuneigung direkt zu zeigen, sprechen
die Mitglieder eher von Zusammenhalt oder von Freund-
schaften, die sie aufgebaut haben. Manchmal werden auch
die Begriffe Verbundenheit und Nähe verwendet, um Zuneigung auszudrücken. In einem Fall meinte ein recht bar-
sches Vorstandsmitglied, daß das Führungsteam ihn an seine Jugend bei den Pfadfindern erinnere, wenn das Zeltlager
zu Ende gegangen war. Der Prozeßberater bat ihn, die Ähn-
lichkeit der Erfahrungen und Gefühle zu beschreiben. Er
sprach wehmütig von Kameradschaft, Gemeinsamkeiten
und Nähe, und rief dann überrascht aus: „Mein Gott, das
haben wir ja hier auch!"

Methodik   Die methodischen Prozesse dieser Phase entstehen
hier, anders als in den anderen Phasen, aus gruppendynamischen Problemen bezüglich Abschluß und Feier. In
anderen Phasen basieren die gruppendynamischen Prozesse
auf den Erfordernissen der Aufgabe.

In der vierten Phase kann auch die Frage auftauchen, ob
die Gruppe ihre Sphäre erweitert und an neuen Projekten
weiterarbeitet. Dies gilt besonders dann, wenn die Gruppe
sehr erfolgreich gewesen ist. Der Prozeßberater kann helfen, herauszufinden, ob der Wunsch nach Fortsetzung reali-
stisch ist oder nur mit den jüngsten Erfahrungen zusammenhängt. Dafür muß er sowohl die methodischen als auch
die gruppendynamischen Prozesse betrachten und besonders die Grenze zwischen methodischem Prozeß und Inhalt.
Er kann hier neue Bereiche vorschlagen und wie man sie
bearbeiten könnte, sollte jedoch keine Ratschläge geben
oder sich zum Inhalt äußern.

Aufgabenbezogene Themen, auf die er sich dabei in dieser Phase konzentrieren kann, sind unter anderem:

• Letzte Aufgaben, die zu erledigen sind
• Wer worüber zu informieren ist
• Öffentlichkeitsarbeit
• Berichte
• Auswertung der Teamleistung
• Organisieren der Feier

Gruppendynamik Die letzte Phase einer Arbeitsgruppe ist in erster Linie eine der Gruppendynamik. Es gibt zwar einige methodische Fragen, auf die man achten sollte, doch die Mehrzahl der Interventionen bezieht sich auf die Gefühle gegenüber der Arbeit, auf zwischenmenschliche Beziehungen und auf die Auflösung der Gruppe. Nicht selten ziehen sich einzelne Mitglieder aus der Gruppe zurück, um Trennungsängsten zuvorzukommen.

Der Prozeßberater muß den Enthusiasmus der Gruppe möglicherweise in Frage stellen, wenn sie ihre Erfolge und die Möglichkeit weiterer Zusammenarbeit falsch sieht oder überschätzt. Dies ist ein heikler Bereich, da Sie als Berater die Arbeit der Gruppe nicht abwerten wollen, sondern nur für mehr Realitätsbezug sorgen möchten.

Im einzelnen wird der Prozeßberater die folgenden Problemfelder des sozialen Prozesses bei seinen Interventionen anvisieren:

• Gefühle der Mitglieder gegenüber der Gruppe
  und deren Leistungen
• Gefühle der Mitglieder bezüglich ihres eigenen Beitrags
• Was gelernt wurde, positiv wie negativ
• Zusammenhalt
• Abschluß
• Verlust

• Traurigkeit
• Hochstimmung
• Wut
• Freundschaft
• Nähe
• Stolz und Bedauern über die Entwicklung der Gruppe
• Feiern
• Abschiednehmen

Verhalten   Inzwischen hat sich die Häufigkeit der Interventio-
des Beraters nen des Gruppenberaters gegenüber den Anfangs-
phasen entscheidend verringert. Außerdem sind die
Gruppenmitglieder nun an die Interventionen gewöhnt und
nehmen selbst viele vor, wenn auch meist nicht auf den tieferen Ebenen. In der letzten Phase ist die Art der Interventionen allerdings anders als zuvor. Das Projekt ist vorbei,
das Produkt abgeliefert, die Präsentation erfolgt. Der Prozeßberater kümmert sich nun um eine Auswertung des methodischen und des sozialen Prozesses. Hierbei geht es nicht
darum, Schuldige für die gemachten Fehler zu suchen, sondern herauszuarbeiten, welche Lektionen gelernt wurden,
und den Trainingstransfer auf neue Aufgaben zu bewerkstelligen. Erinnern Sie sich: ein Metaziel der Prozeßberatung ist es, daß die Mitglieder in Zukunft effektiver zusammenarbeiten.

In gruppendynamischer Hinsicht wird der Schwerpunkt darauf liegen, wie sich die Gruppenmitglieder angesichts ihrer
Leistungen und Zusammenarbeit fühlen. Genauso wichtig
sind die Empfindungen der Mitglieder in bezug auf das Pro-
jektende und die gemeinsam verbrachte Zeit. Die Mitglieder
müssen wissen, daß alle Gefühle von Hochstimmung bis zu
Traurigkeit nicht ungewöhnlich, sondern normal sind.

Zum Schluß kann der Prozeßberater die Frage aufwerfen,
wie die Gruppe ihre Arbeit, die gemeinsam verbrachte Zeit

und das Ende der Zusammenarbeit feiern möchte. Vermutlich hat der Berater diese Fragen schon während der laufenden Gruppenarbeit gelegentlich gestellt.

Zwischenüberlegung

„Blitzlicht". Bei einem Blitzlicht sitzen die Teilnehmer mit dem Prozeßberater in einem Kreis. Jedes Mitglied wird gebeten, etwas darüber zu sagen, wo es sich in Relation zur Gruppe befindet oder was es über Gruppeneffektivität, Gruppendynamik usw. denkt. Die Absicht ist, kurze Statements zu sammeln, um die Stimmung der Gruppe einzufangen. Sehr wichtig ist dabei, daß keiner Bemerkung widersprochen werden darf. Die Äußerungen und Fragen der Mitglieder sollen nur von allen angehört werden. Zu den Äußerungen werden keine Fragen gestellt und keine Kommentare abgegeben. Dies ist eine sehr befreiende Erfahrung.

Berater- *interventionen* Die Interventionen der letzten Phase, vor allem im Bereich der Gruppendynamik, erfordern viel Fingerspitzengefühl. Viele Gruppenmitglieder verabscheuen es, Gefühle von Nähe, Kameradschaft und Verbundenheit zu zeigen.

Eine Führungskraft aus dem mittleren Management war mit ihrem Team durch schwierige Zeiten gegangen und wurde von der Gruppe respektiert und gemocht. Als jedoch die Gruppe ihre Zuneigung diesem Mann gegenüber äußerte, wurde ihm offensichtlich unwohl, und er erwiderte wenig darauf. In der folgenden Sitzung war er ungewohnt still und beteiligte sich kaum. Der Prozeßberater fragte, was los sei, worauf er wenig Reaktion bekam. Der Berater bot klugerweise die Deutung an, daß das Schweigen vielleicht mit dem positiven Feedback und der Zuneigung, die er in der vorhergehenden Sitzung erfahren hatte, zusammenhänge. Der Manager gab ihm widerstrebend recht und sagte, daß solche Gefühlsäußerungen am Arbeitsplatz fragwürdig seien. Er habe sich durch das Feedback verletzbar gefühlt und befürchte, die Kontrolle verloren zu haben, also inkompetent zu sein.

Die Gruppenmitglieder erklärten, daß seine Verletzlichkeit ihn sogar noch kompetenter erscheinen lasse und daß das Feedback eben ihre Art gewesen sei, sich bei ihm zu bedanken. Das Gespräch hatte eine starke Wirkung auf diesen Mann, der zugab, noch nie über so etwas gesprochen zu haben.

Zur nächsten Sitzung kehrte er mit neuer Energie und maximaler Beteiligung in die Gruppe zurück. Wäre der Prozeßberater unsensibel gewesen oder hätte er sich selbst dabei unwohl gefühlt, hätten weder der Manager noch die Gruppe davon profitiert, und die Arbeitseffektivität hätte sich ebenfalls nicht erhöht.

Der Prozeßberater muß möglicherweise seine eigene Person einbringen, um Gespräche über den Abschluß in Gang zu bringen: „In Situationen wie dieser, wenn ich eine Weile mit einer Gruppe gearbeitet habe, fällt es mir schwer, mich loszureißen – meine Sachen einfach zu packen und zu gehen. Ich vermute, ich bin nicht der einzige, dem es so geht."

Eine weitere Möglichkeit ist es, die Gruppenmitglieder dazu zu bringen, ihre Arbeit gemeinsam auszuwerten, damit sie Grundsätze daraus ableiten können: „Es könnte wertvoll sein, eine Weile darüber zu reden, wie sie sich dabei fühlen, was sie hier erreicht und wie sie miteinander gearbeitet haben."

Der Blick auf die Erfolge kann noch gefördert werden, wenn die Gruppenmitglieder ihre gemeinsame Zeit im Hinblick darauf betrachten, worauf sie stolz sind und was sie bedauern. Für eventuelle Trennungsängste kann der Prozeßberater zum Beispiel folgendes anbieten: „Es ist oft so, daß sich Gruppenmitglieder ein bißchen über die Beendigung der Gruppenzeit sorgen. Manchmal scheint es einfacher, sich dann zurückzuziehen. Ich frage mich, ob das hier wohl gerade geschieht."

Vielleicht müssen Sie die Wichtigkeit des Feierns und eines richtigen Abschlusses herausstellen. Daneben können Sie eigene Vorschläge zum Feiern und zu Formen der Anerkennung beisteuern, zusätzlich zu den Ideen, die Sie von der Gruppe entwickeln lassen. Ein paar Vorschläge zum Feiern, die die Gruppe in Betracht ziehen könnte, sind:

- Ehrungen in der Firmenzeitschrift
- Fotowände
- Treffen mit dem gehobenen Management
- Team-Anerkennungs-Tag
- Gemeinsames Essen
- Künstlerisch gestaltetes Erinnerungsgeschenk
- Trophäen
- Öffentliche Würdigung durch den Vorstand
- Sportveranstaltungen
- Freizeit
- Reise
- T-Shirts und Logos
- Anerkennungs-Buttons
- Öffentliche Würdigung des Beitrags jedes einzelnen

Zwischenüberlegung

Beschreiben Sie Ihre Gruppe. „Sie sind mit Ihrem besten Freund/Ihrer besten Freundin in einem geschlossenen Raum. Wie würden Sie dieser Person die Gruppe und deren Dynamik beschreiben?"

Oft haben Gruppenmitglieder intensive Gefühle bezüglich der Gruppe oder des Teams, möchten diese aber ungern öffentlich aussprechen. Außerdem haben sie sehr genaue Einsichten in bezug auf die Gruppendynamik. Eine einfache, aber wirkungsvolle Intervention ist es, die Gruppenmitglieder zu bitten, ihre Augen zu schließen und der obigen Aufforderung zu folgen.

Zusammenfassung   Dieses Kapitel hat eine ganze Palette von Interventionen für die verschiedenen Phasen
der Arbeitsgruppe ausgebreitet. Dabei sind dies nur einige
aus einer Vielzahl von Möglichkeiten. Jede Gruppe ist anders und ihre dynamischen Prozesse sind jeweils einmalig.
Das wissen vielleicht alle Prozeßberater, aber unabhängig
davon, wie treffend Ihre Interventionen und Ihr Engagement für den Prozeß auch sein mögen: *In manchen Gruppen läuft es einfach nicht!* Dafür gibt es viele verschiedene
Gründe.

Daß ein Prozeßberater zur Verfügung steht, kann sicherlich
helfen, manche Probleme zu bewältigen, die die Gruppe allein nicht überwinden könnte. Prozeßberater geben sich
manchmal die Schuld, wenn eine Gruppe nicht effektiv ist;
doch ist sein Einfluß auf die Richtung und das Lernpotenti-
al in der Gruppe im besten Fall begrenzt. Bei aller Kompetenz, Ausbildung und Erfahrung auf seiten des Prozeßberaters gilt in der Realität doch folgender Spruch: „Eine Gruppe ist nur so gut wie ihr schwächstes Mitglied."

In vielen Gruppen, mit denen wir arbeiten werden, wird es
Mitglieder geben, die Widerstand leisten, hart, unwillig zur
Kooperation sind, sich bewußt absondern und möglicherweise charakterliche und persönliche Probleme haben. Die
Auswirkung auf die Gruppeneffektivität ist im besten Falle
negativ und im schlimmsten Fall verheerend. Aber meist
läßt sich das verhindern, indem man die Gruppe informiert,
vorab eine Einschätzung vornimmt und einen guten Vertrag
mit ihr abschließt. Falls das Selbstwertgefühl eines Prozeßberaters davon abhängt, daß jede Gruppe, die er berät, erfolgreich ist, hat er wohl den falschen Beruf gewählt.

Kapitel 7 definiert und untersucht die Fähigkeiten, die erforderlich sind, um ein kompetenter, ausgewogener und effektiver Prozeßberater zu werden.

Planungsteam von Führungskräften

Als das Team weiterarbeitete, kam es zu Machtkämpfen darüber, wer was tun und wer welche Ressourcen erhalten sollte. Scott merkte, daß er auf tieferen Ebenen intervenierte, um die dynamischen Probleme an die Oberfläche zu bringen. Manche Gruppenmitglieder taten seine Interventionen als irrelevant ab.

Scott beschloß, seinen Vertrag neu zu verhandeln. Er erklärte, warum er die Interventionen vornehme und warum sie wichtig seien. Weil die Gruppenmitglieder sich einig waren, daß sie ein Hochleistungsteam sein wollten, seien intensive Interaktionen, Konfrontationen und Konflikte für die Kreativität wichtig. Dem stimmten die Gruppenmitglieder zu und beschäftigten sich erneut mit ihren ursprünglichen Arbeitsnormen, um nun auch die neuen Verhaltensweisen aufzunehmen. Außerdem bot Scott ein Reihe kreativer Problemlösungsmaßnahmen an, auf die die Gruppe zurückgreifen konnte. Die Vereinbarung über die neuen Normen und Methoden der Ideenfindung stellten einen wichtiger Durchbruch dar. Die Mitglieder machten ihr Ideen-Brainstorming, ohne Bewertungen vorzunehmen, und spornten sich in der Bewertungsphase gegenseitig mit großer Begeisterung an. Sie erfreuten sich an ihren kreativen Ideen, hatten jedoch weiterhin Schwierigkeiten, bei bestimmten Lösungen zusammenzuarbeiten.

Qualitätszirkel

Zirkel I. Die Mitglieder von Zirkel I kamen zur Sitzung mit der Bereitschaft, an den Fragen zu arbeiten, die sie in der vorhergehenden Woche als wichtig herausgestellt hatten. Kim machte den Vorschlag, jeweils etwas Zeit auf die Themen Konkurrenz, Besitzdenken und ungleiche Mitarbeit zu verwenden. Sobald sich die Gruppe darauf geeinigt hatte,

kam Phil gleich auf das Konkurrenzdenken innerhalb der
Gruppe und gegenüber den Zirkeln II und III zu sprechen.
Phil gab zu, immer die Oberhand behalten zu wollen. Nach
diesem Eingeständnis sprachen alle Mitglieder nun von ihrer „Konkurrenznatur", wie Zeb es nannte.

Da Kim erkannte, daß es zum Thema Konkurrenz noch
mehr zu bereden gab, fragte sie, ob die Gruppe auch über
Besitzdenken und ungleiche Beteiligung sprechen wolle. Die
Mitglieder entschieden, daß die zwei Angelegenheiten zu-
sammenhingen und daher zusammen besprochen werden
sollten. Der Rest der Sitzung war sehr intensiv. Kim pochte
auf Klarheit, faßte zusammen und bat um Paraphrasierun-
gen. Die Zeit verging rasch. Kim unterbrach die Diskussion
zehn Minuten vor Abschluß der Sitzung und fragte die Mitglieder, wie sie sich nun fühlten.

„Ich kann es gar nicht fassen, daß wir tatsächlich darüber
gesprochen haben", sagte Phil in Hochstimmung.
„Und was ist der nächste Schritt?" fragte Kim.

Die Gruppe beschloß, sich in der folgenden Sitzung wieder
der Aufgabe zu widmen. Die Mitglieder betonten erneut,
wie wertvoll es sei, daß Kim in ihrer Rolle als Prozeßberaterin die Dinge beim Namen nannte.

Zirkel II. Michael kam mit der Absicht zur nächsten Sitzung, mit der Gruppe neu zu verhandeln. Er hatte seinem
ursprünglichen Vertrag zwar nichts wirklich Neues hinzu-
zufügen, doch sollte es eine Gelegenheit sein, seine Erwartungen und die der Gruppe zu diskutieren und darüber zu
sprechen, wie tiefgehend er intervenieren könne. Nach diesem Gespräch hatte Michael das Gefühl, er habe die Legiti-
mation und Glaubwürdigkeit zu intervenieren, wann und
wie immer er es angemessen fand.

Michael nutzte die Diskussion auch, um anzusprechen, daß er bei der Gruppe Bedarf für weitere kreative Problemlösungstechniken sehe. Zu diesem Zeitpunkt verfügte Zirkel II nur über ein begrenztes kreatives Problemlösungsrepertoire. Eifrig stimmten die Mitglieder des Zirkels zu und baten um entsprechende Schulungsmaßnahmen.

Zirkel III. Das Gespräch mit der Managerin der Personalentwicklung verlief nicht nach Larrys Geschmack. Sharon, die Managerin, wollte Larry dazu bringen, sein eigenes Verhalten als Prozeßberater zu überprüfen, und nicht nur das der Teilnehmer.

Larry wehrte sich und behauptete: „Wenn die Gruppe doch nur tun würde, was ich ihnen sage, hätte sie nicht halb so viele Probleme."

Sharon schlug Larry ein Treffen mit Zirkel III vor, bei dem er die gruppendynamischen Probleme ansprechen sollte. Larry stimmte zähneknirschend zu, hielt es allerdings für Zeitverschwendung.

Bei der nächsten Sitzung des Zirkels verwies Larry darauf, daß nur 65 Prozent der Mitglieder anwesend seien. „Unsere Personalentwicklerin meint, daß es nicht allzu gut läuft. Sie möchte wissen, was los ist." Die Mitglieder reagierten apathisch oder leicht verärgert: „Wer hat Sharon erzählt, daß wir nicht gut vorankommen?"

Larry antwortete: „Ich habe mit ihr gesprochen."
„Warum haben Sie nicht zuerst mit uns darüber gesprochen?"
„Ich habe es versucht, aber es hat ja keinen interessiert."

Jason unterbrach: „Also, hören Sie, das ist doch alles Unsinn. Wir sind doch fast mit unserer Arbeit fertig. Machen wir weiter."

Einige nickten, und ohne weiteren Kommentar von Larry arbeitete Zirkel III an der Aufgabe weiter.

Krankenhausverwaltung

Um zu verhindern, daß sich die Gruppe durch gruppendynamische Themen festfuhr und nicht zu ihrer eigentlichen Aufgabe käme, intervenierte Laura häufig. Da sie wußte, daß es der Gruppe auch an Fähigkeiten für den methodischen Prozeß mangelte, schlug sie ein strukturiertes Vorgehen vor und brachte die Gruppe wieder dazu, sich auf ihre Arbeit zu konzentrieren. Sogar die gruppendynamischen Diskussionen wurden klar begrenzt bzw. thematisch festgelegt. So schlug Laura zum Beispiel ein Gespräch über offizielle und inoffizielle Rollen vor. Die offizielle Rollenverteilung schien ihr leichter zu erörtern als die inoffizielle. Weil dies jedoch mit Verantwortung und Autorität zusammenhing, waren Zuständigkeitsfragen zunächst wichtiger.

Laura machte den Vorschlag, daß die Gruppe mit der Planung fortfahren und später auf das Thema Rollen zurückkommen solle, wenn dies für den Arbeitsplan wichtiger geworden sei. Die Mitglieder unterstützten diesen Vorschlag, teils, weil sie ihn für richtig hielten, teils, weil sie sich noch nicht mit dem Konflikt auseinandersetzen wollten, jetzt, wo sie gerade einige Arbeit zustande brachten.

Lucia, die Leiterin des Pflegepersonals, verhielt sich immer unkooperativer. Sie sprach laut und war aggressiv. Sie behauptete arrogant, ganz allein zu wissen, was im Krankenhaus wirklich los sei, und reagierte herablassend auf die Äußerungen anderer. Ihr störendes Verhalten schien noch stärker zu werden, wenn Laura versuchte, die Gruppe wieder auf die Aufgabe zu lenken. Als Laura einmal interveniert hatte, äußerte Lucia, daß es Zeitverschwendung sei, den methodischen Prozeß zu verfolgen. „Wir sollten uns einfach hinsetzen und die Dinge durcharbeiten."

Andere Mitglieder waren sichtlich dagegen. Laura sprach Lucia an: „Als das vorher versucht wurde, hat es anscheinend nicht geklappt. Die Gruppe meinte, mit Konflikten oder intensiven Gefühlen noch nicht richtig umgehen zu können. Ist das jetzt anders?"
Dazu Jeremy: „Wir sind immer noch nicht ganz soweit, uns miteinander auseinanderzusetzen."
Lucia erwiderte: „Wenn Sie nicht den Mumm für ein paar klare Worte haben, tut es mir leid."

Jeremy wurde rot und schaute zu Boden.

Laura daraufhin: „Lucia, wenn diese Bemerkung an mich gegangen wäre, würde ich mich herabgesetzt fühlen. Ich wäre sauer und wütend auf Sie."
Lucia zuckte mit den Achseln: „Ich habe es aber nicht zu Ihnen gesagt."
Da antwortete Jeremy: „Nein, Sie haben es zu mir gesagt, und ich fühle mich so, wie Laura es beschrieben hat."

Laura intervenierte: „Nämlich wie...?"

Jeremy: „Ehrlich gesagt, ich bin stocksauer. Ich glaube, einer der Gründe, warum wir mit Konflikten so Schwierigkeiten haben, ist Ihr Verhalten, Lucia. Sie machen dauernd jemanden nieder ..., so wie mich gerade eben. Normalerweise sage ich nichts, aber diesmal hat Laura es mir leichter gemacht, meine Meinung zu sagen."

Lucia begann ihre Position zu verteidigen.

Laura unterbrach sie: „Ich würde vorschlagen, daß Sie erst einmal Jeremys Beobachtung prüfen. Möchten Sie nicht wissen, wie die anderen dazu stehen?"

Lucia war bereit, das Feedback anzuhören. Nacheinander sagten die Mitglieder Lucia, wie einschüchternd sie auf die

anderen wirkte. Manche räumten ein, sie seien selbst verantwortlich, wenn sie Lucia gestatteten, die Gruppe zu be-
herrschen. Andere beschrieben nur Lucias Verhalten. Laura
fragte in regelmäßigen Abständen bei Lucia nach, ob das
Feedback nützlich sei und ob sie damit weitermachen wolle. Sie stimmte beidem zu.

Anschließend fragte Laura: „Lucia, was ist bei Ihnen angekommen?"

Lucias Antwort: „Mensch, ich hatte überhaupt keine Ahnung, daß ich so dominant wirke. Dabei hätte ich es mir
denken können, denn mein Mundwerk hat mich schon
früher manchmal in Schwierigkeiten gebracht. Ich hatte nur
wirklich genug davon, Zeit mit Dingen zu verschwenden,
die ich für unwichtig halte. Und keiner möchte dem anderen wehtun."

Laura fragte die Gruppe: „Wie stehen die anderen dazu?"

Zum ersten Mal begannen die Gruppenmitglieder über ihre
eigenen Ängste vor Konfrontation zu sprechen und wie sie
deswegen in eine Sackgasse geraten waren. Allmählich zeigte sich, daß Lucia nur das Sprachrohr für die Frustrationen
der Gruppe gewesen war. Das Gespräch hatte eine befreiende Wirkung auf die Mitglieder, die sich nun neu formierten
und erörterten, wie sie vorankommen könnten. Am Ende
der Sitzung beschlossen sie, das Gespräch bei ihrem nächsten Treffen fortzusetzen.

7 Was ein Prozeßberater können sollte

Kann jeder Prozeßberater von Gruppen werden? Die Antwort lautet: im Prinzip ja. Kann jeder ein erfolgreicher Prozeßberater werden? Hier sind zumindest Zweifel angebracht, oder die Antwort lautet sogar: nein. Dieses Kapitel beschäftigt sich deshalb mit der Rolle des Beraters und den Fähigkeiten, die er für seine Arbeit braucht. Abschließend wird dem Prozeßberater nahegelegt, einen persönlichen Entwicklungsplan aufzustellen, um sich weiter zu schulen, zu üben und seinen Erfahrungsschatz zu erweitern.

Dimensionen der Aufgabe Um auf die Eingangsfrage zurückzukommen: Selbstverständlich kann man jemanden in Prozeßberatung ausbilden. Wie zu vermuten, ist dabei das, was mit den methodischen Fragen der Aufgabenbewältigung zusammenhängt, am leichtesten zu erlernen. Und gerade dies sorgt im Beratungsbereich für Probleme. Denn oft stellen sich – externe wie interne – Berater, die eine minimale Ausbildung in Gruppendynamik und gruppendynamischen Interventionen haben und im besten Fall ein Quentchen an zwischenmenschlichen Fähigkeiten besitzen, als „Prozeßexperten" dar. Dabei haben sie sich bisher nur mit methodischen Dingen beschäftigt. Wenn die Gruppe aufgrund eines zwischenmenschlichen Konflikts oder anderer gruppendynamischer Prozesse ins Stocken gerät, fehlt solchen Beratern das nötige Instrumentarium, mit denen sie die Situation bewältigen können.

Das Scheitern von Gruppen – dazu gehören auch Sondereinheiten, Qualitätszirkel und Ad-hoc-Gruppen – läßt sich wahrscheinlich zu einem hohen Prozentsatz auf ungenügende Schulung, fehlendes Verständnis für die Bedeutung der Gruppendynamik sowie zwischenmenschliche Ungeschicklichkeit des Beraters zurückführen. Es wird wenig oder gar nicht zwischen verschiedenen Anbietern verglichen, und es gibt keine Lizenz bzw. kein echtes Zertifikat, das Kompetenz belegen könnte.

Fast scheint es so, als könne gegenwärtig jedermann Organisations- oder Personalentwicklungsberater werden. Personen mit wenig oder gar keiner Ausbildung werden dazu berufen, Prozeßberatungen vorzunehmen. Oft hören wir Geschichten wie: „Gestern war ich noch Ingenieur. Meine Abteilung soll verschlankt werden. Da hat mich das Management gefragt, ob ich in der Personalentwicklung mit Gruppen arbeiten wolle."

Gibt es auch das Gegenteil, nämlich daß Mitarbeiter aus der Personalentwicklung gefragt werden, ob sie eine Stelle im Maschinenbau haben wollen? Es herrscht die Vorstellung, daß jeder mit zwischenmenschlichen Beziehungen und Gruppendynamik umgehen könne. In Wirklichkeit sind jedoch menschliches Verhalten und gruppendynamische Prozesse weit komplexer als die meisten anderen Bereiche und mindestens so komplex wie der Maschinenbau! Da jeder Mensch „Gefühle" hat und an sozialen Interaktionen beteiligt ist, halten sich viele für geborene Experten auf diesem Gebiet.

Vor kurzem hörte ich entsetzt von sogenannten Gruppenspezialisten, die nach einer einjährigen oder noch kürzeren Ausbildung als unabhängige Berater arbeiteten, Workshops und kleine Gruppen leiteten und Organisationen berieten. Leider leben wir in einer Zeit, in der sich viele Leute im beruflichen Sektor mit dem Titel „Berater" schmücken möchten. Ob nun die Vorstellung von Geld oder Prestige-Denken dahintersteckt – der Berater von heute „entsteht" innerhalb weniger Monate, ohne zuerst in einer Art Ausbildungsverhältnis zu arbeiten, zu dem auch intensive Supervision gehört (REDDY 1985, 106).

Vor bald zwanzig Jahren schrieb HARRY LEVINSON (1977):

> Ich bin der Meinung, daß man bei den Führungskräften in Organisationen ein schärferes Bewußtsein dafür bilden muß, wie komplex die Dinge sind, mit denen sie zu tun haben. In der Wirtschaft wird viel darüber geredet, pragmatisch und hartgesotten zu sein. Man warnt uns davor, uns die Haare wachsen zu lassen und abstrakt und komplexer zu werden. Aber je komplexer es wird, umso abstrakter muß die Wissensbasis werden. Man kann von einem Kesselflicker, der einen alten Ford repariert, nicht verlangen, daß er die Defekte einer Raumkapsel genauso gut behebt.

Vier Hauptfähigkeiten

Was sollte ein Prozeßberater wissen und können? In diesem Kapitel behandeln wir, welche Fähigkeiten und Kenntnisse ein Prozeßberater braucht und wie er sie erwerben kann.

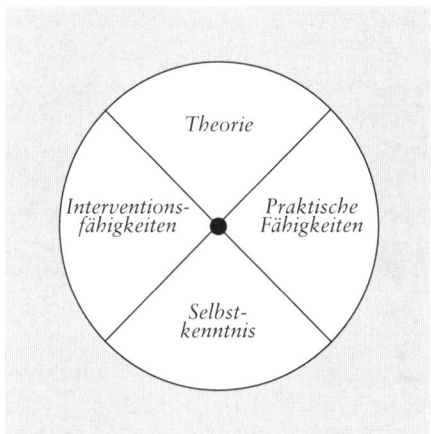

Abb. 24:
Rad der Fähigkeiten
und Kenntnisse

Abbildung 24 zeigt die vier wichtigsten Fähigkeiten und Kenntnisse, die ein erfolgreicher Prozeßberater haben muß: *theoretisches Wissen, praktische Fähigkeiten, Interventionsfähigkeiten* und *Selbstkenntnis*. Die Theorie gliedert sich dabei in Lernen, Veränderung, Gruppendynamik, Prozeßberatung von Gruppen und Evaluation. Im Rahmen der

praktischen Fähigkeiten untersuchen wir das Aushandeln
von Verträgen, die Gruppenbeobachtung, Trainingsmaßnahmen, Strukturen und Einschätzungen. Zu den Interventionsfähigkeiten gehören der methodische und der gruppendynamische Bereich sowie die Konfliktbewältigung. Der
letzte wichtige Bereich, die Selbstkenntnis, umfaßt Persön-
lichkeitsentwicklung, Werte, Stil, das Geben und Annehmen von Feedback, die Bewältigung von Unterschieden,
Stärken und Grenzen, Geschlecht und Intuition.

Die relative Größe der Felder in Abbildung 24 sagt nichts
über deren jeweilige Wichtigkeit oder Priorität aus. Ich persönlich halte bei der Prozeßberatung von Gruppen allerdings die Selbstkenntnis für das Wichtigste.

Theorie In diesem Hauptbereich werden wir fünf Wissensbe-
reiche näher betrachten.

Lerntheorie Prozeßberater müssen allgemein wissen, wie Menschen lernen, wie Menschen innerhalb einer Gruppe
lernen und wie Gruppen lernen. Über das Thema Lernen ist
schon über hundert Jahre lang geforscht worden. Der Berater muß zwar kein tiefgreifendes Wissen über Lerntheorien
besitzen, aber es ist doch sehr nützlich, die wichtigen Faktoren zu kennen, wie zum Beispiel den Unterschied zwischen Lernen am Stück („massed learning") und Lernen in
Sequenzen („spaced learning"), optimale Lernbedingungen
und Lernkurven (ZECHMEISTER & NYBERG 1982) oder Ansätze wie die Orientierung an Vorbildern („modeling") und
Verstärkung („reinforcement").

Veränderungs- Mit dem Lernen zusammenhängend, jedoch
theorien näher an der Praxis ist die Frage, welche Bedingungen herrschen müssen, damit Menschen be-
reit sind, ihr Verhalten zu ändern. SCHEIN (1961) beschreibt drei Stadien der zwischenmenschlichen Veränd-
rung: die Auflösung des alten Verhaltensmusters („unfree-

zing"), die Veränderung („changing") und die Stabilisie-
rung des neuen Verhaltens („refreezing"). Scheint betont,
daß man möglicherweise erst etwas ver-lernen muß, bevor
man etwas neu lernen kann. Deshalb kann es sein, daß ein
Gruppenmitglied sich durch ein Feedback erst einmal ver-
unsichern lassen muß, bevor es die alten Verhaltensweisen
gegen effektivere eintauscht.

ACKERMAN (1986) spricht von Entwicklungs-, Übergangs-
und Transformationsveränderungen. Bei der Entwicklungs-
veränderung geht es darum, etwas zu verbessern, das bereits vorhanden ist. Die sogenannte Übergangsveränderung
zielt auf einen bekannten bzw. vereinbarten Endpunkt und
bewegt sich in einer geregelten Zeitspanne auf ihn zu. Die
Transformationsveränderung geht ins Unbekannte. Die
Form des neuen Zustandes ist erst im Entstehen begriffen
und entwickelt sich typischerweise aus der Beendigung eines früheren – oft chaotischen – Zustands. Anders als bei
der Entwicklungs- oder Übergangsveränderung ist die zeitliche Organisation bzw. Kontrolle bei der Transformationsveränderung im besten Falle schwierig.

Was hat dies mit der Kleingruppe, mit dem Team zu tun?
Beim Gespräch über Ziele und Visionen kann der Prozeßberater dem Team helfen, festzustellen, in welche Richtung
es möchte, was es verändern möchte und welche Strategien
es gibt, dies zu erreichen.

Diese Theorien zeigen, daß der Prozeßberater herausfinden
muß, welche Art der Veränderung für eine effektive Arbeit
erforderlich ist und in welcher Weise Interventionen und
Feedback am besten zu dieser Veränderung führen.

Gruppendynamik   Es mag seltsam klingen, aber ich treffe jedes
                   Jahr auf zahllose praktizierende Berater, die
weder eine Ausbildung oder einen Kurs in Gruppendynamik absolviert noch ein Buch über dieses Thema gelesen

haben. Sie sind der Überzeugung: „Es gibt nur, was man sieht." Wie wir besprochen haben, gibt es allerdings mehr als nur das beobachtbare Verhalten. Es gibt an den Universitäten viele ausgezeichnete Seminare zum Thema Gruppendynamik. Außerdem gibt es dazu hervorragende Texte, unter anderem von TUBBS (1992), FORSYTH (1990) und SHAW (1981). Behandelt werden darin u. a. Gruppenbildung, physische Umgebung, Entwicklung, Sozialisation, Struktur, Zusammensetzung, persönliche Merkmale, Leitung, Konflikt, Veränderung, Problemlösung und Entscheidungsfindung, Effektivität und Kommunikationsprozesse.

Zwischenüberlegung

Formulierungen zum Ausdruck von Gefühlen.
1. „Ich glaube, ich bin vielleicht wütend."
2. „Ich glaube, ich bin wütend."
3. „Ich glaube, ich fühle Wut."
4. „Ich fühle Wut."
5. „Ich bin wütend."
6. „Verdammt!"

Achten Sie sorgfältig darauf, welche Formulierungen die Gruppenmitglieder verwenden, wenn sie Gefühle äußern. Die ersten drei der oben genannten Beispiele beschreiben Gefühle als Gedanken. Die letzten drei werden fortschreitend immer direkter in ihrem Ausdruck. Durch Verwendung der Zahlen von 1 bis 6 kann der Berater die Intensität der emotionalen Äußerungen einer Gruppe und ihrer einzelnen Mitglieder quantifizieren.

Spezifische Dynamiken der Prozeßberatung von Gruppen

Es gibt bestimmte Bereiche, die für die Prozeßberatung von Gruppen spezifisch sind und die dem Berater bekannt sein sollten, nämlich der Ablauf einer Prozeßberatung, das Aushandeln von Verträgen, der methodische und der gruppendynamische Prozeß sowie Interventionsarten, -adressaten, -intensität und -tiefe. Frühere Kapitel dieses Buches haben sich ausführlich mit diesen Themen beschäftigt; welche Bedeutung ich ihnen beimesse, liegt auf der Hand.

Evaluation Normalerweise wird der Prozeßberater nicht gerufen, um den Fortschritt der Gruppe in Richtung auf ihr Ziel formal zu beurteilen, doch kann es sein, daß er ihn für sein eigenes, besseres Verständnis der Gruppe einschätzen muß. Zielkriterien, das Vorankommen bei der Aufgabe und Etappenerfolge werden als Bezugspunkte für Interventionen verwendet. Die Literatur zu Fragen der Evaluation von GOODSTEIN und GOODSTEIN (1991), GROVE und OSTROFF (1990) und KIRKPATRICK (1959, 1960) sind hierzu besonders hilfreich. Nach KIRKPATRICK (1967) müssen mehrere Bedingungen erfüllt sein, damit Teilnehmer von einem Training profitieren. Für ein Team von Gruppenmitgliedern sind es die folgenden:

1. Die Gruppenmitglieder müssen Gelegenheit haben, das Gelernte – mit der Unterstützung eines Supervisors – anzuwenden und zu üben.
2. Die Anwendung des Gelernten muß eine erkennbare Beziehung zur Arbeitseffektivität haben.
3. Es muß dem Teilnehmer ein Anliegen sein, die Arbeitsleistung zu verbessern.

PATTON (1981) bietet eine bemerkenswerte Liste mit den verschiedensten Fragen, die der Evaluation dienen. Darin findet man 100 konkrete Ansätze von A bis Z: angefangen bei *Accessibility focus* (In welchen Maße haben Kunden Zugang zu den Dienstleistungen der Gruppe?) über *Norm-referenced focus* (Wie verhält sich diese Gruppe im Vergleich zu Normgruppen?) bis zu *Zounds approach* (Wie können wir durch unerwartete Evaluationsergebnisse überraschen?).

Während der Prozeßberatung findet eine weitere Form der Evaluation statt: „Wie effektiv arbeitet der Prozeßberater

mit der Gruppe? Ist der Berater durch seine eigene Person
Vorbild für effektive Verhaltensweisen? Führen die Mitglieder den methodischen und den gruppendynamischen Prozeß selbst durch?" Wenn dies nicht der Fall ist, das heißt,
wenn die Mitglieder nicht bei der Sache bleiben oder sich
ganz auf die Interventionen des Beraters verlassen, muß
sich der Berater die verschiedenen Dimensionen einer effektiven Beratung Revue passieren lassen und die Bewertungskriterien anwenden. Ein sogenanntes *Blitzlicht* (siehe Seite
163) auf Vorschlag des Beraters wird den Teilnehmern die
Gelegenheit geben, ihre Gedanken und Gefühle bezüglich
der Beratung zu äußern, ohne ihre Bemerkungen verteidigen zu müssen.

Praktische Fähigkeiten   Neben einer fundierten Theorie zur Prozeßberatung und entsprechenden Kon-
zepten muß der Berater auch praktische Fähigkeiten im
Aushandeln von Verträgen, in der Beobachtung und Schulung besitzen.

Aushandeln   Verträge auszuhandeln ist gleichzeitig ein wichti-
von Verträgen ges Prinzip und eine entscheidende Fertigkeit. Als
Berater muß man das Prinzip vertraglicher Vereinbarungen verstanden haben und wissen, was das Einhalten
festgelegter Grenzen bedeutet. Außerdem muß man einen
Gruppenvertrag so aushandeln können, daß sich die Mitglieder motiviert und psychisch sicher fühlen. Das ist nicht
leicht. Vertragsverhandlungen verlangen Geschick, Mitgefühl und viel Übung. MCGONAGLES (1981, 1982) Arbeiten
dazu sind sehr lesenswert. MCGONAGLE (1981) bietet als
Leitfaden zwölf Bereiche, die in einem Vertrag in ebenso
vielen Paragraphen behandelt werden können:

1. Vertragsbedingungen einschließlich Zeitvorgaben,
2. Art der Maßnahmen des Beraters,
3. Einzelheiten und Zeitplan der Vergütung,
4. Arbeitseinrichtungen,

5. Berichte und erwartete Ergebnisse,
6. Erwartungen des Beraters als unabhängiger Vertragspartner,
7. Vereinbarung über das Ende des Vertrags,
8. Vertraulichkeit,
9. Verantwortlichkeiten und Unterverträge,
10. Regelung von Meinungsverschiedenheiten,
11. Abänderungen des Vertrags und
12. Abschluß und Unterzeichnung des Vertrags.

Beobachtung   Eine der besten Möglichkeiten, etwas über Gruppen zu lernen, besteht darin, sie in Aktion zu beobachten. Dies kann unmittelbar geschehen oder über ein Videoband – das man anhalten, wiederholt abspielen und besprechen kann, ohne die Gruppe zu stören. Man kann Beobachter schulen, bestimmte Dinge zu beobachten (HANSON 1972; McCALL & SIMMONS 1969; SIMON & BOYER 1974) und Interaktionen aufzuschlüsseln (BALES & COHEN 1979). Man kann zum Beispiel den Schwerpunkt darauf legen, wer wie oft mit wem spricht, wer großen oder geringen Einfluß hat, welche Werte es sind, die die Gruppe in der Praxis antreiben, wie das Gruppenklima ist, ob sich Untergruppen bilden, wer wen unterstützt, welche Entscheidungsverfahren die Gruppe einsetzt, ob eine Entscheidung implizit oder explizit erfolgt ist und welche Normen sich bezüglich Anwesenheit, Konflikten, Kommunikation, Geschlecht und Hautfarbe herausgebildet haben.

Durchführung von   Prozeßberater werden manchmal geholt,
Trainingsmaßnahmen   um auf der Ebene von Handeln und Fertigkeiten zu intervenieren oder um didaktische Informationen zu präsentieren. Präsentations- und Schulungskenntnisse, Trainingsfertigkeiten und -erfahrung sind hierfür unabdingbar. Gruppenberater, die Schulungen durchführen können, haben außerdem einen „Sack" voller Aktivitäten, Übungen und Techniken dabei, auf die sie, wenn nötig, zurückgreifen können. Dazu gehören Spiele,

um das Eis zu brechen, ein Problemlösungsschema und
kreative Problemlösungstechniken, kurze Theorieeinheiten,
Kommunikationstechniken wie das Paraphrasieren und
Methoden, um Konflikte zu bewältigen. Schulungsfertigkei-
ten braucht der Berater auch, wenn er er geholt wird, um
einer Organisation oder Einheit die Prozeßberatung zu
„verkaufen". Wann sollte man sitzen, wann besser stehen?
Ist es günstig, einen Overhead-Projektor zu verwenden oder
besser ein Flipchart? Die Fähigkeit, sich selbst zu präsentieren und vor Publikum zu agieren, ist ein wertvolles Kapital.
KELLEY (1975) bietet folgende Planungs- und Stilüberlegungen zur Bewertung einer Trainingssitzung.*

Planungs-Überlegungen:
1. Ziele und Vorbereitung
2. Richtungen
3. Kurzreferate
4. Bearbeitung
5. Zeitvorgaben
6. Umsetzung
7. Teilnehmer und Belegschaft
8. Materialien
9. Einrichtung und Atmosphäre

Stilüberlegungen:
1. Stimme
2. Verbales Verhalten
3. Interventionen
4. Ko-Moderation

Struktur   In den meisten Organisationen wird es kaum Gelegen-
          heit geben, in gänzlich unstrukturierten Gruppen –
wie etwa beim Sensitivity-Training – zu arbeiten. Trainings-
und Übungssitzungen mit solchen quasi-unstrukturierten
Gruppen sind dennoch von unschätzbarem Wert. Die Aufgabenstellung ist möglicherweise unpräzise. Doch die Lee-

---

*Aus „Guidelines for Critiquing a Training Presentation" von C. A. Kel-
ley, 1975, in: Small-Group Training in Theory and Practice: Workshop
Participant Book. San Diego, CA: Pfeiffer & Company. Genehmigter
Nachdruck.

re, die durch die Unklarheit entsteht, wird durch das Verhalten und die Äußerungen der Mitglieder ausgefüllt. Das gruppendynamische Verhalten dort kommt manchmal geradezu einer Karikatur gleich, so daß es für den Beobachter entsprechend leicht zu erkennen ist. Auf diese Weise läßt sich tatsächlich ganz wunderbar etwas über Gruppen und Gruppendynamik lernen, von dem einiges auf unseren normalen Arbeitskontext übertragen werden kann. Wir arbeiten dort zwar nicht mit völlig unstrukturierten Gruppen, doch sind auch dort viele Fragen, Probleme und Anliegen recht mehrdeutig. Die dynamischen Prozesse dort sind dieselben wie die in der „Übungs"-Gruppe.

Die meisten internen und externen Berater arbeiten mit strukturierten Gruppen. Das heißt, der allgemeine Auftrag, die Aufgabe bzw. die Ziele der Gruppe sind den Mitgliedern als an sie gestellte Erwartungen bekannt, zum Beispiel der Abschluß eines geplanten Projekts. Zur Dynamik von strukturierten Gruppen, zu ihren Phasen, ihrer Kommunikation, ihren Problemlösungen usw. kann man sehr viel Informationen sammeln. Ein Tagebuch oder Logbuch zu führen, während man eine Gruppe beobachtet, kann für das Verständnis der Gruppe und der eigenen Rolle von unschätzbarem Wert sein.

Einschätzung   Ich bin immer von klinischen Psychologen beeindruckt, die später Prozeßberater geworden sind. Am Anfang ihrer Ausbildung stehen unter anderem Einschätzungstheorie, Psychometrie, Interviewtechniken und Interventionspraxis auf dem Lehrplan. Es fehlen ihnen zwar zunächst vielleicht die nötigen Fertigkeiten zur Gruppenintervention, doch sind sie meist sehr geschickt darin, Einzelpersonen und Gruppen einzuschätzen und Interventionen *für den einzelnen* zu entwickeln. Die Einschätzung, sowohl von Einzelpersonen als auch von Gruppen, ist eine Fähigkeit, die Interviewtechniken und -wissen sowie den Einsatz entsprechender Instrumentarien erfordert. Wie in

einem früheren Teil ausgeführt, kann die Gruppeneinschätzung traditionell durch Untersuchung der einzelnen Mitglieder und durch Erhebungen und Persönlichkeitstests vorgenommen werden. Die Gruppe kann allerdings auch mittels eines moderneren Verfahrens eingestuft werden, nämlich durch die Gruppe selbst: Alle Mitglieder sind anwesend
und liefern eine gemeinsame Datenbasis (REDDY & PHIL-
LIPS 1992). Sehen wir uns diese zwei Möglichkeiten noch
einmal kurz an.

Gruppeneinschätzung   *Interviews.* Die effektivste Art, das Inter-
über die Einzelperson   viewen von Einzelpersonen zu lernen, ist
                               es, die Gespräche unter Supervision
durchzuführen oder mit Video aufzuzeichnen. Natürlich
muß man wissen, was man erfahren möchte, wie das Gespräch zu strukturieren ist, wie man den Gesprächspartner
aus der Reserve lockt und vor allem wie man eine Beziehung herstellt (DEXTER 1970). Die grundlegenden Kommunikationsfähigkeiten wie genaue Einfühlung, Fragenstellen
und Paraphrasieren müssen erlernt werden. Man braucht
einen Bezugsrahmen, um die Daten, die man erhalten hat,
einordnen zu können, und man muß bereit sein, der Gruppe die Informationen in verständlichen Begriffen mitzutei-
len. Auch Schreibfertigkeiten sind wichtig, denn man wird
immer wieder gebeten, einen formalen Bericht für die
Gruppe einzureichen.

Einschätzungsverfahren. Es gibt viele Verfahren für Gruppen,
Teams und Einzelpersonen, die dem Berater helfen, die Gruppe einzustufen (PFEIFFER, HESLIN & JONES 1973). Manche
gehen global vor und greifen allgemeine Themen oder auch
dysfunktionale Aspekte der Gruppe auf. Andere sind sehr
speziell ausgerichtet und konzentrieren sich auf Kreativität,
Konflikte, Kommunikation, Entscheidungsfindung usw.

Eine Hauptschwierigkeit ist die Gültigkeit solcher Verfahren. Viele – vielleicht die meisten – sind weder gültig noch

zuverlässig. Manche von ihnen werden lediglich aus Profit-
gründen auf den Markt gebracht. Das heißt, die Mittel
werden für den Verkauf oder als Marketinginstrument eingesetzt. Immer öfter findet man ein „XY-Verfahren" als
zertifiziertes Drei-Tage-Programm angeboten. Manche Zer-
tifikationsprogramme sind tatsächlich nützlich und schützen sowohl den Klienten als auch den Berater, andere dienen jedoch nur dazu, den Berater zum Einsatz eines bestimmten Verfahrens zu drängen und zu überwachen. Wenn
es dem Prozeßberater bei der Verwendung der Methoden
ernst ist, gibt es Kurse und Bücher über Tests, Testanord-
nungen und Psychometrie. Tests, Meßmethoden und andere
Verfahren sind in der Gruppenarbeit, der Organisationsentwicklung und im Schulungswesen das große Geschäft. Leider sind manche beliebten Instrumente wie zum Beispiel der
Myers-Briggs-Type Indicator (MBTI) zur populärpsycholo-
gischen Masche geworden. Dabei ist die menschliche Persönlichkeit vielschichtiger, als daß man eine Person auf ein
Etikett mit vier Buchstaben reduzieren könnte. LUFT,
KINGSBURY und SCHRADER (1990) verurteilen diese Entwicklung. Sie weisen auf den generellen Mißbrauch der
Psychometrie, insbesondere des MBTI, hin. Sie halten dieses Verfahren für wenig stichhaltig und beklagen die unzu-
reichende Forschung auf dem Gebiet und den zu häufigen,
modischen Gebrauch durch mangelhaft ausgebildete Leute.
Das Committee on Techniques for the Enhancement of Human Performance des National Research Council (1991)
hat den Einsatz des MBTI bei Karriereberatungsprogram-
men in Frage gestellt: „Zum gegenwärtigen Zeitpunkt gibt
es keine ausreichend fundierte Forschung, die den Gebrauch des Myers-Briggs Type Indicator rechtfertigen würde, ... Die meisten existierenden Belege basieren auf unzu-
reichenden Methoden" (15).

Gruppeneinschätzung   In Kapitel 3 wurden die Vor- und Nach-
durch die Gruppe   teile der traditionellen Einschätzung zu-
                           sammen mit den Vorteilen, die die Ein-

schätzung durch die Gruppe selbst mit sich bringt, untersucht. Viele verschiedene Techniken können dabei eingesetzt werden.

Interviews. Wenn alle Mitglieder damit einverstanden sind, kann die gesamte Gruppe befragt werden. Es gibt viele Varianten dieser Vorgehensweise. Der Berater kann zum Beispiel Einzelpersonen, Paare oder Dreiergruppen interviewen, während der Rest der Gruppe zusieht. In einem Fall befragten sich jeweils zwei Mitglieder gegenseitig und berichteten dann der Gesamtgruppe die Ergebnisse.

Bei einem guten Vertrag zwischen Klienten und Berater und einer starken Führungskraft und Gruppe kann ein leerer Stuhl (der die Führungskraft symbolisiert) in die Mitte des Raumes gestellt werden. In Wirklichkeit sitzt die Führungskraft auf der Seite und hört zu. Die Gruppenmitglieder teilen dem Stuhl ihre Anliegen, Sorgen und Probleme mit. Die Führungskraft hört zu, während die Daten vorgebracht werden werden. Wie bei anderen Verfahren auch, werden die Grenzen hier nur durch den Prozeßberater und die Gruppenmitglieder selbst bestimmt.

Einschätzungsverfahren. Wie die Interviews können auch schriftliche Verfahren bei einer Gruppe eingesetzt werden. Zwar wird in manchen Fällen vielleicht die Psychometrie und Standardisierung der Verfahren nicht eingehalten, der Vorteil ist dabei jedoch, daß die Mitglieder die betreffenden Fragen interaktiv diskutieren. Zum Beispiel kann der Berater bestimmte Fragen aus dem Erhebungsbogen an die gesamte Gruppe richten, und die Gruppe versucht, bei den Antworten zu einem Konsens zu kommen. So vorzugehen, sorgt für viel Diskussion und trägt dadurch wiederum zur gemeinsamen Datenbasis bei.

Wenn Gruppenmitglieder den Fragebogen einzeln ausfüllen, muß der Berater bereit sein, die Ergebnisse sofort mit der

Gruppe zu besprechen. Man kann Untergruppen bilden und unterschiedliche Aufgaben zur Datensammlung und daraus folgende Handlungsschritte verteilen. Wie immer, werden die Daten und die vorgeschlagenen Handlungsschritte allen mitgeteilt. Diese Methoden sind *Handlungsforschung*, wie sie sein soll. Das heißt, sobald die Daten erhoben worden sind, werden sie mitgeteilt und eingesetzt, um die vorhandenen Probleme zu verstehen, zu definieren und erste Maßnahmen zu finden.

Laufende Einschätzung Während der laufenden Gruppenarbeit ist der Prozeßberater damit beschäftigt, die Dynamik auf der Gruppenebene, der zwischenmenschlichen Ebene und der individuellen Ebene einzuschätzen. Der Berater muß sich der individuellen – praktizierten oder unterlassenen – Verhaltensmuster und der dynamischen Prozesse bewußt sein. In Kapitel 5 wurde das Formular mit den „Zehn Indizien" eingeführt. Mit der Zeit prägt sich der Prozeßberater diese und andere Indizien ein. Genauso erkennt und erläutert der Berater Inkongruenzen zwischen dem, was die Gruppenmitglieder bzw. die Gruppennormen sagen, und wie ihr tatsächliches Verhalten ist.

Interventions- Zu diesen Fähigkeiten zählen der methodische
fähigkeiten und der gruppendynamische Bereich sowie das Konfliktmanagement.

Methode Manche Neulinge glauben, daß das Arbeiten mit einer Gruppe nur aus der Gruppendynamik bestehe. Sie scheuen sich, Mittel zu erlernen und zu verwenden, die es schon lange gibt, die sich als wertvoll erwiesen haben. Es gibt sechs wichtige aufgabenbezogene Bereiche und Gruppen von Techniken, die der Prozeßberater vielleicht in seinen „Werkzeugkasten" aufnehmen mag:

1. Leitbild, Auftrag, Ziele
2. Entscheidungsstrategien

3. Problemlösungssequenzen
4. Techniken der Datensammlung und Prioritätensetzung
5. Kreative Problemlösungstechniken
6. Konfliktbewältigung

Leitbild,   Gruppe müssen bestimmen, wer sie sind, wohin sie
Auftrag, Ziele wollen, warum sie gebildet wurden und wie sie
                  ihre Ziele erreichen können. Der Prozeßberater
kann bei diesem Prozeß helfen, wenn er die Techniken
kennt, mit denen ein Leitbild entworfen, der Auftrag definiert und Ziele gesetzt werden. Es ist schon viel zu diesem
Thema geschrieben worden, vor allem PETER BLOCKS (1987,
dt. 1992) Ausführungen sind nützlich, ebenso was GOOD-
STEIN, NOLAN und PFEIFFER (1992) dazu geschrieben haben.

Entscheidungs- Seit Mitarbeiterbeteiligung, Qualitätszirkel und
strategien   das Teamprinzip aufgekommen sind, gehen man-
                  che davon aus, daß über jede Entscheidung ein
Konsens getroffen werden müsse. Einstimmigkeit ist zwar
ein wertvolles Prinzip, jedoch sollte man es am besten nur
auf Probleme anwenden, die sowohl Qualität als auch Ak-
zeptanz erfordern (MAIER 1963). Mehrheitsvotum, Mehr-
fachnennung und Expertenentscheidungen haben alle ihren
Platz (FISHER 1974).

Sogar in Situationen, in denen ein Konsens angebracht ist,
gibt es unterschiedliche Möglichkeiten. So ist es zum Beispiel nicht ungewöhnlich, daß ein oder zwei störrische oder
unkooperative Gruppenmitglieder die Gruppe ständig davon abhalten, eine Entscheidung im Konsens zu treffen. Dabei wird unangemessen viel Zeit verbraucht – wenn nicht
sogar vergeudet. Eine Strategie, die manche Gruppen daher
einsetzen, besteht darin, die Diskussionszeit zu begrenzen.
Wenn in der festgelegten Zeit kein Konsens erreicht werden
kann, reicht danach ein festgesetztes Quorum, meist 75 Prozent der Mitglieder, für die Entscheidung aus. Diese Methode hat sich als sehr erfolgreich erwiesen.

Problemlösungs- Es gibt viele schematisierte Problemlösungsse-
sequenzen quenzen, manche insbesondere für die linke
Gehirnhälfte, andere für die rechte, manche
normativ, andere deskriptiv (TUBBS 1992). Der Prozeßberater muß auf solche methodischen Interventionen zurückgreifen können. Viele Gruppen sind nur deshalb ineffektiv,
weil den Mitgliedern das entsprechende Handwerkszeug
fehlt. Ein Problem erst einmal zu definieren, so elementar
sich das auch anhören mag, ist Ungeschulten vielleicht eine
unvertraute Vorstellung. Die grundlegende Problemlösungssequenz besteht in der Regel aus mindestens sechs Grund-
schritten:

1. Erkennung, Benennung und Beschreibung des Problems
2. Problemanalyse anhand eines Kraftfelds
3. Sammlung von Informationen für Handlungsalternativen
4. Aufstellung von Aktionsplänen
5. Simulation des Plans, um Stärken und Mängel
   zu erkennen
6. Initiierung und Durchführung des Plans

Datensammlung Sondereinheiten, Arbeitsgruppen, Teams, Ad-
und Prioritäten- hoc-Gruppen und Qualitätszirkel sammeln nor-
setzung malerweise Daten und Informationen, um Fragen und Probleme zu lösen, an denen sie arbeiten. Die Informationen werden dann nach Wichtigkeit oder
Priorität eingestuft. Die Aufgabe des Prozeßberaters ist es,
vorzuschlagen, wie sie dabei vorgehen könnten.

Allzu viele Berater setzen das *Brainstorming* in unpassender
Weise als einzige Methode der Datensammlung ein. Das
Brainstorming (OSBORNE 1963) wurde geschaffen, um
möglichst viele Ideen zu erzeugen. Die Qualität folgt der
Quantität nach. Wenn die Ideen erst einmal individuell er-
zeugt worden sind, werden sie öffentlich mitgeteilt, indem
jeder in der Gruppe reihum einen Vorschlag äußert. Die
Mitglieder werden ermutigt, neue Ideen beizusteuern, zu

denen sie durch die bisherigen angeregt worden sind. Die
Auswertung erfolgt natürlich erst später. Was sich in unseren Organisationen, die aufgaben- und ergebnisorientiert
sind, entwickelt hat, ist die Methode des Gruppen-Brain-
storming. Der Druck und die Zwänge, die in allen Gruppen
zu finden sind, sind dabei natürlich auch präsent. Die
Quantität ist weniger groß und die Qualität reduziert
(DUNNETTE, CAMPBELL & JAASTAD 1963; BOUCHARD 1972).

Techniken zur Datenerhebung wie Interviews, Fragebogen
und gezielte Verfahren (DUNHAM & SMITH 1979; NADLER
1977) sollten dem effektiven Prozeßberater ebenfalls zur
Verfügung stehen.

Die Möglichkeit von *Mehrfachnennungen* reduziert den
Prozeßverlust und kürzt die Prioritätensetzung ab. Jedes
Mitglied erhält drei farbige Klebepunkte und wird gebeten,
seine Prioritätsentscheidung zu treffen. Dies kann so lange
wiederholt werden, bis die Gruppe eine praktikable Anzahl
von Themen hat. Das soll nicht heißen, daß die nicht-ge-
wählten Themen unwichtig wären. Das Verfahren hilft allerdings, deren Anzahl zu reduzieren, so daß sie von der
Gruppe bearbeitet werden können.

Kreative   Für hoch interaktive Gruppen und Teams, die
Problemlösungs-   an vorderster Front in ihrer Organisationen ar-
techniken   beiten, gibt es spezifische Techniken zur kreati-
                    ven Problemlösung, die der Prozeßberater in
der Gruppe einsetzen kann (FOX 1987; MICHALKO 1991;
VANGUNDY 1981).

Eine meiner Lieblingstechniken stammt von MICHALKO
(1991) und beruht auf der Arbeit von ALEX OSBORN und
ROBERT EBERLE. Sie heißt SCAMPER und kann mit den
meisten anderen Problemlösungstechniken kombiniert eingesetzt werden. Stellen Sie sich in Entscheidungssituationen
einmal die folgenden Fragen:

1. Was kann ersetzt werden? (substituted – S)
2. Was kann ich kombinieren? (combine – C)
3. Was kann ich anpassen? (adapt – A)
4. Was kann ich modifizieren bzw. vergrößern?
   (modify, magnify – M)
5. Was kann für andere Zwecke verwendet werden?
   (put to other uses – P)
6. Was kann eliminiert werden? (eliminated – E)
7. Was ist das Gegenteil bzw. welche Neuanordnung kann
   vorgenommen werden? (reverse, rearrangement – R)

Prägen Sie sich die SCAMPER-Fragen ein und stellen Sie sie immer wieder während der Problemlösungssitzungen.

Eine weitere Möglichkeit, die MICHALKO anbietet, heißt „Brainstorming Bulletin Board". Es ist für Teams und Gruppen geeignet, aber auch für größere Einheiten, und ist recht einfach. Ein Blatt mit dem zu lösenden Problem wird in die Mitte einer Tafel geheftet. Es werden selbstklebende Zettel bereitgelegt. Interessierte werden gebeten, Ideen, Alternativen und Lösungen vorzuschlagen, die sie dann an die Tafel heften. Ich verwende diese Technik auch bei Ursache-Wirkungs-Diagrammen, um das Problem in vier Hauptbereiche zu gliedern, zum Beispiel: Personen, Strategien, Vorgehensweisen und Material.

Gruppendynamik   Ein großer Teil dieses Buches beschäftigt sich mit sozialen Prozessen, daher werde ich keine weiteren Ausführungen dazu machen. Zusammengefaßt: der Prozeßberater muß über Einschätzungsverfahren, Interventionsarten, -ebenen, -intensitäten und -tiefen Bescheid wissen und auf dieser Grundlage seine Entscheidungen treffen. Er muß sowohl mit sichtbaren als auch mit versteckten dynamischen Prozessen vertraut sein und entsprechend auf sie reagieren können. Teams und Gruppen können nicht wirklich erfolgreich sein, wenn die Gruppendynamik nicht berücksichtigt wird. Sie liefert die Energie, die die Gruppe antreibt.

Konfliktmanagement   Ein gruppendynamischer Bereich, der in
                       der Gruppenarbeit die meiste Angst und
Furcht erzeugt, ist die Konfliktbewältigung. Und doch werden sich die Gruppenmitglieder normalerweise nicht mit
Konflikten auseinandersetzen, bevor der Berater es beispielhaft vorgelebt hat. Das heißt, der Berater muß vielleicht
den Zorn auf sich ziehen, bevor es die Teilnehmer auch tun
werden. Die Hauptschwierigkeit liegt außerdem *in der Per-*
son des Prozeßberaters. Auch wenn wir als Berater Konflikte als etwas Gutes, Wünschenswertes und Gesundes
darstellen, kann es doch sein, daß wir in der Realität Konflikte vermeiden, leugnen, glätten oder uns ungewollt
bemühen, sie zu unterdrücken. Wenn ein Prozeßberater
kompetent sein will, muß er Möglichkeiten finden, seine eigene Angst vor Konflikten zu verstehen und durchzuarbeiten. Auf der kognitiven Ebene gibt es viele ausgezeichnete
Texte zu diesem Thema; hierzu gehören GRAY (1989),
CRUM (1987), MOORE (1986), BROWN (1983), PNEUMAN
und BRUEHL (1982), ROBERT (1982), FISHER und URY
(1981, dt. 1995), HART (1981) und FILLEY (1975).

Es gibt Workshops, die Teilnehmern dabei helfen, ihre Konflikte durch Übungen, Rollenspiele, die eigene Geschichte
und das Einüben von Techniken zu untersuchen. Kognitiv
ausgerichtete Seminare sind meist nicht so nützlich, weil sie
zwar den Kopf erreichen, aber nicht das „Gefühl".

Selbstkenntnis   Das wirkungsvollste Beratungsinstrument ist ver-
                 mutlich der Prozeßberater selbst. Wie sich der
Berater selbst darstellt, kann eine große Wirkung auf die
Gruppe haben. Manche Berater zeigen Wärme, andere vermitteln Unnahbarkeit – sind zwar technisch effizient, haben
aber kein Verhältnis zur Gruppe.

Humor kann eine zweischneidige Sache sein. Ein Prozeßberater, der sehr viel Humor hat und einen schlagfertigen

Wortwechsel liebt, hat mir einmal von einer Situation erzählt, in der „der Schuß nach hinten losging". Normalerweise bewährt sich seine Art bei Gruppen positiv. In jener Situation allerdings versuchte er eine humorvolle Bemerkung zu machen, als die Gruppe bei einer praktischen Einschätzung ziemlich schlecht abgeschnitten hatte. Seine Bemerkung wurden von manchen Teilnehmern als Herabsetzung empfunden und mit Wut und Feindseligkeit aufgenommen. Seine Glaubwürdigkeit war zumindest zeitweilig dahin. Er besprach den Vorfall mit der Gruppe und konnte die Situation wieder in Ordnung bringen. Bei einem anderen Adressatenkreis wären seine Art und sein Humor vielleicht gut angekommen.

Ich selbst benutze eine Liste von Fragen, die mir helfen zu verstehen, was gerade in mir vorgeht und damit auch in der Gruppe (REDDY, 1995):

Was fühle ich in diesem Augenblick?

Welche körperlichen Wahrnehmungen begleiten diese Situation?

Welche Bilder und Metaphern fallen mir ein?

Welche Aspekte von mir bzw. meines Verhaltens kritisiere ich?

Welche Aspekte der Gruppe bzw. deren Verhaltens kritisiere ich?

Welche untypischen Denkmuster treten gerade auf?

Welche Annahmen mache ich in bezug auf die Gruppe oder ihrer Mitglieder?

Welche Erwartungen habe ich bezüglich der Gruppe oder bestimmter Mitglieder?

Verhalte ich mich bei Vorschlägen oder Feedback von Mitgliedern abwehrend?

Wie reagiere ich auf Kritik, und in welchen Bereichen?

Was sind meine „Auslöser" oder Angsterzeuger?

Ermuntere ich mich selbst und die Gruppenmitglieder zu Gefühlsäußerungen oder umgekehrt?

In welchen Bereichen und was rationalisiere ich?

Was träume ich nach einer Gruppensitzung?

Diese Fragen (und Sie können Ihre eigenen ausdenken) sind
behilflich, uns selbst als Instrument der Einschätzung einzusetzen. Unsere Intuition ist sehr stark, wenn wir ihr die
Chance geben.

Persönlichkeits-   „Die wichtigste Sache, die vor uns liegt, ist mei-
entwicklung   ner Meinung nach das Training der *Persönlich-*
                     keitsentwicklung, das heißt für Gruppenspeziali-
sten, Trainer, Berater und Problemmanager. Es gibt zwar
zahlreiche Programme zur Schulung von Gruppenspezialisten, aber darunter nur wenige, die sich wirklich eingehend
mit dem Spezialisten als einem *Instrument der Veränderung*
beschäftigen. Es sollte, so meine ich, ein Hauptschwer-
punkt auf die Selbstwahrnehmung und persönliche Entwicklung gelegt und beträchtliche Eigenarbeit darauf verwendet werden, damit man ein effektiver Berater wird"
(REDDY 1985, 106).

Während der sechziger und frühen siebziger Jahre waren
Gruppenberater eher bereit, ihr persönliches und soziales
Bewußtsein zu erweitern. Das persönliche Verhalten sowie
Einstellungen und Vorannahmen wurden überprüft. Es gab
T-Gruppen, Sensitivity-Training, Seminare an den Univer-
sitäten, Encountergruppen und Wochenend-Marathons. Die
Human-Potential-Bewegung war auf ihrem Höhepunkt.

Heute bieten nur wenige Trainingsorganisationen, wie das
NTL (National Training Laboratories)-Institut und einige
Universitäten weiterhin solche Interaktionsgruppen und
Workshops an. Interaktionsgruppen sind weiterhin ein gut-
er Einstieg zur Selbsterforschung und zwischenmenschli-
chen Wahrnehmung. Sie bieten einen Rahmen, in dem der
Teilnehmer seine Gefühle vorsichtig kennenlernen und neu-
es Verhalten zur Konfliktbewältigung ausprobieren kann.

Eine Warnung: Diese Gruppen sind – wie auch Ihre – nur
so gut und effektiv, wie die Person, die sie leitet. Wie unter

den Prozeßberatern gibt es kompetente und inkompetente Gruppenmoderatoren, Trainer und Berater. Diese Gruppen ersetzen keine Psychotherapie; sie sind dafür auch nicht gedacht. Leider kommen manche Teilnehmer, weil sie eine „schnelle Heilung" suchen. Verändertes Verhalten stellt sich jedoch nicht ohne den Schmerz der Selbstuntersuchung ein; und diese Selbsterforschung erstreckt sich, meist mit Hilfe einer Fachkraft, über einen längeren Zeitraum.

Werte Welche Wertvorstellungen haben wir von arbeitenden Menschen? Unsere Werte sind die Fenster, durch die wir die Welt betrachten. Wir sehen, was wir sind, und unsere Werte sind, was wir sind. Diese Werte bestimmen, wie wir die Arbeitswelt sehen und auch, wie wir die Gruppenteilnehmer wahrnehmen, mit denen wir arbeiten. Wenn ein Wert des Beraters lautet, „zur Vergrößerung seines Selbst allein zu arbeiten", dann wird ihn die Arbeit als Prozeßberater wahrscheinlich nicht befriedigen und der Gruppe nicht helfen.

Auch der Wert, direktiv vorzugehen und Kontrolle auszuüben, ist mit der Prozeßberatung von Gruppen nicht zu vereinbaren. Der potentielle Einfluß der Werte auf seine Arbeit verpflichtet den Prozeßberater, seine Werte zu klären, zu verstehen und offenzulegen. In Kapitel 8 werden diese ethischen Fragen erörtert.

Stil Stil ist die ganz persönliche Art, wie man sich verhält. Diese durchgängigen Verhaltensmerkmale erwachsen aus unseren Werten, Ansichten und Neigungen. Manche Verhaltensweisen kann man durch Umlernen ändern, andere sind tiefer verwurzelt und Teil der Persönlichkeit. Einige Verhaltensweisen stehen einer effektiven Gruppenarbeit entgegen. Feedback von den Gruppenteilnehmern ist die wirksamste Möglichkeit zu erfahren, was funktioniert und was nicht. Anerkannte und standardisierte Fragebogen sind ebenfalls nützlich, um den eigenen Stil zu verstehen.

Feedback geben   Die Fähigkeit, Feedback zu geben und auch an-
und annehmen   zunehmen, ist für einen Prozeßberater von we-
                  sentlicher Bedeutung. Der Berater kann nicht er-
warten, diese Fähigkeiten in der Gruppe zu fördern, wenn
er selbst nicht damit umgehen kann. Man kann den effektiven Umgang mit Feedback erlernen, wenn man entsprechende Anleitungen (JACOBS 1974; SEASHORE, SEASHORE &
WEINBERG 1991) befolgt und die erforderlichen Verhaltensweisen intensiv einübt. Wer ein nützliches Feedback geben
möchte, sollte folgende Kriterien beachten:

• Beschreibend vorgehen, nicht wertend;
• Präzise sein, nicht allgemein;
• Feedback anbieten, nicht aufdrängen;
• Feedback bei der frühesten Gelegenheit äußern;
• Feedback auf Verhalten beziehen, das sich ändern läßt;
• Neben den eigenen Bedürfnissen auch die des Empfängers
  berücksichtigen;
• Sich beim Empfänger versichern, ob die Botschaft gehört
  wurde;
• Vorschlagen, daß der Empfänger das Feedback bei
  anderen verifiziert;
• Entscheidung zur Veränderung dem Empfänger überlassen.

Der Empfänger eines Feedbacks sollte:

• Zuhören;
• Nicht defensiv reagieren;
• Paraphrasieren, was er gehört hat;
• Versuchen, die Gefühle des Senders zu erfassen;
• Darüber nachdenken, was er gehört hat;
• Das Gehörte durch andere überprüfen;
• Evtl. Verhaltensänderungen in Erwägung ziehen;
• Und nochmals: zuhören.

Die sehr gute Feedback-Forschung, die von der West-Virgi-
nia-Gruppe durchgeführt worden ist (JACOBS 1974; JACOBS,

FELDMAN & CAVIOR 1973; JACOBS, JACOBS, GATZ & SCHAIBLE 1973; SCHAIBLE & JACOBS 1975) ist von Arbeitsgruppen und Teams weitgehend ignoriert worden. Dabei haben ihre Ergebnisse dynamische Implikationen für die Arbeitswelt. Sie zeigen nämlich folgendes:

• Kleingruppen, die einen größeren Austausch an Feedback unter ihren Teilnehmern möglich machen, als es spontan üblich wäre, führen zu viel besseren Ergebnissen.
• Die Befragten werteten positives Feedback zutreffender als negatives Feedback.
• Positives Feedback wurde als wünschenswerter eingestuft; es habe einen größeren Einfluß auf die Befragten und fördere den Willen zur Veränderung stärker.
• Negatives Verhaltensfeedback (das das Verhalten der anderen Person beschreibt) wurde als glaubwürdiger eingestuft als negatives emotionales Feedback (das die eigenen Gefühle beschreibt).
• Bei anonymem Feedback wurde positives Verhaltensfeedback als am glaubwürdigsten und negatives Feedback als am wenigsten glaubwürdig eingestuft.
• Positives und negatives emotionales Feedback wurde in seiner Glaubwürdigkeit nicht signifikant unterschiedlich bewertet, wenn die Identität des Senders nicht angegeben wurde.
• Wenn zu Beginn positives Feedback gegeben wird, besteht eine höhere Aussicht, daß im weiteren Verlauf der Intervention negatives Feedback akzeptiert wird.

Mit Unterschieden umgehen lernen Wir bewegen uns auf eine globale Wirtschaft zu und machen schon jetzt die Erfahrung, daß der wachsende Anteil von Frauen und Minoritäten an der erwerbstätigen Bevölkerung in den USA Vorteile hat. Auch wird die US-Bevölkerung immer älter. Ein Prozeßberater ist verpflichtet, Probleme und Konflikte im Zusammenhang mit Geschlecht, Hautfarbe, Alter, unterschiedlichen Behinderungen und allen „Ismen" anzu-

gehen. Er muß bereit sein, sich mit seinen eigenen Problemen, Einstellungen und Vorurteilen in diesen Bereichen
auseinanderzusetzen.

Stärken   Wir alle haben unsere Stärken und Grenzen als
und Grenzen   Berater, Führungskräfte, Teilnehmer und Mitarbeiter. Eine regelmäßige Überprüfung unserer
Stärken und Schwächen, mit einem ehrlichen und konstruktiven Feedback von Gruppenmitgliedern, Vorgesetzten, Kollegen – und der Familie – ist ein schwieriges, aber
lohnendes Unterfangen. Für uns als Prozeßberater, als
menschliche Wesen ist es vernünftig, weiter zu wachsen und
uns persönlich und beruflich weiterzuentwickeln.

Zwischenüberlegung

Gruppen in der Gruppe. Es kann Situationen geben, in denen der Prozeßberater die Unterschiede innerhalb der Gruppe herausstellen möchte
(z. B. Redner/Schweiger oder Männer/Frauen). Der Berater schlägt vor,
daß abwechselnd eine Gruppe die andere beobachtet. Nach zwanzig
Minuten teilt die außen sitzende Gruppe ihre Beobachtungen mit bzw.
kommentiert die Dynamiken der inneren Gruppe. Dies kann öffentlich
durchgeführt werden oder in Paaren, die aus jeweils einem inneren und
einem äußeren Teilnehmer bestehen. Hierzu allerdings eine Mahnung
zur Vorsicht: Diese Intervention kann Konkurrenz zwischen den Untergruppen erzeugen, die dann geklärt werden muß.

Geschlechter-   Sind Frauen bessere Prozeßberater als Männer?
unterschiede   Ich glaube, in der Regel, ja. Ob sie von Natur
aus besser sind, weiß ich nicht; ich kenne auch
kein empirisches Material, das meine These stützen würde.
Doch es gibt typische Geschichten (TANNEN 1990, dt. 1993),
die in diese Richtung weisen. Weibliche Prozeßberater scheinen sich im allgemeinen besser auf die Gruppenbedürfnisse
und die Bedürfnisse der Mitglieder einstellen zu können.
Was aber vielleicht wichtiger ist: Beraterinnen gehen Proble-

me weniger konkurrenzorientiert an als Männer und sind kooperativer. Um es zusammenzufassen: Weibliche Berater neigen dazu, den Prozeßansatz selbst vorzuleben.

Im Gegensatz dazu kenne ich auch Frauen, die starr an das männliche Arbeitsmodell angepaßt sind. Sie haben einen direktiven, technisch orientierten, konkurrenzbetonten und minimimal kooperierenden Ansatz. In diesem Bereich wäre empirische Forschung also wünschenswert.

Die Rolle der Intuition Jenseits der erlernbaren Fähigkeiten sind manche Prozeßberater einfach besser als andere. Ein Prozeßberater muß seine Intuition einsetzen, um hocheffektiv zu sein. Intuition hat etwas mit Gefühlen „aus dem Bauch heraus" zu tun, mit Verbindungen, die man herstellt, mit „Ahnungen" und einem Gespür dafür, was auf vielen verschiedenen Ebenen „läuft". Es gibt einige empirische Belege, die diese Behauptung stützen. BUSHE und GIBBS (1990) haben herausgefunden, daß sich anhand der Intuition (nach dem Myers-Briggs Type Indicator als „N" eingestuft) und der Stufe der Ichentwicklung einer Versuchsperson deren Beratungskompetenz vorhersagen ließ, so wie sie auch von deren Trainern und von Gleichrangigen angegeben wurde. Trägt man die zwei Ergebnisse in eine strukturelle Gleichung ein, bleibt die Ichentwicklung der positive Prädiktor, d. h. anhand dieser Variable läßt sich die Beratungskompetenz vorhersagen.

HAMILTON (1988) hat durch eine Multivarianz-Analyse den Beleg dafür gefunden, daß Intuition, nach dem Myers-Briggs Type Indicator gemessen, in hohem Maße mit erfolgreicher Beratung zusammenhängt: „Nüchterner Verstand war negativ und Intuition positiv mit Effektivität verbunden." (53). Verstandesmenschen sind unmittelbarer und neigen dazu, mit dem zu arbeiten, was spezifisch und konkret bekannt ist. Intuitive Menschen fällen Entscheidungen auf der Grundlage von „Ahnungen", sie sind tolerant gegenüber Ambiguitäten und sehen Beziehungen und Bedeutung, die über das Unmittelbare hinausgehen.

Der Entwicklungsplan   Ich empfehle Beratern, sich einen ausführlichen Entwicklungsplan aufzustellen, der ihnen einen Vorausblick auf ihre Beratungsarbeit in den nächsten drei bis fünf Jahren erlaubt. Der Plan reicht von der grundsätzlichen gedanklichen Richtung bis zu spezifischen Handlungsplänen. Wo sehen Sie sich in der Prozeßberatung von Gruppen in den nächsten drei bis fünf Jahren? Stellen Sie sich vor, Sie sind auf einem Zauberteppich. Sie haben die Fähigkeit, sich aus der Vogelperspektive in Ihrer Funktion als Prozeßberater zu betrachten. Lassen Sie Ihrer Vorstellungskraft freien Lauf. Was tun Sie? Wie sehen Sie aus, wenn Sie in Ihrem Element sind? Welche Verhaltensweisen zeigen Sie? Diese Phantasiereise kann recht hilfreich sein, um Ihren Plan zu erstellen. Seien Sie spontan, idealistisch und konkret.

Jetzt schreiben Sie die Szene nieder. Was waren die Werte, die diesem Bild zugrundelagen? Welche Werte sollen es antreiben? Leistung? Spannung? Neues? Die Bezahlung? Was sind Ihre Bedürfnisse und Wünsche? Ihr Wunsch könnte zum Beispiel sein, lediglich einmal im Jahr eine Prozeßberatung mit einer Gruppe durchzuführen, oder aber, daß die Prozeßberatung den Hauptteil Ihrer – internen oder externen – Arbeit ausmacht. Was fehlt Ihnen für diesen Bereich? Eine Schulung in Prozeßberatung reicht möglicherweise, um aus Ihnen einen besseren Problemmanager zu machen, möglicherweise brauchen Sie jedoch einen Grundkurs und ein Fortgeschrittenen-Training, um Ihre Fähigkeiten als anerkannter Prozeßberater zu erweitern.

Nachdem Sie Ihre Werte, Ihre Vision und Ihre Defizite formuliert haben, ist es an der Zeit, konkret zu werden. Wie

werden Sie diese Vision erreichen? Was ist Ihr Einsatz? Inwieweit sind Sie bereit, sich zu verpflichten? Die mögliche
Spanne reicht weit: Vielleicht wollen Sie die Prozeßberatung von Gruppen einfach als ein Element in Ihre Berufs-
tätigkeit einbauen, oder Sie wollen der beste Prozeßberater
der Stadt – oder des Landes – werden. Legen Sie Ihr Ziel
nun fest. Seien Sie dabei spezifisch, konkret und gehen Sie
in die Einzelheiten: Welches sind Ihre Ziele für die nächsten
drei Jahre? Beziehen Sie alles ein, was Sie zu Ihrem Ziel
führt: Stellung, Geld, Arbeitsumfang. Danach folgt das
Wie. Auf welche Weise werden Sie diese Ziele erreichen?
Was müssen Sie vor allem tun? Hierzu gehören konkrete
Schritte, zum Beispiel „Ich muß meinen Vorgesetzten dazu
bringen, mir zu genehmigen, daß ich im nächsten Quartal
mit drei Gruppen arbeite."

Sie werden wahrscheinlich eine ganze Anzahl solcher
Schritte haben. Schließlich werden Sie noch kleinere Schritte bzw. Taktiken benötigen, um zu Ihrem Ziel zu gelangen.
Bei dem vorhergehenden Beispiel fügen Sie vielleicht hinzu:
„Ich werde meinen Vorgesetzten am Montag um 14 Uhr
treffen, um die Angelegenheit mit ihm zu besprechen und
meinen Plan darzulegen" oder „Ich kenne Führungskräfte,
die meine Hilfe brauchen könnten; ich werde am Dienstag
mit allen Verbindung aufnehmen und meine Dienste anbieten." Der Schlüssel liegt in der detaillierten Planung. LOCKE
und LATHAM (1984, 1990) rühmen den Wert des Zieleset-
zens und bieten fundierte, rationale Belege und Bestätigung
für eine solche Vorgehensweise.

Von außen sieht die Beratungsarbeit leicht aus. „Das kann
jeder." Doch mit menschlichen Verhalten umzugehen, ist alles andere als einfach. Und mit Gruppen zu arbeiten – während die Gruppe selbst arbeitet – ist besonders schwierig.
Es gehören Ausbildung, Training, Feedback und Erfahrung
dazu. Darüber hinaus ist Prozeßberatung eine Kunst, die
Selbstkenntnis und Intuition verlangt.

Das folgende Kapitel 8 behandelt die Ethik der Prozeßberatung und die Möglichkeiten der Einbettung des Prozesses in
die Organisation.

Planungsteam von Führungskräften

In den nächsten Sitzungen hatte das Team weiter mit dem
Problem mangelnder Zusammenarbeit zu kämpfen. Das
Sammeln der Daten verlief hervorragend, es gab eine Fülle
von Ideen. Wenn es jedoch darum ging, eine oder zwei Lösungen auszuwählen oder mehrere zu kombinieren, versag-
te die Gruppe. Einige Führungskräfte hatten Vorbehalte,
ihre Ideen aus der Hand zu geben, oder sie befürchteten,
durch Verbindung mit anderen Ideen könnten sie „verdor-
ben" werden. Als Scott anhand einer Verhaltensbeschreibung darauf hinwies, hatte das wenig Erfolg.

Scott schlug dann ein gegenseitiges Beobachten in der
Gruppe vor. Er teilte die Gruppe in zwei Hälften, während
die eine Hälfte arbeitete, beobachtete die andere den Ablauf und machte sich Notizen. Jeder Person in der inneren
Gruppe war ein Beobachter zugeteilt. Die innere, beobachtete Gruppe arbeitet eine halbe Stunde lang und bekam
anschließend Feedback von den jeweiligen äußeren Partnern. Für die nächsten dreißig Minuten verlief das Verfahren umgekehrt. Dann fand eine allgemeine Diskussion über
die dynamischen Prozesse statt.

Was Scott zuvor angemerkt hatte, kam nun auch aus der
Gruppe. Dieses Mal erklärten sich die Teammitglieder für
ihre mangelnde Mitarbeit verantwortlich. Scott gab zu be-
denken, es könne mit der gruppeninternen Konkurrenz zu-
sammenhängen. Diese Bemerkung eröffnete eine stürmische
Diskussion über persönliche Konkurrenz zwischen den
Mitgliedern und am Arbeitsplatz allgemein. Sam gab seine
Konkurrenzgefühle zu. Jerry wies darauf hin, daß die Orga-

nisationskultur die Konkurrenz zwischen den Führungskräften verstärke. Nach langer Diskussion vertagte sich die
Gruppe. Bei der nächsten Sitzung war die Atmosphäre
deutlich anders. Zwar war die Intensität noch vorhanden,
doch es gab nun auch erkennbare Bemühungen um eine
Zusammenarbeit. Scott wies auf diese Bemühungen hin
und fragte die Mitglieder, wie sie sich dadurch fühlten und
welche Wirkung dies auf die Aufgabe habe. Alle stimmten
darin überein, daß die Gruppe „die Kurve gekriegt hatte",
wie Sam sich ausdrückte.

Qualitätszirkel

Zirkel I. In der vorhergehenden Sitzung war der Durchbruch
geschafft worden. Obwohl es bei den Mitgliedern Ängste
weckte, sich mit ihren Konflikten und Konkurrenzgefühlen
auseinanderzusetzen, zeigte sich damit doch auch, daß
Konflikte konstruktiv angegangen werden können. Weil die
Probleme nicht mehr unüberwindlich schienen, war der
Zirkel wieder interessiert und motiviert. Innerhalb eines
Monats legte die Gruppe dem Management drei Vorschläge
vor. Ein Vorschlag wurde angefochten, doch war die Gruppe mit Kims Hilfe auf die Fragen eingestellt. Sie hatte einige
Möglichkeiten in Rollenspielen durchgespielt und war gut
vorbereitet. Zwei Empfehlungen wurden sofort umgesetzt.
Der kritisierte Vorschlag wurde mit Änderungen angenommen und „nach oben" weitergeleitet. Die Gruppe war mit
ihrer Arbeit und ihren Leistungen zufrieden.

Zirkel II. Die kreativen Problemlösungstechniken erbrach-
ten dem Zirkel unerwarteten Nutzen. Durch die neue Methodik und die neuen Techniken konnte die Gruppe mit
mehr kreativen Ansätzen und Lösungen experimentieren.
Dies führte wiederum zu mehr Interaktionen und Konflikten. Obwohl die Gruppe ein Niveau an Konfliktmanagement erreicht hatte, bei dem es sich wohl fühlte, stand sie

nun vor der Entscheidung, auf dieser Stufe zu bleiben oder
über sie hinauszugehen.

Michael schlug vor, einen Trainer aus der Personalentwicklung zu bitten, einen Workshop zum Konfliktmanagement
durchzuführen. Der Trainer kam für einen vollen Tag, mit
einem Programm, das genau auf die Bedürfnisse der Gruppe zugeschnitten war. Zirkel II arbeitete genauso intensiv
an seinen Konfliktmanagementfähigkeiten, wie er es bei der
kreativen Problemlösung getan hatte. Die Mitglieder nahmen sich mehrere zunehmend komplexere Probleme vor
und bewältigten die meisten mit einem hohen Maß an Engagement und Einfallsreichtum.

Zirkel III. Nach zwei Monaten hatte die Gruppe zwei Vorschläge ausgearbeitet. Bei deren Präsentation wurden sie
vom Management zwar wegen ihrer Unvollständigkeit kri-
tisiert, aber dennoch näher in Betracht gezogen. Larry be-
raumte keine weitere Sitzung an, um mit der Gruppe über
deren Reaktionen oder die nächsten Schritte zu sprechen.
Die Gruppe traf sich nicht wieder, und auch ihre Vorschläge wurden nicht umgesetzt.

Krankenhausverwaltung

In der nächsten Sitzung zeigte sich ein enormer Unterschied
in der Gruppenatmosphäre. Lucia war energiegeladen, verhielt sich aber weder aufgeregt noch feindselig. Jeremy war
aufgeschlossen und aufgabenorientiert. Andere Mitglieder
waren nun mit neuer Energie bereit, an der Aufgabe zu arbeiten. Laura schlug vor, sie sollten untereinander einen
neuen Vertrag über Verhaltensnormen aushandeln. Das taten sie auch und erörterten, sich jeweils an eine Tagesordnung zu halten. Bei auftretenden Problemen würden sie in-
nehalten und mit Laura an den gruppendynamischen Fragen
arbeiten. Dies geschah tatsächlich einige Male, bis Lucia in

ihre altes Verhalten zurückfiel. Die Gruppenmitglieder wiesen sie jedoch sofort darauf hin, und die Situation wurde
durchgearbeitet. Außerdem forderten sich die Mitglieder gegenseitig heraus, zunächst vorsichtig, dann mit mehr Selbstvertrauen. Eine gute Balance zwischen methodischem und
sozialem Prozeß entstand, und Laura machte es den Gruppenmitgliedern möglich, den Prozeß selbst zu regeln.

8 Prozeßberatung und die Organisation

Dieses Kapitel beschäftigt sich mit zwei wichtigen, meist vernachlässigten Bereichen der Prozeßberatung von Gruppen:

1. Mit Werten und ethischen Überlegungen und
2. mit der Einbettung der Prozeßberatung in die Struktur der Organisation.

Diese zwei Bereiche werden hier gemeinsam behandelt, weil sie von der Kultur der Makro-Organisation vermittelt, wenn nicht gar bestimmt werden. Unterstützt die Organisationskultur die Werte der Prozeßberatung? Wird die Prozeßberatung in der Organisation als ein legitimer Bereich für Interventionen anerkannt, oder gilt sie als ein Luxus, der sparsam und nur in hochrangigen Gruppen einzusetzen ist?

Werte und ethische Überlegungen Es gibt keinen gesetzlichen oder offiziellen Wertekanon bzw. eine festgelegte Ethik, die der Prozeßberater befolgen müßte. Allerdings gibt es in verwandten Bereichen Überlegungen und Arbeiten zu diesem Thema, die auf die Prozeßberatung angewandt werden können und sollten.

GELLERMANN (1985) unterscheidet zwischen *Werten* und *Ethik*. Werte „beziehen sich auf Qualitäten oder Dinge (wie zum Beispiel Verhalten, Ergebnisse, Überzeugungen und Haltungen), die für erstrebenswert, wichtig oder wertvoll gehalten werden" (396). Ethik „bezieht sich auf Normen der Beurteilung und des Verhaltens" (ebd.). Werte sind nach GELLERMANN das Fundament einer Ethik, eine Haltung, mit der ich übereinstimme. Diese Unterscheidung soll gelten, wenn wir in diesem Kapitel die Werte und die Ethik des Prozeßberaters untersuchen.

Werte   Sicherlich wird nicht jeder Prozeßberater mit meiner Wahl
              einverstanden sein. Die folgenden Werte sind jedoch die-
              jenigen vieler praktizierender Prozeßberater.

Forschergeist   BENNIS (1966) beschreibt den Forschergeist (spi-
              rit of inquiry) als die Werteposition der Wissen-
              schaft, die das Nachdenken über, das Untersuchen von und
              das Experimentieren mit Problemen beinhaltet. Es ist „eine
              Liebe zur Wahrheit, der man beharrlich nachgeht" (48).
              Auf die Beraterpraxis angewandt heißt das, daß alles und
              jedes als verwertbares Material gesehen wird, insofern es
              mit dem effektiven und effizienten Funktionieren und der
              Kreativität der Gruppe zu tun hat. In der Informationspha-
              se und beim Aushandeln des Vertrags erläutert der Prozeß-
              berater diesen Wert mit den Worten: „Alles ist für die Dis-
              kussion relevant, was zur Erfüllung der Aufgabe in Bezie-
              hung steht."

Zusammenarbeit   Ein grundlegender Wert der Gruppenarbeit ist
              die Zusammenarbeit. Der Prozeßberater und
              die Gruppenmitglieder schließen einen gegenseitigen Ver-
              trag, um festgesetzte Ziele zu erreichen. Die Gruppe ist der
              Klient. Der Berater schließt keine expliziten oder impliziten
              Unterverträge mit anderen Mitgliedern, Führungskräften
              oder der Verwaltung.

              Ein Beispiel: Ein Prozeßberater beschäftigt sich mit einem
              unterschwelligen Konflikt zwischen zwei Mitgliedern. Eine
              dieser Personen deutet an, daß sie nach Ende der Sitzung
              mit der anderen reden werde. Der Prozeßberater: „Als wir
              den Vertrag formuliert haben, bevor ich in diese Gruppe
              kam, haben wir besprochen, daß alles, was hier passiert,
              die gesamte Gruppe betrifft. Es ist sinnvoll, offen über
              Ihren Konflikt zu sprechen. Ich vermute, daß es für Sie bei-
              de hilfreich sein wird und daß vielleicht auch andere Mit-
              glieder einen Bezug dazu haben oder zumindest ihre Sicht-
              weise beitragen können.

Respekt vor den Rechten Die Gruppenmitglieder arbeiten für
der Gruppenmitglieder die Organisation und werden von ihr
bezahlt. Das heißt allerdings nicht,
daß der Berater Situationen ignorieren soll, in denen Gruppenmitglieder von der Organisation unter Druck gesetzt, manipuliert oder respektlos behandelt werden. Wenn Berater ein derartiges Verhalten bzw. derartige Einstellungen, seien sie deutlich sichtbar oder subtil, übergehen, werden sie gewissermaßen zu Komplizen der Organisation. So etwa, wenn ein Prozeßberater einen Auftrag annimmt, obwohl ihm von Anfang an bewußt ist, daß er aufgrund der Kultur und des Belohnungssystems in der Organisation scheitern wird. Zur Zeit sprießen überall im Land selbstbestimmte Teams wie Pilze aus dem Boden. In vielen Organisationen ist jedoch weder das Klima noch das Belohnungssystem solchen Teams dienlich. Vielen Beratern ist die Situation zwar bewußt, doch einige unterstützen die Anfangsbemühungen solcher Gruppen, ohne die umfassenderen systemischen Fragen zu berücksichtigen.

Persönliche Befriedigung Zufriedenheit mit der Arbeit und die
durch Arbeit Befriedigung persönlicher Bedürfnisse
im Arbeitsumfeld sind legitime Ziele.
Sie stehen weder der Produktivität noch der Erreichung der Ziele im Wege. Zwar sind zufriedene Berufstätige nicht automatisch produktiver, doch ist berufliche Zufriedenheit ein Bereich, in dem der Prozeßberater gegebenenfalls interveniert.

Zufriedenheit als Wert macht auch den Einsatz von gruppendynamischen Interventionen wünschenswert. Das heißt, es ist legitim, Fragen zu den Gefühlen eines Gruppenmitglieds zu stellen, soweit es dabei einen Bezug zur Aufgabe gibt. Die Intervention wird die Situation nicht unbedingt ändern, aber sie macht deutlich, daß das Wohlbefinden und Selbstwertgefühl der Gruppenmitglieder wichtig und relevant ist.

Höchstleistungen   Das Ziel und der Ehrgeiz, eine erfolgreiche
und leistungsstarke Gruppe bzw. Team zu
sein, erfordern Interventionen, die bei geringeren Leistungs-
erwartungen nicht nötig wären. Sollte jede Gruppe Höchstleistungen bringen? Wahrscheinlich nicht, aber jede Gruppe
sollte die Gelegenheit haben, diese Frage mit Hilfe des Beraters für sich zu entscheiden. Der Berater muß diese Frage
ansprechen, wenn das Erreichen von Höchstleistung zu seinen Werten gehört.

Ein Beispiel: In der Informationsphase beschrieb ein Prozeßberater drei Teams gegenüber die Merkmale und Anforderungen, an denen ein Hochleistungsteam gemessen wird.
Dabei betonte er, daß es keine Schande sei, die Höchstleistung nicht anzustreben, wenn die Gründe besprochen würden und einsichtig seien. Die Teams verbrachten beträchtliche Zeit damit, ihre Eigenschaften, Dynamiken und Rele-
vanz für das Unternehmen einzustufen. Ein Team kam zu
dem Schluß, daß es Höchstleistungen bringen solle und könne. Die anderen beiden waren aus unterschiedlichen Gründen der Meinung, daß ihnen besser gedient sei, wenn sie
sich einen anderen Leistungsstandard setzten und in dieser
Form dennoch ihren Beitrag für das Unternehmen leisteten.
Es war eine vernünftige Entscheidung, die überflüssigen
Streß und unnötige Erwartungen beträchtlich reduzierte.

Respekt   In diesem Zusammenhang ist mit Auf-
vor dem Auftraggeber   traggeber die Person (die Personen) oder
Gruppe gemeint, die den Klienten mit
seiner Aufgabe betraut und das Endergebnis abnehmen
bzw. abzeichnen wird. In der Regel ist das die Organisation
und ihr Management. Ich habe Prozeßberater erlebt, die die
Gruppe dazu ermächtigt haben, „ihr Ding zu tun" und den
Auftraggeber völlig unberücksichtigt zu lassen. Natürlich
waren es die Gruppenmitglieder, die dann darunter leiden
mußten, wenn die Ergebnisse nicht zur Zufriedenheit des
Auftraggebers ausfielen.

In einem Fall hatte die betreffende Gruppe ihren Bericht in knappen vier Wochen abzuliefern. Anstatt den Prozeßverlust zu minimieren, indem er die Gruppe konzentriert bei der Aufgabe hielt, forcierte der Berater fortwährend gruppendynamische Probleme. Diese wurden nicht nur nicht bewältigt, sie erzeugten sogar noch mehr Konflikte. Das Endergebnis war, wie zu erwarten, daß der Termin kam, ohne daß der Bericht fertig war. Der Berater verteidigte seine Interventionen und behauptete, die Gruppe sei unfähig, ihre Probleme zu bewältigen.

Kompetenz   Ein Prozeßberater geht davon aus, daß
der Gruppenmitglieder die Gruppenmitglieder fähig sind, die
                               Grundlagen des Prozeßarbeit zu erlernen, und bestärkt ein entsprechendes Verhalten. Wir selbst sind durch Lernen zu Beratern geworden. Ebenso können die Gruppenmitglieder im Laufe der Zeit durch entsprechende Interventionen und positive Bestärkung lernen, den Prozeß selbst zu regeln. Doch sollte man von den Mitgliedern nicht erwarten, daß sie zu Beratern werden oder Interventionen in Bereichen vornehmen, für die sie nicht ausgebildet sind.

Die Maxime lautet: „Vertraue dem Prozeß." Durch Geduld und Bestätigung werden die Mitglieder allmählich einen großen Teil ihres Prozesses selbst bewältigen. Wenn sie dabei nicht so tief gehen, wie es der Berater möchte, kann es gut sein, daß sie das ihnen entsprechende Maß erreicht haben. Sie weiter zu drängen, könnte sich eher gegenteilig auswirken.

Ehrlichkeit   Innerhalb einer Gruppe schätzen und fördern
                           wir Ehrlichkeit und Offenheit. Doch deren genaues Maß bestimmt sich aus dem Vertrag, der Art der Gruppe, deren Zielen, deren Entwicklungsstadium, und den jeweils geltenden Gruppennormen. Vollkommene Ehrlichkeit zu propagieren, wäre unangemessen, würde zu Störungen führen und wäre kontraproduktiv.

In einer der ersten Sitzungen einer Gruppe, die hinsichtlich
Geschlecht, Hautfarbe und Management-Ebene unterschiedlich zusammengesetzt war, bestand der externe Prozeßberater darauf, daß die Mitglieder sich ihre gegenseiti-
gen Eindrücke mitteilten. Sie taten es, und das Ergebnis
war verheerend. Die Mitglieder fühlten sich verletzt, belei-
digt und herabgesetzt. Der Berater hatte keine ausreichende
Einschätzung durchgeführt, noch hatte er einen Vertrag mit
der Gruppe. Als sich die Gruppe das nächste Mal traf, geschah dies mit einem neuen internen Berater, der glücklicherweise in der Lage war, den Schaden wieder gutzuma-
chen.

Balance zwischen
methodischem und
sozialem Prozeß
Eine interaktive Gruppe, die ausschließlich einen der beiden Prozesse ausgerichtet ist, wird wahrscheinlich nicht effektiv sein und auch kein qualitativ
hochwertiges Ergebnis liefern. Ein ausgeglichenes Verhältnis zwischen beiden Prozessen ist das Optimum, wobei die
Gruppendynamik immer im Dienste der Aufgabe zu stehen
hat. Aufgabe des Prozeßberater ist es, die Gruppe bis zum
Maximum ihrer Fähigkeiten zu fordern. Gruppendynamische Interventionen müssen vorgenommen werden, um an-
liegende Probleme zu bewältigen, und zwar auf einer Ebene, die die Gruppe zu diesem Zeitpunkt bewältigen kann,
damit sie dann wieder zur Aufgabe übergehen kann.

Verantwortung
für Verhalten
Die Gruppenmitglieder und der Prozeßberater sind jeweils für das eigene Verhalten
verantwortlich. Der Prozeßberater hat eine
größere ethische Verantwortung, weil er eine spezielle
Funktion innehat, als Autorität wahrgenommen wird und
potentiell Einfluß auf die Gruppenmitglieder ausübt.

Prozeßberater vergessen manchmal, daß sie Gruppenmitglieder sind, wenn auch mit einer anderen Rolle. Sie sind
dafür verantwortlich, Verhaltensweisen vorzuleben und die

Mitglieder daran zu erinnern, daß nicht jedes Verhalten zulässig ist. Mit den Grenzen zurechtzukommen, ist sowohl für den Berater als auch für die anderen Gruppenmitglieder wichtig.

Gruppenbedürfnisse vs. individuelle Bedürfnisse Ich habe von den Gruppenmitgliedern gesprochen und davon, daß die Erfüllung persönlicher Bedürfnisse legitim ist. Die Gruppe hat ebenfalls Bedürfnisse. Manchmal stehen die Bedürfnisse einzelner mit denen der Gruppe im Konflikt, vor allem wenn Mitglieder darauf bestehen, ihren Willen durchzusetzen. Das zeigt sich auch bei Prozeßberatern, die auf gruppendynamischen Interventionen bestehen, die nicht im Dienste der Aufgabe stehen. Gruppenbedürfnisse müssen Vorrang vor individuellen Bedürfnissen – auch denen des Prozeßberaters – haben.

Risiken eingehen Kreativ- und Qualitätsentscheidungen verlangen, daß die Mitglieder Risiken eingehen. Die Gruppe an ihre Grenzen zu führen, bedeutet aber auch für den Prozeßberater, daß er Risiken eingeht. Die Gruppenmitglieder sollten nicht zu schnell und nicht zu früh dazu gedrängt werden. Sie müssen informiert werden und durch den Vertrag ihre Zustimmung dazu geben, daß der Berater Risikobereitschaft in Form von Offenheit, Herausforderung, emotionalem Ausdruck, kreativer Problemlösung und dem Umgang mit Konflikten fördern und die Gruppe in dieser Richtung ermuntern wird.

Eine Methode zur Förderung angemessenen Risikoverhaltens ist die sogenannte *Unterstützungs-Dyade:* jeweils zwei Gruppenmitglieder setzen sich nach jeder Sitzung für fünfzehn Minuten zusammen. Die Paare bleiben durchgehend dieselben. Ihre Aufgabe besteht darin, sich gegenseitig Feedback zu geben, wie effektiv sie an dem Tag in der Gruppe waren, wieviel Risiko sie auf sich genommen haben, um die Gruppe voranzubringen, und was sie für das nächste Mal planen. Diese Methode sich als sehr effektiv herausgestellt.

Konflikt Konflikte in der Sache stellen in sich einen Wert dar, ebenso wie die Bewältigung zwischenmenschlicher Konflikte. Konflikte sind natürlich und wünschenswert. Sie sind für den Prozeßberater eine willkommene Möglichkeit, verschiedene Ideen und Ansätze und schließlich auch kreative Lösungen zu finden. Oft ist es nötig zu fragen: „Ist jeder in dieser Gruppe wirklich für diese Idee?"

Eine Möglichkeit zur Konfliktförderung ist es, den *Advocatus Diaboli* zu spielen. Bevor eine endgültige Entscheidung getroffen bzw. ein Aktionsplan umgesetzt wird oder auch in anderen geeigneten Situationen, bekommen zwei oder drei Gruppenmitglieder die Rolle des Advocatus Diaboli zugeteilt. Ihre Aufgabe ist es, den betreffenden Vorschlag in Frage zu stellen und zu diskreditieren. Die Argumente sollen sich dabei auf die Sache (ad rem) beziehen, und nicht auf die Person (ad hominem). Die Auseinandersetzungen werden hitzig und intensiv verlaufen, aber gerechtfertigt und akzeptiert sein. Diese praktischen Erfahrungen führen außerdem dazu, daß die Mitglieder Konflikt als Wert verstehen lernen.

Unterschiedlichkeit Wie bereits oben besprochen, erzeugen Unterschiede des Geschlechts, der Hautfarbe, Nationalität und des Alters eine Vielfalt, aus der neue Ideen und Lösungen entstehen. Durch eine ausschließlich weiße, männliche Vorgehensweise bei Problemlösungen und Entscheidungsfindungen haben wir in den Vereinigten Staaten die Mittelmäßigkeit gefördert. Mit der veränderten Struktur der Arbeitsbevölkerung ist diese Homogenität abgeschwächt. Arbeitsgruppen in Organisationen werden im nächsten Jahrhundert ganz anders aussehen als jetzt, aber wir müssen den Mitgliedern durch Training die Fähigkeiten vermitteln, die für eine effektive Gruppenmitgliedschaft notwendig sind.

Ethik   Wie in jedem helfenden Beruf sind moralische und ethische
Überlegungen der Prozeßberatung von Gruppen elementar.
Doch dabei kommt es oft auf die feinen Unterschiede an.

Grundüberlegungen   Zunächst hat der Prozeßberater die vor-
rangige Verantwortung, alle Gruppenmit-
glieder zu schützen. Das heißt nicht, daß Mitglieder daran
gehindert werden sollen, einander zur Rede zu stellen. Konflikte werden sogar unterstützt, wenn es um kreative Problemlösungen geht. Gemeint ist, daß einzelne Gruppenmitglieder nicht ausgegrenzt und zu Sündenböcken gemacht
werden dürfen. Wenn es in der Gruppe einen „Problemfall"
hat, wäre es für den Berater ein einfaches, ihn in Kompli-
zenschaft mit den anderen Gruppenmitgliedern in eine Ecke
zu stellen.

Die aufgabenbezogene und gruppendynamische Arbeit der
Gruppe muß in der Gruppe selbst stattfinden. Unter Beratern und Problemmanagern ist es leider üblich, Probleme
auszulagern. Dies geschieht oft unter dem Vorwand, die Arbeit der Gruppe nicht stören zu wollen. Wahrscheinlicher
ist jedoch, daß der Berater unfähig oder unwillig ist, sich
innerhalb der Gruppe mit dem Konflikt auseinanderzusetzen. Fragen und Probleme außerhalb der eigentlichen
Gruppenarbeit zu besprechen und beteiligte Personen gewissermaßen aus der Schußlinie zu nehmen, heißt jedoch,
der Gruppe wichtige Energie zu entziehen. Außerdem verursacht ein solches Vorgehen Mißtrauen gegenüber dem Berater und verhindert das Entstehen eines Gruppenzusam-
menhalts.

Die Festlegung, wer der Klient ist, wird normalerweise
nicht als ethische Frage angesehen. Dadurch wird jedoch
bestimmt, wem der Berater Informationen und Beobachtungen zur Dynamik der Gruppe mitteilt. Wenn der Prozeßberater festlegt, daß die gesamte Gruppe der Klient ist –
und in 90 Prozent der Fälle sollte das der Fall sein -, wäre

es von ihm unethisch, deren Angelegenheiten mit anderen als mit der gesamten Gruppe zu besprechen. Ziemlich häufig läßt sich der Berater jedoch von der Macht und dem Einfluß der Vorgesetzten beeinflussen und gibt diesen detaillierte Informationen über den Fortschritt der Gruppe. Wenn aber ein einzelnen Gruppenmitglied mit dem Berater über die Dynamik der Gruppe sprechen möchte, wird er sich wahrscheinlich weigern und denjenigen sogar dafür rügen, daß er Gruppenangelegenheiten separat besprechen will.

Finanzielle Fragen   Eine wichtige ethische Frage, vielleicht sogar ein Dilemma, betrifft die Grundsätze der Prozeßberatung. Wer Trainingsmaßnahmen durchführt und in der Organisationsentwicklung tätig ist, besitzt nicht automatisch Kompetenz in Sachen Mikro-Prozeßberatung. Ich bin in einige große Organisationen gerufen worden, um Schadensbegrenzung zu betreiben, nachdem ein Trainer oder Problemmanager (facilitator) sich unangemessen als Prozeßberater betätigt hatte. In den meisten Fällen hatten die „Berater" (1) wenig Ahnung von Gruppendynamik und (2) waren für gruppendynamische Interventionen nicht ausgebildet. Manche Berater tendieren dazu, für jeden alles sein zu wollen, wenn sie einmal den Einstieg in eine Organisation geschafft haben. Das ist in Ordnung, wenn sie auf die entsprechende Ausbildung und Erfahrung zurückgreifen können, häufig stecken jedoch finanzielle Motive dahinter.

Eine letzte ethische Frage, die hier zu berücksichtigen ist, ist das *Beraterhonorar*. Dies ist ein Thema, das unter Beratern zwar oft besprochen, über das aber selten etwas zu lesen ist. Es wäre schön, wenn sich Beraterhonorare an bestimmten begründeten Kriterien orientieren würden. Selbstverständlich sollten Ausbildung, Erfahrung, Erfolge, Referenzen und Herkunft der Referenzen berücksichtigt werden – und es sollte anerkannt werden, daß es „gängige Preise" gibt und daß das Prinzip von Angebot und Nachfrage gilt.

Allerdings berücksichtigen allzu viele Berater nur die zwei letzten Aspekte und ignorieren den ersten Teil. Zum Beispiel einigten sich in einem Klientensystem die Berater untereinander, welches Honorar sie vom Klientensystem verlangen würden. Der Klient hatte weder Erfahrung noch Fachwissen und ging davon aus, daß Prozeßberater in jeder Gruppe zwei bis drei Mal die Woche gebraucht würden. Die Berater erkannten, daß bei den Aufgaben der Gruppe ein Tag Arbeit oder vielleicht eineinhalb Tage ausreichen würden. Doch sie taten sich zusammen und verlangten vom Klientensystem eine Unmenge Geld. Das geschah sicherlich nicht zum Besten des Klientensystems. Die Berater versuchten ihr Vorgehen zwar zu rechtfertigen und behaupteten, daß der Klient es so gewollt habe: „Wir haben den Wünschen des Klienten entsprochen. Wenn wir es nicht getan hätten, hätte es ein anderer getan." Oft scheinen ethische Grundsätze für andere zu gelten, aber nicht für die eigene Person.

Was sind die Normen und Kriterien für ein gutes Verhalten bei der Prozeßberatung von Gruppen? Es gibt natürlich viele, aber der Prozeßberater sollte sich der grundlegendsten bewußt sein.

Selbstkenntnis Das oberste ethische Prinzip ist das Wissen um die eigene Person. Das heißt, der Prozeßberater ist verpflichtet, seine Überzeugungen, Annahmen und Werte zu überprüfen. Er muß sich auch mit Fragen der Hautfarbe, des Geschlechts und vor allem solchen, die Konflikte hervorrufen, auseinandersetzen.

Außerdem müssen Berater die Grenzen ihres Könnens kennenlernen. Bedingungen für ein solches Wissen sind Informationen, Schulung und Supervision mit Feedback.

Verträge und Vereinbarungen Ein klarer und expliziter Vertrag, der zusammen mit dem Klienten erarbeitet wurde, wird zukünftige Schwierigkeiten minimieren. Schriftliche Vereinbarungen sind mündlichen vorzuziehen, und mündliche sind besser als gar keine. Zur Information gehören Voraussetzungen, Erwartungen, zeitliche Fristen, Rollen und Evaluation.

Zugang   Die Gruppenmitglieder sollten Zugang zu jegli
zu Information   cher Information haben, die der Berater durch
                    Meßverfahren, Fragebogen und Interviews gewonnen hat. Diese Daten sollten anonym, aber nicht vertraulich behandelt werden. Selten kommt es zu Überraschungen, denn die Gruppenmitglieder kennen die wichtigen Fragen und Probleme. Schließlich haben sie längere Zeit – meist hinter verschlossenen Türen oder auf der Toilette – darüber gesprochen. Namen und Personen müssen zwar gegenenfalls geschützt werden, aber die zusammengefaßten Gruppendaten sollten der Gruppe zum Verständnis der Dynamik mitgeteilt werden.

Einer der Vorteile, eine Informationsphase in den Ablauf der Prozeßberatung einzubauen, besteht darin, den Klienten über diese Bedingungen informieren zu können.

Schutz   Dem Zugang von Information diametral entge
von Information   gengesetzt ist der Schutz von Informationen,
                     die sich auf die Gruppe und deren Mitglieder
beziehen. Wie schon oft in diesem Buch gesagt, ist die Gruppe der Klient. Keine Information wird ohne das ausdrückliche Einverständnis der Gruppenmitglieder nach außen getragen und Nicht-Gruppenmitgliedern mitgeteilt.

Probleme mit   Der Prozeßberater ist für sein Verhalten,
Gruppenmitgliedern   seine Ansichten und Wertungen verantwortlich. Wenn der Berater Konflikte oder
Probleme mit einem Mitglied hat, sollte dies in der Gruppe thematisiert werden. Dies muß in angemessener Weise und mit Takt geschehen. Solche Angelegenheiten zu verschweigen, ist dem Gruppenmitglied gegenüber unfair und kann

verhindern, daß der Berater optimal arbeitet. Es steht außerdem dem Feedback-Modell entgegen, das im Sinne der
Gruppeneffektivität befürwortet wird.

Fragen   Prozeßberater sollten ihre Ziele und Überle-
nach dem Warum gungen erläutern. Gruppenmitglieder sollten –
                        zu jeder Zeit – die Gelegenheit haben, nachzu-
fragen, warum eine Maßnahme, Übung oder Intervention
erfolgt ist. Befriedigende Antworten auf solche Fragen
schaffen eine Atmosphäre der psychischen Sicherheit, fördern die Vertrauensbildung und erhöhen die Glaubwürdigkeit des Beraters.

Rechenschaft und   Der Prozeßberater ist sowohl für das Wohl
Verantwortlichkeit der Gruppenmitglieder als auch für die Er-
                        füllung der vereinbarten Interessen der auf-
traggebenden Organisation verantwortlich. Wenn sich die
Werte des Beraters nicht mit denen der Organisation vereinbaren lassen, sollte er den Auftrag ablehnen. Es ist nicht
seine Aufgabe, die Organisation zu „unterwandern" und
mit der Gruppe den Aufstand zu proben. Dies hört sich
vielleicht extrem an, ich kenne jedoch Berater, die Verhaltensweisen bei der Gruppe befürwortet haben, die darauf
angelegt waren, die Gruppenmitglieder in heftige Konflikte
mit der Unternehmenshierarchie zu bringen. Dies geschah
unter dem Vorwand, es werde dazu beitragen, das unter-
drückerische Klima im Unternehmen zu verändern.

Ein Fallbeispiel dazu: Nachdem eine Gruppe an komplizier-
ten Fragen der Benachteiligung von Frauen gearbeitet hatte,
fühlten sich die Mitglieder erfolgreich und euphorisch –
letzteres zum Teil, weil die Angst nachgelassen hatte. Von
diesem Hochgefühl getragen, beschlossen einige, die in
ihren Augen unfaire Organisationspraxis direkt anzupran-
gern. Der Prozeßberater äußerte keinerlei Bedenken, ob die
beabsichtigten Schritte vernünftig seien, noch ob die Gruppe die potentiellen Folgen bedacht hätte.

Wie zu erwarten, reagierte das Management wütend, defensiv und drohte mit Sanktionen. Zufällig forderte ein Berater
aus der Organisationsentwicklung, der gerade mit dem Management arbeitete, sie dazu heraus, die Situation und auch
ihr eigenes Verhalten genau anzusehen. Das taten sie, mit
dem Ergebnis, daß die Mitarbeiter nur leicht gerügt wurden.
Der Vertrag des Prozeßberaters endete allerdings. Damit soll
nicht gesagt sein, daß in jener Organisation keine Veränderungen nötig waren, denn sie waren nötig. Doch die treiben-
de Kraft war der Berater, und das in einem Umfeld, in dem
die erforderlichen systemischen Strukturen für Herausforderungen und Veränderungen noch nicht gegeben waren.

Schutz   Gruppenmitglieder sollten auch vor sich selbst ge-
vor sich selbst schützt werden (in Fällen extremer Selbstherabset-
und anderen   zung) wie auch voreinander (wenn jemand zum
Sündenbock gemacht wird).

In einem Fall kam ein weibliches Gruppenmitglied immer
wieder auf sich selbst zurück, wenn sie in der Gruppe
sprach und schloß jedes Mal mit einer Beschreibung, wie
wertlos sie sei. Anderen Mitgliedern war dabei offensichtlich unwohl, gleichzeitig ärgerten sie sich darüber, daß diese
Frau immer mehr von der Zeit der Gruppe in Anspruch
nahm. Dies führte zu dem seltenen Fall, daß der Prozeßberater es für notwendig hielt, sich außerhalb der Gruppe mit
ihr zu treffen. Mit Hilfe des Prozeßberaters und der Unterstützung ihres unmittelbaren Vorgesetzten wurde sie außerhalb der Gruppe beraten. Klugerweise bat der Prozeßberater sie um Erlaubnis, die Situation kurz in der Gruppe zu
besprechen. Diese Intervention machte es den Gruppenmitgliedern möglich, über ihre eigenen Sorgen, Ängste und
Schuldgefühle darüber, daß sie die Gruppe verlassen hatte,
zu reden.

Es kommt selten vor, daß jemand in extremer und offener
Form zum Sündenbock gemacht wird. Auf versteckte Weise

geschieht es allerdings häufig. Stellen Sie sich einen jungen
Manager vor, der seinen Platz in einer kurzfristig zusam-
mengestellten, funktionsübergreifenden Gruppe sucht. Er
hat eine direkte Art, aber liegt mit seinen Ideen, Wahrnehmungen und Vorschlägen leider oft daneben. Er wird die
Zielscheibe für Witze und negative Bemerkungen und bekommt allmählich die Rolle des Gruppenclowns. Die Situation wird allesbeherrschend und ist symptomatisch für andere unterschwellige Verhaltensweisen. Das Funktionieren
der Gruppe ist ernstlich gefährdet. Die Gruppe ist unfähig –
oder nicht bereit – ihr Verhalten und ihre Dynamik zu analysieren. Schließlich schlägt der Berater der Gruppe vor,
sich aufzulösen und sich mit anderen Mitgliedern neu zu
formieren. Die Situation wird vom Prozeßberater mit viel
Feingefühl gut bewältigt, da er akzeptiert, daß sich die
Gruppe nicht mit den Problemen auseinandersetzen wird,
und dennoch nicht in die Lage gebracht werden soll, vom
Management dafür bestraft zu werden.

Evaluation Woher weiß ein Berater, ob er erfolgreich ist? Irgend-
eine Form der Evaluation sollte zwischen Berater und
Klient festgelegt werden. Dies kann von einem gemeinsamen Gespräch bis zu Meßverfahren und objektiven Kriteri-
en und Beobachtungen reichen. Wichtig ist ein gemeinsames Gespräch über die Erwartungen und über die Art und
Weise, wie die Gruppenziele – die Aufgabe und das Arbeitsklima betreffend – festgesetzt werden können.

Abgrenzung Prozeßberater von Gruppen arbeiten oft mit Kolle-
von Rollen gen, Führungskräften, Problemmanagern und Team-
leitern zusammen. Der Berater muß seine Grenzen
kennen und bereit sein, das Thema Rollenkonflikt und Rol-
lenambiguität zu thematisieren. Der Berater muß erkennen,
wann er nein sagen sollte. Das kann sich auf ein Projekt,
eine Stelle, eine Anfrage einer Führungskraft oder eine Forderung der Gruppe beziehen.

Nachdem wir nun Werte und ethische Aspekte behandelt haben, wenden wir uns jetzt den Möglichkeiten zu, die Prozeßberatung von Gruppen innerhalb einer Organisation zu etablieren.

Einbettung der Prozeßberatung in die Organisation Bevor wir verschiedene Möglichkeiten der Einbettung der Prozeßberatung in die Organisation betrachten, wollen wir einige Dynamiken und Probleme untersuchen, die mit der Rolle der PE (Personalentwicklung) und der OE (Organisationsentwicklung) zusammenhängen.

Oft schlägt der PE-Berater einer Führungskraft eine Gruppenprozeßberatung vor, und diese antwortet mit „Gruppenwas?". Führungskräfte kennen einiges an PE- und OE-Terminologie, haben aber meist wenig Ahnung davon, was die Berater tatsächlich können, tun und anzubieten haben. Dieses Unwissen muß den Personalentwicklern selbst angelastet werden, denn wir versäumen es, die Organisationen, leitenden Angestellten und Führungskräfte über die Bereiche unseres Könnens und Angebots zu informieren. „Was sollen wir denn machen?", fragt der PE-Manager. „Normalerweise holt uns ein Vorgesetzter oder eine Führungskraft und sagt uns, was erwartet wird." Dies stimmt vermutlich. Doch wir nutzen die Gelegenheit nicht, die sich beim Einstieg bietet, um der Führungskraft zu antworten und das Ausmaß des Problems zu erforschen bzw. zu sagen: „Nein, ich glaube nicht, daß dieses Vorgehen zum jetzigen Zeitpunkt zu Ihrem Besten wäre." Typisch ist für diese Situation vielmehr, daß der Manager bzw. Mitarbeiter aus der Personalentwicklung jede Aufgabe, jedes Problem und jede Fragestellung, die an seine Abteilung herangetragen wird, akzeptiert.

PE-Mitarbeiter gehen in die Falle, eher als „Experte" oder „Arzt" zu agieren, statt als Berater. Das Expertenmodell ist das Gegenteil dessen, was wir in der Organisation befür-

worten. In der internationalen Arbeitskultur setzt sich allmählich mehr Mitbestimmung durch, sie ist stärker grup-
pen- und teamorientiert. Organisationmitglieder tragen
dazu bei, Probleme zu lösen und Entscheidungen zu treffen.
Natürlich gibt es technische Probleme, die den Experten
verlangen, und das ist richtig so; aber die meisten nicht-
technischen Probleme, und auch manche technischen, erfordern eine beratende Herangehensweise.

Daher müssen PE-Mitarbeiter lernen, wie man berät. Dazu
gehört, Führungskräfte darüber zu unterrichten, wie der
Berater am besten helfen kann, und wie wiederum sie – die
Führungskräfte – effektiver werden können. RALPH H.
KILMANN (1984, 159) nennt zwölf Regeln zur Problembe-
wältigung, die zum Instrumentarium jedes PE-Mitarbeiters
gehören sollten*:

Zwölf Regeln zum Problemmanagement

1. Planen Sie, bevor Sie handeln; gehen Sie ein komplexes Problem nie blindlings und unüberlegt an.

2. Zergliedern Sie ein komplexes Problem; verlieren Sie vor lauter
   Bäumen den Wald nicht aus dem Auge.

3. Machen Sie die Voraussetzungen deutlich; Ihre Argumente
   sollten nicht auf Sand gebaut sein.

4. Überprüfen Sie Voraussetzungen; gehen Sie nicht davon aus,
   daß jeder das Problem auf Ihre Weise sieht.

5. Diskutieren Sie Voraussetzungen und Standpunkte, bevor ein
   Konsens erzielt wird; haben Sie keine Angst vor produktiven
   Konflikten.

6. Definieren Sie das Problem, bevor Sie es lösen; sorgen Sie nicht
   für eine schnelle Lösung des falschen Problems.

7. Kooperieren Sie bei komplexen Problemen; unterdrücken Sie
   keine zur Verfügung stehenden Informationen – das könnte
   letztlich negativ auf Sie zurückschlagen.

*Aus: Beyond the Quick Fix: Managing Five Tracks to Organizational
Success, von Ralph H. Kilmann. San Francisco: Jossey-Bass Inc. 1984.
Genehmigter Nachdruck.

8. Achten Sie auf das Abwegige, wenn das Problem komplex ist; gehen Sie nicht davon aus, daß die Mehrheit recht hat – vielleicht ist sie nur unwissend.

9. Fördern Sie beim Sammeln der Informationen Vertrauen und Ehrlichkeit; lassen Sie keine Atmosphäre von Verrat und Spitzelei aufkommen.

10. Lassen Sie sich beraten bzw. tun Sie sich bei komplexen, wichtigen Problemen zusammen; drängen Sie den anderen Ihre einfache Lösung nicht auf, in der Erwartung, daß diese sie akzeptieren werden.

11. Klären Sie einfache und unwichtige Probleme; belästigen Sie andere nicht damit – sie haben Wichtigeres zu tun.

12. Nehmen Sie sich in jeder Sitzung die Zeit, den Problembewältigungsprozeß zu betrachten; gehen Sie nicht davon aus, daß er sich schon um sich selbst kümmern wird – das tut er nämlich nicht.

Wie kann dies erreicht werden? Wenn interne PE- und OE-Organisationen unter denselben Bedingungen für Ihr Überleben sorgen müßten wie externe Berater, wären sie eher bereit, ein großes Spektrum an Strategien bezüglich Professionalität, Marketing und Rentabilität zu berücksichtigen.

Lernen Sie,   Vielleicht liegt es an der Organisationskultur, an
nein zu sagen   der Art, wie sich die Rolle der PE und OE entwickelt hat, oder auch an der Persönlichkeit des Beraters: viele gehen auf jeden Wunsch und jede Bitte des Managements ein – auch wenn es letztlich nicht im besten Interesse des Managements liegt. Ein solches Vorgehen kann aber auch nicht im Interesse des Beraters liegen. Wenn etwas schiefgehen sollte, wird oft dem Berater die Schuld zugeschoben. Wir müssen lernen, nein zu sagen, indem wir Gründe vorbringen und einen Alternativvorschlag anbieten.

Eine beratende   Ich habe schon gehört, daß Berater
Vorgehensweise wählen   sagten: „Ich habe gewußt, daß dies in einer Katastrophe enden würde, aber was sollte ich denn machen?" Was der Berater zum Beispiel hätte tun können, ist, der Führungskraft mit Nein zu ant-

worten und sie dann zu beraten – mit einem problemorientieren Gespräch über Voraussetzungen, Gefühle, Alternativstrategien und schließlich erste Aktionsschritte.

Professionelle Darstellung Wenn Sie gegebenenfalls nein sagen
der eigenen Person und beratend vorgehen, verhalten Sie
sich hilfreich und werden entsprechend wahrgenommen. Es geht darum, dem Klienten zu
helfen, Alternativen zu erforschen, nachdem das Problem
klar umrissen und gültiges Material gesammelt worden ist.
Führungskräfte müssen natürlich über diese beratende Vorgehensweise informiert werden. Normalerweise sind sie auf
schnelle „Experten"-Antworten und -Ergebnisse hin geschult – und belohnt worden. Doch die Tage des heldenhaften Managers (BRADFORD & COHEN 1984) sind gezählt.
Das Informationszeitalter ist schnell, unermeßlich und
komplex. Es erfordert, daß jeder von uns Einschätzungen
vornimmt, Probleme löst und Entscheidungen trifft (WEISBORD 1987). Sich in dieser Kultur als hilfreich zu zeigen,
heißt, sich als kompetenten Fachmann zu zeigen, der weiß,
was er kann. Das bedeutet auch, der Versuchung zu widerstehen und „Ich kann das" zu sagen, wenn man es nicht
kann und genau weiß, daß auch die Führungskraft bei ihrer
Aufgabe Hilfe brauchen wird.

Um die Prozeßberatung in die Organisation zu integrieren,
muß der interne Berater als erstes seine Abteilung als ein
Profit center bzw. eine externe Beraterfirma sehen: „Was
müssen wir tun, um zu überleben? Welche Strategien müssen wir einsetzen, um Gewinn zu machen?" Die folgenden
Vorschläge könnten internen Beratern helfen, diese Fragen
zu beantworten.

Sagen Sie, PE-Berater gehen oft davon aus, daß Füh-
was Sie anzubieten rungskräfte wissen und verstehen, was Bera-
haben ter tun und was sie anzubieten haben. Gespräche mit Führungskräften zeigen das Ge-

genteil. Sie denken erst an PE-Mitarbeiter, wenn sie nicht in der Lage sind, einen Konflikt zu lösen oder ein Problem zu bewältigen. Führungskräfte sind in der Regel krisenorientiert und nicht über Möglichkeiten der Prävention informiert. PE-Berater müssen das Bewußtsein der Führungskräfte für die Dienste der PE, darunter die Prozeßberatung von Gruppen, erhöhen. Dies kann auf unterschiedlichste Weise geschehen. Es kommt nur auf die Kreativität und den Einfallsreichtum der Abteilung an.

Es hilft, wenn die PE-Mitarbeiter stolz auf sich und ihre Dienste sind, denn Stolz steigert offenbar die Professionalität.

Treffen mit   Es ist bedauerlich, daß Berater erst im Falle
Führungskräften einer Krise, eines Problems oder eines Anliegens mit den Führungskräften zusammentreffen. Unter diesen Bedingungen ist es schwerer, sich kennenzulernen und Leistungen und Möglichkeiten auszuloten. Berater sollten die Zeit schaffen, um mit Führungskräften zu reden, bevor es zu einer Krise gekommen ist. Organisieren Sie Gespräche mit einzelnen Managern oder kleinen Gruppen, um über die Dienste, die Sie und Ihre Abteilung anbieten können, zu sprechen und über die Bedingungen, unter denen sie am besten bereitgestellt werden können. Finden Sie heraus, welche Erwartungen die Führungskräfte an eine Beratung haben.

Kalte Anrufe Ergreifen Sie die Initiative. Führen Sie JIT (just-in-time)-Beratungen durch. Wir empfehlen diese Praktik Führungskräften und leitenden Angestellten; warum also nicht dem Personalentwickler? Rufen Sie kalt (also unangemeldet) an. Wenn der Manager beschäftigt ist, sollte der Berater seine Zeit nicht in Anspruch nehmen. Berater stellen jedoch oft überrascht fest, daß eine Führungskraft froh ist, eine Pause zu machen, sich kurz zu unterhalten und zu erfahren, was die PE oder OE für sie tun kann.

Bieten Sie Es kann sehr wirkungsvoll sein, kleine Grup-
Vorführungen an pen von Führungskräften, leitenden Angestellten und anderen wichtigen und relevan-
ten Personen zu versammeln, um ihnen die Art, den Inhalt
und Beispiele der Prozeßberatung zu demonstrieren. Eine
PE-Abteilung hat, kurz gefaßt, ein Rollenspiel für regelmäßig stattfindende Treffen mit Gruppen von Führungskräften entwickelt, um die Nützlichkeit der Prozeßberatung
zu demonstrieren. Im Anschluß treffen sich die PE-Mitarbeiter mit den einzelnen Führungskräften, um zu erörtern,
wie sie die Prozeßberatung in ihrer teamorientierten Organisation einführen könnten. Während der Vorführung kann
den Führungskräften Gelegenheit gegeben werden, Probleme vorzubringen, die sie behandelt sehen möchten. Die Situation wird abgesprochen, und die „Schauspieler" spielen
vor, wie die betreffende Situation bewältigt werden könnte.
Unweigerlich bekommt die Führungskraft Einsichten in die
Situation und lernt, wie sie sie besser bewältigen könnte.
Wenn die betreffende Führungskraft sogar bei dem Rollenspiel mitzumachen bereit ist, umso besser.

Solche Vorführungssitzungen müssen nicht mehr als eine
Stunde Zeit in Anspruch nehmen. Sie bieten Führungskräften außerdem Gelegenheit, sich über gemeinsame Probleme
auszutauschen.

Videokassetten Wenn die Zeit für eine Demonstration einfach
nicht vorhanden ist, kann eine Videoaufnahme
einer echten Beratung oder eines Rollenspiels benutzt werden. Natürlich muß bei einem echten Fall die Genehmigung
aller Teilnehmer eingeholt werden. In den meisten Organisationen ist das allerdings ein geringes Problem.

Das Video muß nicht lang sein. Hauptziel ist es, dem Zu-
schauer eine Vorstellung von der Prozeßberatung zu geben.
Es müssen daher Beispiele für methodische und gruppendynamische Interventionen enthalten sein. Es ist sinnvoll, eine

vier- bis zehnminütige Informationseinheit über den Ablauf einer Prozeßberatung zu präsentieren sowie Inhalt und Prozeß zu erläutern. Den Führungskräften wird nahelegt, sich das Videoband bei Gelegenheit anzusehen.

E-mail   Die meisten großen Organisationen, die gewinnorientierten wie auch die gemeinnützigen, verfügen inzwischen über E-mail. Die Systeme sind zwar bereits mit Trivialem und Unwichtigem vollgestopft, dennoch bietet dieses Medium eine weitere Möglichkeit, mit einer großen Anzahl von Menschen Kontakt aufzunehmen. Ein monatlicher Bericht über ein interessantes Thema oder auch eine kurze Beschreibung der anzubietenden PE-Dienste können sehr effektiv sein.

Broschüren   PE-Abteilungen, wie auch externe Beratungsunternehmen, müssen ihren Namen und die ihrer Mitarbeiter im Blickfeld der Organisation halten. Prozeßberater können Mitteilungen verfassen oder Rundschreiben herausgeben, in denen sie ihre Tätigkeit erläutern.

Selbständige Berater finden es von großem Wert, ihre Organisation und Dienste in Werbeschriften der Öffentlichkeit darzustellen. Eine gut durchdachte und schön gestaltete Broschüre kann hocheffektiv sein. Nur wenige Organisationen stellen solche Broschüren her; dabei berichten Führungskräfte, wie wertvoll sie es finden, auf solche Broschüren zurückgreifen zu können. Sie müssen allerdings unbedingt professionell produziert sein.

Rundschreiben   Monatlich oder vierteljährlich von der PE-Abteilung herausgegebene Rundschreiben berichten von Maßnahmen, führen Dienste auf und gehen auf spezifische Fragen der betreffenden Organisation ein. Solche Rundschreiben sorgen dafür, daß der Name und die Funktion der PE im Bewußtsein bleibt. Außerdem informieren sie den potentiellen Klienten. Kommentare eines „Gast"mana-

gers vermitteln das Bild, daß die PE ein integraler Bestand-
teil der Organisation ist. Auch das Rundschreiben muß
professionell entworfen und produziert werden. Das dürfte
beim heutigen Stand des Desktop-Publishing kaum ein Problem sein.

Ausgewählte Artikel Viele interessante und wertvolle Informa-
                       tionen gehen über den Schreibtisch der PE-
Mitarbeiter. Darunter auszuwählen und Führungskräften
und leitenden Angestellten aktuelle Exemplare, relevante Artikel oder einfach nur interessante Meldungen zu schicken,
trägt zur Information bei und dazu, daß sich die Normen
der Organisation verändern. Man sollte die Adressaten nicht
mit vier oder fünf Artikeln überhäufen; ein einzelner kurzer,
relevanter Text pro Monat reicht völlig aus. Die PE-Mitarbeiter haben oft auch eine Auswahl an Büchern, die sie den
Führungskräften, falls gewünscht, zur Verfügung stellen.

Wenn der PE- bzw. Beraterbereich des Unternehmens als
glaubwürdig, kompetent und professionell angesehen werden möchte, muß er aktiv werden. Seien wir ehrlich, in einer
Zeit, in der Begriffe wie „Downsizing" und „Gesund-
schrumpfen" an der Tagesordnung sind, ist die PE-Abteilung die erste, die verschwindet. Wir, die wir im PE-Geschäft
sind, haben unseren Teil dazu beigetragen, weil wir uns
nicht so kompetent und professionell dargestellt haben, wie
es möglich gewesen wäre. Allzu oft haben wir der Organisation nicht aktiv die Hand gereicht. Statt dessen waren wir
zufrieden, wenn die Organisation zu uns kam, und dann haben wir versucht, allen ihren Wünschen zu nachzukommen.
PE-Organisationen und Berater, die weiterhin nur reagieren,
werden das Ende dieses Jahrhunderts nicht überstehen.

Infos, Infos, Infos   Der Bereich der Prozeßberatung ist ohne
                        Zweifel spannend und befriedigend. Man
kann die Wirkung der Interventionen sofort sehen und erleben. Trotzdem ist die Arbeit eines Prozeßberaters schwierig.

Gruppenmitglieder ignorieren Interventionen, wehren sich dagegen oder willigen ein, ohne sie zu untersuchen. Teilnehmer möchten einerseits vom „Experten" Patentrezepte und genaue Anweisungen und übernehmen oft nicht die Verantwortung für ihr eigenes Lernen. Aber wenn der Berater andererseits als „Experte" auftritt, wird dies ebenso abgelehnt.

In den meisten Unternehmen arbeiten die Mitarbeiter in einer Atmosphäre von „Aufgabe und Ergebnis", die sich um „Gefühle" wenig kümmert. Schon das Wort selbst ist oft verpönt. Prozeßarbeit kann zynisch als „Ringelpiez mit Anfassen" verschrien sein oder als „Selbsterfahrungskram". Wir sind so von der Aufgabe besessen und ergebnisorientiert, daß es die Kraft eines Herkules bräuchte, damit die Gruppe problemorientiert wird. Die Aufgabe zu erledigen, heißt für viele, sich nur auf den Inhalt zu konzentrieren bzw. ausschließlich einen aufgabenbezogen Prozeß – aber gewiß keine Gruppendynamik zu beachten.

Unabhängig davon, wie gut eine Gruppe darauf vorbereitet ist, wird Feedback – besonders, wenn es sich um ein negatives handelt – meist als Schock empfunden. Menschen mögen es nicht, verunsichert zu werden, egal wie gut das Feedback vorgebracht wurde. Abwehr und Widerstand kommen schnell auf und sind nicht leicht zu überwinden.

Probleme durchzuarbeiten und auch der Erwerb der dazu nötigen Fähigkeiten, erfordern Zeit. Aufgrund unserer Mentalität, alles sofort erledigen zu wollen oder „am besten schon gestern damit fertig zu sein", wollen Angestellte im allgemeinen und Führungskräfte im besonderen keine Zeit auf die Prozeßarbeit verwenden. Wir müssen Möglichkeiten finden, ihnen zu zeigen, daß es die Zeit wert – und darüber hinaus auch kosteneffektiv – ist.

Der PE-Mitarbeiter muß in Zukunft das Informieren immer im Hinterkopf haben. Jede Gelegenheit muß genutzt werden, um darzustellen, wie wertvoll Beratung ist. Dadurch wird nicht nur Ihre Arbeit besser, dies könnte auch Ihre Stelle retten. Wir wissen, daß bleibende Veränderung von rationalem und praktischem Lernen, von Übung und Zeit abhängt. Zuerst müssen wir das Bewußtsein dafür steigern, daß eine Veränderung notwendig ist, dann die Art der Veränderung erklären und wie wir dazu beitragen können, sie durchzuführen. Nur gut konzipiertes Informieren unserer Klienten wird uns unserem Ziel näher bringen.

In Kapitel 9 – dem letzten Kapitel – wird eine weite Spanne von Bedingungen, Variablen und Interventionen betrachtet, die mit der Prozeßberatung von Gruppen in Zusammenhang stehen.

Planungsteam von Führungskräften

Das Team konnte sich gut auf die Planung konzentrieren und hatte nach einigen Monaten keine Probleme mehr, sich in Untergruppen aufzuteilen, um an einzelnen Aufgaben zu arbeiten. Die Mitglieder machten zwar ihre Scherze über „Vertrauen", aber dieses war eindeutig vorhanden. Zuweilen wurde das Team zu sehr aufgabenbetont und ignorierte gruppendynamische Fragen, aber dann brachte Scott – oder eines der Teammitglieder – sie wieder auf Kurs. Ebenso vertieften sie sich manchmal zu sehr in Gruppenfragen und vernachlässigten die Aufgabe. Mit der Zeit übernahmen sie die Prozeßarbeit in eigener Regie und zogen Scott damit auf, daß er „überflüssig" sei. Scott hatte zwar selbst darauf geachtet, überprüfte es jedoch. Es war wichtig, seine Effektivität nicht zu verlieren, was aber nicht der Fall war.

Das letzte wichtige Problem war die Abkapselung der Gruppe. Die Gruppe arbeitete kontinuierlich, wuchs immer stärker zusammen und begann allmählich, Input und Feedback, das von außen kam, zu ignorieren. Als Scott darauf hinwies, reagierten die Teammitglieder wütend. Die Wut war für die Bemerkung unverhältnismäßig. Anstatt auf dem Thema zu bestehen, entschied sich Scott dafür, abzuwarten. Die Gruppe arbeitete noch fünfundvierzig Minuten weiter; dann sagte Jerry: „Mann, ich möchte nicht, daß Scott wieder denken kann, daß er Recht gehabt hat."

Jeder, auch Scott, mußte lachen. Es folgte eine fruchtbare Diskussion über Gruppenbedürfnisse und aufgabenbezogene Bedürfnisse. Es wurden Maßnahmen in die Wege geleitet, um weitere Menschen, die etwas beizutragen hatten, in die Gruppe zu bringen. Die Teammitglieder planten selbst die Vorgehensweise und verwendeten verschiedene Maßnahmen, die Scott bei ihnen angewandt hatte, wie z. B. Beobachter einzusetzen, den leeren Stuhl usw. Es wurde dafür gesorgt, daß den von außen herangezogenen Personen erklärt wurde, wie und warum sie gebraucht wurden.

Qualitätszirkel

Zirkel I. Kim wurde von Mitgliedern gefragt, was sie lernen könnten, um ihre Effektivität zu erhöhen. Sie schlug vor, das Prozeßtraining fortzusetzen und vielleicht zusätzliche Schulungsmaßnahmen zu kreativen Problemlösungsmethoden durchzuführen. Kim fragte, ob die Gruppe an komplexeren Problemen arbeiten wolle. Dies wurde einhellig bejaht. Es wurden Vorbereitungen für ein Gruppentraining in kreativer Problemlösung getroffen. Landau meldete sich freiwillig, um mit dem Auftraggeber des Zirkels darüber zu sprechen, daß sie komplexere Probleme angehen wollten. Der Auftraggeber war überrascht und begeistert. Er hatte einen solchen Erfolg nicht unbedingt erwartet. Er kam der Bitte gern nach, war aber umsichtig genug, die Komplexität innerhalb machbarer Grenzen zu halten. Er besprach das Problem und seine Meinung mit dem Zirkel, der seine Ehrlichkeit und das gezeigte Vertrauen zu schätzen wußte.

Zirkel II. Michael war im Laufe der eineinhalb Jahre als Leiter aufgetaut. Als sein Selbstvertrauen in seine Leitungskompetenz wuchs, sagte man ihm, er sei „nicht mehr so abgehoben und intellektuell wie vorher". Michael hatte allerdings das Gefühl, er habe sich jetzt bis an die Grenze seiner Möglichkeiten verändert. Sein Ansehen im Unternehmen war gestiegen, wie auch das Kims von Zirkel I.

Krankenhausverwaltung

Die Gruppe wurde mit mehreren Krisen konfrontiert, als sie gezwungen war, schwierige Entscheidungen über die Zukunft des Krankenhauses anzugehen. Gruppenmitglieder interviewten und unterhielten sich mit vielen Angehörigen des Krankenhauspersonals, mit Patienten, Ärzten und Leuten aus der Stadtverwaltung. Die Daten waren zwar vollständig, hatten aber die Tendenz, die Gruppe zu überlasten. Sie konnten allerdings miteinander über ihre Sorgen, Ängste und Frustrationen sprechen. Das war ein radikaler Unterschied gegenüber der Situation sechs Monate zuvor. Daß offen darüber geredet wurde, führte zu einem Gespräch darüber, daß man Hilfe bekommen und mehrere Komitees gründen wolle, die bei der Planung behilflich sein sollten. Jedes Mitglied der Gruppe sollte in einem der Ad-hoc-Komitees Mitglied sein. Der Plan übertraf ihre Erwartungen. Das Krankenhauspersonal fand es spannend, so unmittelbar am Veränderungsprozeß beteiligt zu werden. Jedes Komitee hatte einen Problemmanager aus der PE zur Seite und wurde in einem Vier-Tage-Schnellkurs geschult. Die Komitees traten zusammen, Personen wurden befragt, Pläne konzipiert, Konflikte bewältigt und die Begeisterung hielt an.

9 Potpourri

Dieses Kapitel befaßt sich mit verschiedenen Rollen, Interventionen und Fragen und Antworten zum Thema Gruppen und Prozeßberatung, die sich in anderen Kapiteln nicht unterbringen ließen.

Beratertypen Wie die meisten Rollen in der Gruppe, kann auch das Verhalten von Prozeßberatern mit der Zeit abgedroschen wirken. Die folgenden Beispiele illustrieren verschiedene Beratertypen, wie sie nur allzu oft in Gruppen vorkommen. Diese stereotypen Rollen werden auch von Mitgliedern übernommen, die sich nicht als Berater oder Problemmanager verstehen. Unser Blick richtet sich hier allerdings auf den Prozeßberater und dessen Rolle. Die Beschreibungen sind bewußt überzeichnet, um die Rollen deutlicher darzustellen.

Der Direktor Der Direktor instruiert die Gruppe explizit und implizit, was zu tun ist und wann es zu tun ist. Dies kann sowohl durch gruppendynamische als auch durch methodische Interventionen geschehen. Dieses Verhalten zeigt sich meist bei Prozeßberatern, die schon eine Weile dabei sind. Sie haben alles schon einmal erlebt und sind mit dem langsamen Tempo der Gruppe unzufrieden. Nach ihrer Ansicht können sie die Gruppe schneller ans Ziel bringen als jeder andere. Möglicherweise fügt sich die Gruppe, allerdings lernt sie nicht viel dabei und kann sich auch keine Fertigkeiten aneignen, die sie auf andere Situationen übertragen könnte.

Dr. Feelgood „Alles in bester Ordnung! Kein Grund, zur Aufregung." Dieser Prozeßberater entspricht bei BLAKE und MOUTON (1964) der 1/9-Orientierung im Verhaltensgitter. Jeder muß glücklich oder zumindest zufrieden sein,

selbst auf Kosten der Aufgabenbewältigung. Konflikte werden vermieden, negative Gefühle unterdrückt. Der Berater
wird keine Konfrontationen herbeiführen, auch wenn es
angemessen wäre, und wird regelmäßig vorschlagen, daß
die Mitglieder persönliche „Angelegenheiten" woanders regeln. Dr. Feelgood setzt ausschließlich auf positive Verstärkung und arbeitet darauf hin, daß die Mitglieder „glücklich" bleiben. Teilnehmer fühlen sich kurzfristig gut, sind
jedoch später enttäuscht, weil die Gruppe keine Fortschritte
gemacht hat und viele Probleme unter den Teppich kehrt.

Herr/Frau Gefühlsheimer   Sie sind heute nicht mehr so häufig
anzutreffen wie in den siebziger Jah-
ren, den die Gefühlsheimer stammen aus der Ära der
Selbsterfahrungsgruppen und der Human-Potential-Bewegung. Sie beschäftigen sich hauptsächlich mit den Gefühlen
und Emotionen, die in der Gruppe entstehen. In Wirklichkeit sind sie für einen Großteil dieser entstehenden Emotionen selbst verantwortlich. Sie propagieren Konfrontation
und Auseinandersetzungen, jedoch nicht im Dienste der Sache, sondern um der Katharsis und Intensität willen.

Der Technikfreak   Für jede Gruppensituation gibt es eine bestimmte Vorgehensweise, und der Technik-
freak kennt und verwendet sie alle – wenn auch häufig gerade falsch. Sachprobleme, mangelnde Kreativität, Konflikte oder schweigende Mitglieder – egal was – die Mitglieder
müssen eine Maßnahme nach der anderen über sich erge-
hen lassen. Auch wenn Probleme an die Oberfläche kommen, werden sie selten durchgearbeitet. Es herrscht der Eindruck, daß Spiele gespielt werden. Der Technikfreak ist
eher Unterhalter und Trainer als Berater.

Der Beobachter   Der Beobachter lehnt sich zurück und nimmt
nur wenige Interventionen vor. Er konfrontiert
nicht und macht auch keine Vorschläge. Wenn er gefragt
wird, beschreibt er leidenschaftslos, was er sieht, und faßt

regelmäßig – am Ende der Sitzung – seine Beobachtungen zusammen. Dieser Mensch hat wenig Erfahrungen als Gruppenmitglied. Dieses Verhalten findet man oft bei unerfahrenen Beratern, die wenig oder keine Ausbildung haben.

Der Weise   Der Weise streut Perlen der Weisheit unters Volk, er ist abstrakt, esoterisch und spricht in Bildern. Er hält sich etwas abseits der Gruppe und ihrer Mitglieder und kommt meist aus dem akademischen Umfeld.

Der Schreiber   Der Schreiber bringt oft ein Flipchart mit, bereitet den Raum vor, sorgt für Kaffee und ist immer entgegenkommend. Er unterhält sich mit dem Mitgliedern, vermeidet Konflikte und fühlt sich als unterstützende Person offensichtlich wohler denn als Berater. Der Schreiber meldet sich sofort freiwillig, um sich an das Flipchart zu stellen und für die Gruppe zu protokollieren, oder findet andere Möglichkeiten, zu protokollieren bzw. Notizen zu machen.

Der Großinquisitor oder Vernehmungsbeamte   Fragen zu stellen, besonders zur Motivation der anderen, und wenig über sich selbst zu verraten, ist das Kennzeichen des Großinquisitors. Gruppenmitglieder haben manchmal das Gefühl, vor Gericht zu stehen, weil sie unablässig ausgefragt werden. Anstatt Verhalten zu beschreiben, fragt der Großinquisitor ständig nach dem Warum des Geschehens.

Der Oberlehrer   Der Oberlehrer ähnelt dem Direktor, verwendet allerdings keine gruppendynamischen Interventionen. Er geht meist nicht besonders subtil vor. Unter der Maske des Prozeßberaters ist der Oberlehrer eigentlich der Leiter der Gruppe. Er verwickelt bzw. verliert sich in der Aufgabe und im Inhalt und schafft es nicht, die Grenzen seiner Rolle einzuhalten. Die Mitglieder sehen diesen Prozeßberater als „einen von uns", allerdings nicht im positiven Sinne. Die Mitglieder unterscheiden nicht zwischen sich und dem Berater. In kürzester Zeit hat der Oberlehrer seine Glaubwürdigkeit verloren.

Der Bombenleger Das Merkmal des Bombenlegers ist es, explosives Material zu verteilen – das heißt, hochintensive Interventionen vorzunehmen –, und sich dann völlig zurückzuziehen. Die Gruppenmitglieder werden sich selbst überlassen und müssen sehen, wie sie mit dem Schaden am besten zurechtkommen. Die Interventionen mögen korrekt sein, gehen jedoch so tief, daß die Gruppe mit ihnen nicht umgehen kann. Außerdem kann der Bombenleger die Situation selbst genauso wenig bewältigen oder fürchtet sich davor, emotional beteiligt zu werden.

Ein Beispiel: Der Bombenleger wendet sich an ein ängstliches Gruppenmitglied, als die Gruppe gerade am Beginn der Aufbauphase steht: „Harry, Sie scheinen wegen Ihrer Teilnahme hier recht nervös zu sein. Wie nehmen die anderen hier Harry in diesem Moment wahr?" Nachdem er seine Bombe abgeworfen hat, wartet er nun darauf, daß Harry reagiert oder daß sich die Gruppenmitglieder mit Harrys Ängstlichkeit beschäftigen. Der Bombenleger verwendet Interventionen aus der rechten unteren Ecke des Interventionswürfels (Abbildung 14), und dies meist in unangemessener Weise und ohne Kontrakt.

Der Entertainer Dieser Prozeßberater hält die Gruppe beschäftigt, interessiert und engagiert. Durch unangemessenen Einsatz von Humor, befreiender Komik und interessanten Aktivitäten werden die Mitglieder ständig in Hochspannung gehalten. Sie haben allerdings keine Zeit zum Nachdenken. Es wird kaum etwas gelernt und die Gruppe reift nicht, weil sie sich nicht mit dem Prozeß auseinandersetzen oder ihn gar in Frage stellen kann.

Der Pit-Bull-Terrier Der Pit-Bull-Terrier ist feindselig und greift häufig an. Wenn er sich einmal an einem Teilnehmer festgebissen hat, läßt er nicht mehr von ihm ab. Seine Interventionen sind normalerweise persönlich und wertend. Auch wenn sie sich aus dem aufgabenbezogenen Prozeß entwickeln, schaffen sie bald gruppendynamische Probleme. Mit der Zeit ziehen sich die Gruppenmitglieder zurück oder geben nur unwillig Ideen, Beobachtungen oder Gefühle preis, da sie Angst vor Angriffen oder Vergeltung haben.

Raumgestaltung und Arbeitsmaterial Von den Gruppenmitgliedern wird Effektivität erwartet, doch sind die Umgebung und der Rahmen, in denen sie arbeiten sollen, oft beklagenswert und laufen einer effektiven Arbeit zuwider. Wir müssen mehr Zeit darauf verwenden, über das geeignete Arbeitsumfeld für Kleingruppen nachzudenken und es entsprechend einzurichten. Es folgt eine Liste mit verschiedenen Aspekten, die bei der Gestaltung des Sitzungsraumes zu berücksichtigen sind.

Tische Tische sorgen zwar für Ordnung und sind praktisch, um Kaffeetassen abzustellen, doch bei der Kommunikation sind sie ein Hindernis. Sie erzeugen gewöhnlich eine psychologische Distanz: Wer hinter einem Tisch sitzt, läßt sich weniger in die Karten schauen. Man kann die Personen nur von der Taille aufwärts sehen. Eine Gruppe ersetzte große Sitzungstische durch niedrige Beistelltische – ein netter Kompromiß.

Stühle Meist sind die Stühle in Arbeitsräumen unbequem. Wenn von Mitarbeitern erwartet wird, daß sie Zeit in Gruppen verbringen, sollten sie sich dabei wohl fühlen können.

Teppiche Wenn es finanziell möglich ist, dämpfen Teppiche den Lärm und machen einen Raum angenehmer. Menschen arbeiten in einer angenehmen Umgebung meist besser als in einer sterilen.

Freie Wände   Angemessene Wandfläche ist nötig, um Flipchart-
Poster mit Klebeband oder Pins an die Wand zu
heften. Auch ein dünner Korkstreifen kann angebracht
werden, um die Tapete zu schonen.

Fenster   Fenster sorgen für natürliches Licht und tragen zur positiven Atmosphäre eines Raumes bei, sind jedoch in vielen Häusern nicht immer vorhanden. Zu viel Zeit in fen-
sterlosen Räumen zu verbringen, macht depressiv.

Flipcharts und   Flipcharts und Flipchart-Blöcke sind die Grund-
Flipchart-Blöcke   lage der PE, OE und des Trainings. Man kann
sie leicht beschriften und gut sichtbar aufstel-
len bzw. -hängen. Sie sollten von guter Qualität und an der
Perforierung leicht abzureißen sein. Manche Trainer monie-
ren zwar, linierte Flipcharts seien etwas für Schulkinder,
doch können sie recht nützlich sein – vor allem für diejenigen, die nicht schön waagerecht schreiben und zeichnen
können.

Farbige   Dicke farbige Filzstifte geben der Gruppe Anregung
Filzstifte   und fördern die Erstellung kreativer Graphiken.

Pinwände   Pinwände sind zum Beispiel ganz wesentlich für das
Clustern und hervorragend, wenn es um kreative
Problemlösungen anhand von Karteikarten geht.

Kreidetafeln   Seit es die modernen Flipcharts gibt, sind Kreidetafeln nicht mehr üblich. Doch sind sie geschickt,
wenn man „ins Unreine" formulieren möchte, und lassen
sich natürlich abwischen. Doch auch die neuen elektroni-
schen Tafeln lassen sich ausradieren und dabei kann man,
was noch wichtiger ist, alles, was auf die elektronische Tafel geschrieben hat, sofort kopieren.

Videorekorder,   Es gibt nichts, was für eine Gruppe so viel
Monitor und Kamera   Wirkung hat, wie die Beobachtung und

Analyse ihres Verhaltens per Video. Lange Abschnitte anzusehen, ist meist zu zeitaufwendig – und oft langweilig. Doch ein gezieltes Feedback kann äußerst hilfreich sein. Unter der Woche wird der Videomitschnitt – mit Erlaubnis der Gruppenmitglieder – von ein oder zwei (wechselnden) Mitgliedern untersucht, wenn möglich, mit jemandem zusammen, der sich in Gruppendynamik auskennt. Nicht mehr als sechs „entscheidende" Situationen werden aus dem Videoband ausgewählt. Die Gruppe sieht sich dann die Ausschnitte an und bespricht die Vorfälle und Aktionsschritte.

Ein Videorekorder ist auch nützlich, um vorgefertigte Videobänder abzuspielen. Wenn Telekonferenzen geplant sind, müssen Kamera und Ausrüstung ebenfalls verfügbar sein.

Videobänder Es gibt inzwischen viele gute Videobänder zum Thema Effektivität der Gruppe bzw. der Organisation. Wenn die Gruppe nicht über einen eigenen Videorekorder verfügt, gibt es vielleicht die Möglichkeit, gegebenenfalls einen auszuleihen. Stellen Sie sicher, daß jeder Teilnehmer den Bildschirm sehen kann. Die hohe Bildauflösung heute macht den Gebrauch sehr großer Bildflächen möglich.

Overhead- Eine Gruppe sollte für ihre Arbeit sowie für Präsen-
Projektoren tationen über einen Overhead-Projektor verfügen. Sie sind zwar nicht zwingend notwendig, sorgen jedoch für eine gewisse Sorgfalt und die Beachtung von Details. Machen Sie sich allerdings mit Ihrer Ausrüstung vertraut und testen Sie sie, bevor die Gruppenmitglieder eintreffen.

Leinwand Für die Projektion kann eine Wand benutzt werden, eine Leinwand bietet allerdings eine höhere Helligkeit und ein klareres Bild. Die Leinwand kann auch für einen 35mm-Diaprojektor verwendet werden.

Telefonanschluß Telefone sind für die direkte Kommunikation und für Konferenzschaltungen nützlich. Sie müssen allerdings abgeschaltet werden, während die Gruppe arbeitet. Es gibt nichts, das so sehr stört, wie zahlreiche Anrufe während einer Sitzung. Dies gilt auch für „Piepser".

Computerprojektion Es gibt inzwischen kostengünstige Geräte, die Computerbilder projizieren können. Computergesteuerte Programme können angesehen und dabei direkte Änderungen bei Berichten im Textverarbeitungssystem vorgenommen werden. Die ständigen technologische Fortschritte auf diesem Sektor werden unsere Technologie und Präsentationen weiter verändern.

Häufig gestellte Fragen zum Thema Prozeßberatung

Vor ungefähr fünf Jahren habe ich begonnen, Fragen, die häufig zur Prozeßberatung von Gruppen gestellt wurden, zusammen mit meinen knappen Antworten zu notieren. Ausführlichere Erklärungen und Überlegungen zu vielen der Fragen finden sich überall in diesem Buch.

F: Wir können es uns nicht leisten, in jeder unserer Gruppen einen Prozeßberater zu haben. Was sind die Alternativen, und wonach entscheiden wir das?

A: Entscheiden Sie, welches die wichtigsten Gruppen sind, zum Beispiel, diejenigen, die relativ eng mit der Rentabilität der Organisation verknüpft sind, und diejenigen, die an uneindeutigen, komplexen Problemen und Strategiefragen arbeiten. Für manche Gruppen wird ein Mitarbeiter als Problemmanager besser geeignet sein. Bei anderen können Gruppenmitglieder in den grundlegenden gruppendynamischen Prozeßfertigkeiten geschult werden, so daß sie die Prozeßarbeit selbst regeln können.

F: Spreche ich in meiner Funktion als Prozeßberater von „Sie" oder von „wir"?

A: Hier gibt es einige subtile Unterschiede. Der Prozeßberater ist ein Mitglied der Gruppe, wenn auch in einer anderen Rolle. In einem frühen Stadium von „wir" zu sprechen, kann manche Mitglieder beleidigen. „Sie" ist vorsichtiger und klingt normalerweise besser. Wenn der Prozeßberater eine Beziehung hergestellt hat und tatsächlich zu einem glaubwürdigen Mitglied der Gruppe geworden ist, ist „wir" angemessener und effektiver.

F: Es scheint mir, als sei es – nach der Terminologie des Myers-Briggs Type Indicator – für einen „NF" leichter als für einen „ST", ein effektiver Gruppenberater zu werden. Stimmt das?

A: Nach meiner Erfahrung ist es tatsächlich so. Das heißt, der intuitive/gefühlbezogene Berater bevorzugt das „Gesamtbild" und sieht viele miteinander verbundene Gruppendynamiken. Außerdem ist er mitfühlender und reagiert auf Gefühle und Emotionen in der Gruppe, die natürlich die Hauptquelle für die Dynamiken sind. Der „ST"-Prozeßberater neigt dazu, eher auf spezifische Verhaltensweisen zu achten, ist strukturierter und läßt sich möglicherweise von nach außen getragenem emotionalem Verhalten stören. Sowohl ein NF als auch ein ST muß sich seiner Schattenseite bewußt sein und entsprechend an ihnen arbeiten.

F: Wie direktiv und bestimmt soll ich als Prozeßberater auftreten?

A: Bestimmt, ja; direktiv, nein. Der Prozeßberater muß seine Interventionen klar und gezielt vorbringen, aber es sind dennoch nur Vorschläge, die er unterbreitet. Wenn Sie die Gruppe lenken, gibt diese möglicherweise nach, aber die Mitglieder bekommen nicht die Möglichkeit, die Prozeßarbeit selbst zu lernen. Sie werden weiter darauf warten, daß Sie Anweisungen geben. Die Gruppenmitglieder brauchen vielleicht eine Weile, bis sie sich entscheiden, ob sie die von

Ihnen vorgeschlagenen Interventionen umsetzen wollen oder nicht. Aber wenn sie es einmal tun, werden sie sie wieder verwenden, und diesmal ohne Ihre Hilfe.

F: Was tue ich, wenn die Gruppe mich bittet, am Flipchart zu stehen?

A: Wenn Sie als ein Mitglied mit dem Schreiben an der Reihe sind, ist das in Ordnung. Die Funktion des Prozeßberaters ist jedoch nicht die eines Protokollanten. Sie müssen sich auf die Gruppe und deren Dynamik konzentrieren können. Schreiben schließt eine wirkliche Konzentration auf die Gruppe aus. Überhaupt versuchen Gruppen oft, die Rolle des Prozeßberaters zu definieren, indem sie neue Aufgaben hinzufügen, die er ausführen soll. Es ist ein Versuch, den Berater unter Kontrolle zu behalten und ihn dazu zu bringen, die Gruppe zu lenken.

F: Wenn ich in eine bereits bestehende Gruppe komme, handle ich dann einen Vertrag aus und frage nach den Normen?

A: Ja. Eine Möglichkeit, Präsenz und Glaubwürdigkeit zu erlangen, ist es, Ihre Rolle zu definieren, wie Sie sie verstehen, und dann herauszufinden, wie die Gruppenmitglieder dazu stehen. Einen Kontrakt auszuhandeln, ist für den Prozeßberater das Hauptmittel, um auszusprechen, was er tut, und die Bedingungen zu benennen, unter denen er am besten arbeiten kann.

Die meisten Gruppen haben keine explizit vereinbarten Verhaltensnormen für die Arbeit. Der Berater kann nach Normen fragen und die Reaktionen der Mitglieder bekommen. Normalerweise werden Sie intervenieren und der Gruppe helfen müssen, eine Reihe von Arbeitsnormen zu entwickeln. Am einfachsten ist es, wie in einem früheren Kapitel angegeben, die Mitglieder zu fragen: „Welches Verhalten sorgt für eine lausige Sitzung, was macht eine gute

Sitzung aus?" Die Mitglieder werden sagen können, was sie wollen und was nicht.

F: Soll ich der Gruppe echte Beispiele für die Art meiner Maßnahmen und Interventionen geben?

A: Unbedingt! Je mehr präzise Informationen die potentiellen Klienten bekommen, desto genauer wissen sie, was sie zu erwarten haben, und desto fundierter der Vertrag. Nur zu oft beginnt der Prozeßberater mit der Gruppe zu arbeiten, obwohl diese nicht die geringste Ahnung hat, was auf sie zukommen wird. Wenn der Berater dann zu intervenieren beginnt, leisten die Gruppenmitglieder, besonders bei gruppendynamischen Interventionen, heftigen Widerstand.

F: Welche Alternativen habe ich, wenn die Gruppenmitglieder nicht wollen, daß ich gruppendynamische Interventionen vornehme?

A: Die erste Alternative ist, den Auftrag nicht anzunehmen. Wenn Sie es doch tun, laufen Sie Gefahr, daß die Gruppe Schwierigkeiten haben wird, über die Sie keine Kontrolle haben. Außerdem legt der Klient Ihnen Ihre Arbeitsweise fest, die auch noch uneffektiv ist, was weder zu Ihrem Besten noch zu dem der Gruppe ist.

Sie können natürlich auch einen Vertrag über aufgabenbezogene Interventionen vereinbaren. Es ist jedoch wichtig, daß die Gruppenmitglieder sich über die Konsequenzen klar sind, die auftreten werden, wenn die gruppendynamischen Prozesse ausgeklammert und dadurch vielleicht die Entwicklung und Leistung der Gruppe beeinträchtigt werden.

F: Wie aktiv soll ich mich in der Gruppe verhalten?

A: Zu Anfang sehr aktiv. Der Prozeßberater ist mit seinen methodischen und gruppendynamischen Interventionen ein

Vorbild. Je ungeschulter und ungeübter die Gruppe, umso
aktiver ist der Berater. In der Aufbauphase ist der Berater
mit methodischen Interventionen aktiv. In der Bearbeitungsphase nehmen dann die gruppendynamischen Interventionen zu. Im Laufe der Zeit werden sich die Mitglieder
die Fertigkeiten aneignen, um die Gruppenarbeit selbst effektiv zu gestalten, und die Aktivitäten des Prozeßberaters
werden abnehmen.

*F: Wieviel Einschätzung muß ich betreiben, bevor ich mit
der Gruppe arbeite?*

A: Wenn die Gruppenmitglieder verstehen, was Prozeßberatung ist, und mit den dazugehörigen Prozessen vertraut
sind, können Sie die Einschätzung vermutlich vornehmen,
während Sie arbeiten. Diese Einschätzung kann mit der
Gruppe als ganzes durchgeführt werden. Es muß allerdings
ein eindeutiger Vertrag existieren.

Wenn es jedoch an Wissen über die Prozeßberatung fehlt und
Mißtrauen Ihnen und Ihren Methoden gegenüber herrscht,
werden Sie wahrscheinlich eine Zeit lang bei der Gruppe und
einzelnen Mitgliedern Daten sammeln müssen. Auch wenn
es besser ist, mit der gesamten Gruppe zu arbeiten, können
ein Mangel an Vertrauen und Widerstände es manchmal erforderlich machen, individuelle Erhebungsmethoden einzusetzen.

*F: Wenn die Führungskraft mich einstellt, ist sie mein Kli-
ent oder kann es auch die Gruppe sein?*

A: Ich bin der festen Überzeugung, daß bei Gruppen- bzw.
Teamarbeit die Gruppe bzw. das Team mein Klient ist – unabhängig davon, wer mich eingestellt hat! Dies sollte der
Führungskraft beim ersten Treffen deutlich gemacht werden. Es kann durchaus sinnvoll sein, mit der Führungskraft
zu arbeiten; dies schließt jedoch aus, daneben auch die

Gruppe als Klient für die Prozeßberatung zu haben. Beides gleichzeitig zu tun, verwischt die Grenzen und schafft Mißtrauen zwischen den Gruppenmitgliedern und der Führungskraft.

F: Wie interveniere ich in einer Situation, in der ein Gruppenmitglied dominiert und immer die Aufmerksamkeit auf sich zieht? Die anderen Gruppenmitglieder werden wütend, aber keiner möchte etwas sagen.

A: Ihre Frage könnte hier die wirkungsvollste Intervention darstellen. Als Intervention könnte sich das ungefähr so anhören: „[Name], ich merke, daß einige Mitglieder [bzw. der Name/die Namen] wütend erscheinen, wenn Sie reden. Ich würde gern überprüfen, ob das so ist, weil Sie die Aufmerksamkeit auf sich ziehen, oder ob es an dem liegt, was Sie sagen."

F: Was ist mit einem Gruppenmitglied, daß grundsätzlich negativ eingestellt ist? Die Gruppe kommt voran, jeder scheint einverstanden zu sein, aber wenn dann eine Entscheidung getroffen werden soll, ist dieser Mensch wieder einmal anderer Meinung.

A: Die Intervention könnte schlicht lauten: „[Name], da Sie während der gesamten Diskussion recht negativ eingestellt waren und bei drei Entscheidungen anderer Meinung waren, würde ich gern checken, wo Sie gerade stehen und die Reaktionen der anderen in der Gruppe dazu bekommen."

F: Dann gibt es John, ein sehr skeptisches Mitglied, das gar nicht in der Gruppe sein möchte. Sein Vorgesetzter hat verlangt, daß er der Gruppe beitritt. John hat dies bereits erwähnt.

A: Konfrontieren Sie John mit seinen Gefühlen: „Ich weiß, Sie sind ziemlich wütend, daß Sie hier sein müssen, und

halten es für Zeitverschwendung. Da Sie gesagt haben, daß
Sie nicht gehen können, würde ich gern herausfinden, was
Sie zum Weitermachen brauchen. Wir sind jedenfalls der
Meinung, daß Sie in dieser Gruppe einen Beitrag leisten
können. Welche Möglichkeiten sehen Sie, um ein engagier-
tes Mitglied zu werden – oder um auszusteigen? Ich vermute, das ist etwas, das Sie regeln müssen."

Wenn die Antwort lautet: „Ich möchte nicht hier sein, habe
aber keine andere Wahl", ist natürlich eine Untersuchung
von Johns Rolle in der Gruppe erforderlich. Oft ist seine
Mitgliedschaft nicht so zwingend, wie John glaubt, noch
sind die Konsequenzen so schlimm, wenn er gehen möchte.

Wenn John die Gruppe stört und ein Hemmschuh ist – und
die Gruppe damit nicht umgehen kann – wird dies zu einer
der seltenen Gelegenheiten, in denen ein Problem ausgela-
gert und außerhalb geregelt werden muß.

Merksätze

Gruppendynamische Interventionen finden immer im Dienste der Aufgabe statt.

Eine gesagte Intervention ist mehr wert als ein Dutzend ungesagter.

Aktuelle Interventionen sind meist wirkungsvoller als nachträgliche Interventionen.

Gruppen, die sich selbst überlassen werden, bewegen sich auf aufgaben-
bezogenes Verhalten zu.

Je uneindeutiger der Auftrag, desto größer der Bedarf an Gruppendynamik.

Wenn man Gruppen die Gelegenheit gibt, machen sie eine Aufgabe
komplexer als normalerweise nötig.

Ein „Problemfall" in der Gruppe spricht eventuell für die gesamte
Gruppe.

Jedes Thema, das in der Gruppe besprochen wird, spiegelt eine Dynamik wieder.

Als Prozeßberater keinen Vertrag zu schließen, schränkt Ihr Effektivitätspotential ein.

Wie auch immer eine Gruppe anfängt, ohne Interventionen wird sie wahrscheinlich weitermachen, bis es zu einer Krise kommt.

Eine Gruppe ist so stark wie ihr schwächstes Mitglied.

F: Wann weiß ich, ob ich ein Prozeßberater bin?

A: Wenn Sie der Klientengruppe die Prozeßberatung ausführlich erklärt haben, dafür einen Vertrag haben und nun entsprechend angemessene Interventionen vornehmen.

F: Wird die Aufgabe meist höher bewertet als das Arbeitsklima?

A: Leider, ja. Wir leben in einem Zeitalter der Technologie und Information. Unsere Hauptausrichtung ist: „Erledige die Arbeit so schnell du kannst." Gefühle – auch unwichtigere – öffentlich zu zeigen, ist verpönt. Privat und hinter verschlossenen Türen werden sie natürlich geäußert. Als Prozeßberater müssen Sie der Klientengruppe zeigen, daß gruppendynamische Probleme nicht nur sehr wichtig sind, sondern daß die Gruppe ihre Energie aus dem Gefühlsleben der Mitglieder bezieht.

F: Wann ist Prozeßberatung machbar?

A: Wenn die Gruppenmitglieder und die Führungskraft sie verstehen und einer Definition der Prozeßberatung zustimmen und Sie einen Vertrag haben; außerdem gehört dazu, daß die Gruppe klein ist und sich regelmäßig für mindestens eineinhalb Stunden trifft.

F: Ich weiß, daß der Prozeßberater einen Vertrag schließt; und die Mitglieder?

A: Ja, der Vertrag bzw. die Vereinbarung muß beidseitig sein. Die Mitglieder geben ihre Zustimmung, daß sie die Prozeßberatung verstanden haben und bereit sind zu versuchen, effektive Gruppenmitglieder zu sein. Wenn es angemessen ist, unterzeichnen alle Gruppenmitglieder die Vereinbarung bzw. den Vertrag.

F: Wie kann ich in meiner Organisation gruppendynamische Belange besprechen, ohne daß es als „Gefühlsduselei" abgetan wird?

A: Das können Sie, je nach Organisation oder Gruppe, nicht verhindern. Dies ist jedoch eine Angelegenheit, die in der Einstiegsphase thematisiert werden kann. Wenn die Gruppe den gesamten Prozeß versteht und weiß, was sie „einkauft" bzw. worauf sie sich vertraglich einläßt, gibt es normalerweise kaum Probleme, daß die Sache als Firlefanz abgetan würde.

F: Die Normen in meiner Organisation unterstützen gruppendynamische Interventionen nicht. Was kann ich tun?

A: Das ist ein schwieriges Problem – und ein sehr verbreitetes. Sie können damit beginnen, daß Sie die Gruppe bzw. das Team über den Wert eines guten Arbeitsklimas informieren, darauf hinweisen, daß die Energie der Gruppe in der Gruppendynamik liegt. Fragen Sie die Gruppe: „Was sind typische Dinge, die eine Gruppe zum Mißerfolg führen?" Unweigerlich werden die Mitglieder die Hauptursachen in Form von gruppendynamischen Problemen benennen.

Was die größere Organisation betrifft, ist auch hier wieder die Information der Schlüssel – bei den obersten Führungsetagen angefangen. Wenn es dort nicht zur Anerkennung

der Bedeutung der Gruppendynamik kommt, ist es unwahrscheinlich, daß gruppendynamische Interventionen
grundsätzlich akzeptiert werden.

Die Personalentwicklung kann eine wichtige Rolle bei diesem Informationsprozeß spielen, indem sie verschiedene
Segmente der Organisation systematisch schult. Die Voraussetzung ist natürlich, daß die PE-Abteilung dieses Prinzip selbst vertritt.

*F: Was tue ich, wenn es einen Konflikt zwischen der Grup-
pe und einem herausragenden Gruppenmitglied gibt? Wo
hat das Geniale seinen Platz?*

A: Wie alle Fragen, gehört auch diese in die Gruppe und
muß dort thematisiert werden. Eine Intervention könnte
etwa folgendermaßen lauten: „Ich bin mir bewußt, daß die
Spannung in der Gruppe stärker wird, wenn Jim einen Vorschlag macht. Als Gruppe müssen wir wissen, worum es
geht. Gibt es dazu von Ihrer Seite Überlegungen, Gefühle,
Wahrnehmungen?"

*F: Wie kann ich lernen, in meiner Organisation bei unver-
nünftigen Anliegen und Forderungen nein zu sagen?*

A: Indem Sie Ihrer Einschätzung vertrauen und eine beratende und kooperative Haltung gegenüber der Führungskraft – oder wer auch immer die Forderung stellt – einneh-
men. In unserem Geschäft sagen uns die Menschen meist,
was sie wollen und wie wir auf die Bitte reagieren sollen.
Wahrscheinlich habe Sie schon ungefähr folgendes zu hören
bekommen: „Ich habe eine Gruppe von zwanzig Einzel-
kämpfern und möchte sie zu einem Team bilden. Am fünf-
undzwanzigsten dieses Monats habe ich vier Stunden Zeit.
Ich hätte gern, daß Sie dann kommen und das machen."
Aber, was noch schlimmer ist, wie oft sind Sie einem solchen Anliegen nachgekommen?

In diesem Fall muß der Berater sich mit der Führungskraft zusammensetzen und die Situation sowie die Auswahl an Möglichkeiten ausloten, wenn die Gruppe etwa zu groß oder für die Teambildung oder die Prozeßberatung noch nicht bereit ist.

F: Kann man einen Prozeßberater nur einmal einsetzen?

A: Technisch gesehen, nein. Laut Definition arbeitet ein Prozeßberater über eine längere Zeit mit der Gruppe. Aber er könnte natürlich helfen, eine Gruppe in Gang zu bringen und in dieser Zeit Prozeßfertigkeiten einzusetzen.

F: Ich bin die PE-Führungskraft im Stab des Werksleiters. Er hat mich gebeten, als Prozeßberater für seine Mitarbeiter zu fungieren. Was kann ich tun?

A: Erklären Sie ihm, daß Sie als Mitglied des Stabs nicht die nötige Objektivität für die Rolle haben. In gewisser Hinsicht sind Sie ein integraler Teil der Gruppendynamik. Was gebraucht wird, ist jemand von außerhalb, der neu hinzukommt und als Prozeßberater dienen kann.

Vor einigen Jahren habe ich versucht, als Prozeßberater für die Mitarbeiter zu dienen, deren Direktor ich war. Natürlich war das eine Katastrophe. Auch wenn ich dachte, ich könnte unterscheiden, wann ich Berater und wann ich Direktor war, die Mitarbeiter konnten es jedenfalls nicht. Ich holte jemanden von außen und es funktionierte sehr gut.

F: Was bedeutet „psychologische" Mitgliedschaft in einer Gruppe?

A: Es bedeutet, daß Sie ein echtes Mitglied der Gruppe sind, auch wenn Sie eine andere Rolle haben als die anderen (z. B. als Prozeßberater). Sie sind Teil des Prozesses, interagieren dynamisch mit den anderen Mitgliedern und haben ein Interesse am Ergebnis. Sie sind ein Teil des Zusammenhalts der Gruppe, der „Kitt", der die Gruppe zusammenhält. Sie identifizieren sich wirklich mit der Gruppe und deren Auftrag.

F: Unsere Abteilung geht mit fünfzig bis fünfundsiebzig Leuten in Klausur und teilt sich in Gruppen von je acht bis zehn Personen auf. Sollten wir in jeder Gruppe einen Prozeßberater haben?

A: Wie bereits erwähnt, kann in dieser Situation vielleicht ein Problemmanager helfen. Ein Prozeßberater hätte nicht die Zeit, mit der Gruppe zu arbeiten, noch könnte er anderen Anforderungen gerecht werden. Problemmanager mit guten Prozeßfertigkeiten könnten dagegen von unschätzbarem Wert sein.

F: Sind manche Menschen von Natur aus gute Prozeßberater?

A: Manche Menschen scheinen tatsächlich Naturtalente zu sein. Sie sind warmherzig, können gut kommunizieren und haben ein hohes Maß an Intuition. Sie können Dynamiken auf vielen Ebenen gleichzeitig wahrnehmen und sich die beobachteten Muster merken. Diese Eigenschaften können zwar von vielen Menschen erlernt werden, doch gibt es auch Berater, die nur auf handfeste Techniken vertrauen und nicht auf sich selbst als ein Mittel zur Veränderung.

F: Kann Prozeßberatung bei leitenden Angestellten der Prämienebene mit einem Prozeßberater in Stabsfunktion gelingen – besonders in einem Unternehmen, daß auf Hierarchie großen Wert legt?

A: Sicherlich; aber der Prozeßberater müßte das Ablaufschema genau befolgen. Das heißt, die Gruppe müßte ganz genau wissen, worum es bei der Prozeßberatung geht, und müßte die ehrlichen Bedenken des Prozeßberaters, diese

Funktion aus seiner Rolle und Stellung heraus durchzuführen, verstehen. Dann müßte ein klarer und ausdrücklicher Vertrag mit allen vereinbart werden. Wenn dieser Kontrakt häufig verletzt würde, müßte der Prozeßberater neu in Verhandlung treten.

F: Ich berate eine große Gruppe leitender Angestellter (ca. achtzehn Personen). Ich habe einen guten Vertrag mit der Gruppe. Ich kann an Interventionen so ziemlich alles machen, was ich möchte. Dennoch ist es schwer, in irgendeinem Punkt Einigung zu erzielen. Wir sind bei unserem Projekt an einem Wendepunkt angelangt. Das heißt, es muß eine Entscheidung über die Vorgehensweise bei der Datenanalyse getroffen werden. Vor allem ein leitender Angestellter versucht, die Sitzungen zu dominieren. Haben Sie Vorschläge dazu?

A: Wie Sie wissen, ist es bei einer Gruppe dieser Größenordnung schon nahezu unmöglich, Konsens zu erzielen. Wenn die Mitglieder die Möglichkeiten zur Datenanalyse haben, die sie brauchen, teilen Sie die Gruppe in drei Untergruppen mit je sechs Mitgliedern auf. Die Untergruppen können auf einen Konsens hinarbeiten. Dann gibt es ein persönliches Treffen, an dem aus jeder Untergruppe je ein Mitglied (mit umfassender Vollmacht) teilnimmt, um einen endgültigen Konsens zu erarbeiten.

Eine andere Methode wäre, ein Abstimmungsquorum vorzuschlagen, falls die Gruppe einverstanden ist. Das heißt, die Gruppe arbeitet eine festgelegte Zeit lang an der Aufgabe und versucht, einen Konsens zu erzielen. Wenn dies nicht gelingt und das Quorum – zum Beispiel 75% der Gruppe – erfüllt ist, gilt die Entscheidung. Die Gruppe muß diesem Vorgehen natürlich im voraus zustimmen. Auch wenn man mit dieser Methode nicht mehr auf unbedingten Konsens hinarbeitet, ist es ein effektives Verfahren für große Gruppen und solche, in denen es ein oder zwei Mitglieder gibt, die aus Eigeninteresse ständig den Konsens vereiteln.

Die Faustregel ist hier, große Gruppen in leichter zu handha-
bende Einheiten zu unterteilen. Dabei muß allerdings dafür
gesorgt werden, daß alle informiert bleiben und untereinander so viel Kontakt haben wie möglich. Was Ihr dominantes
Gruppenmitglied betrifft, muß die Situation direkt und wert-
frei angesprochen werden. Eine Intervention wie: „Ich
möchte einen kurzen Check durchführen, ob alle den Eindruck haben, daß jeder die Gelegenheit hat, etwas beizutragen" fördert meistens die Sorgen über Monopolisten zutage.

*F: Meine Gruppe besteht hauptsächlich aus aufgabenorien-
tierten Menschen, die zwar glauben, daß sie auch die gruppendynamischen Interventionen schätzen. Doch wenn ein
Konflikt auftaucht, gehen sie schnell in den Aufgabenmo-
dus über – und verhindern so jede Gefühlsäußerung. Der
Konflikt schwelt unter der Oberfläche und flammt gelegentlich in wütenden Bemerkungen auf, die scheinbar mit
dem eigentlichen Thema nichts zu tun haben.*

A: Ihre Beschreibung könnte sehr wohl eine effektive Intervention darstellen; das heißt, eine Verhaltensbeschreibung,
die auf Ihrer Beobachtung beruht, gefolgt von einer Interpretation, was mit Gefühlen in der Gruppe geschieht. Dies
sollte die Gruppenmitglieder dazu bringen, darüber zu reden, was vor sich geht.

*F: Die Gruppe, mit der ich arbeite, ist höflich – mit unter-
schwelligen feindseligen Tendenzen, die nicht angesprochen
werden.*

A: Wie im vorhergehenden Beispiel stellt unsere Beobachtung und Beschreibung der betreffenden Dynamik oft die beste Intervention dar. Zum Beispiel: „Lassen Sie mich eine Beobachtung überprüfen. Es scheint hier viel von dem zu geben, was ich als oberflächliche Höflichkeit bezeichne. Ich
habe das Gefühl, daß einige von Ihnen ziemlich verärgert
sind und nicht darüber reden wollen. Was meinen Sie?"

F: Die Gruppe hat einige Monate lang getagt, um an einer Aufgabe zu arbeiten, und hat sich nun festgefahren. Die Mitglieder sind nur sporadisch anwesend und fühlen sich nicht eindeutig für die Aufgabe verantwortlich. Hätten Sie Vorschläge dazu?

A: Beschreiben Sie auch wieder die Situation: „Sie treffen sich nun seit zwei Monaten und haben sich offenbar festgefahren. Außerdem sind Sie nur sporadisch da, und aus meiner Sicht übernimmt niemand bzw. übernimmt die Gruppe keine Verantwortung für die Aufgabe. Zunächst einmal, stimmen Sie meiner Beobachtung zu? Wenn ja, sollten wir uns vielleicht die Zeit nehmen, darüber zu reden, was hier los ist."

F: Bei einer Sitzung der Abteilung, in der das zu knapp bemessene Budget diskutiert werden soll, spielen die Vorgesetzten ihren Rang aus und halten den Prozeß auf, indem sie Reden halten.

A: Als externer Prozeßberater – mit einem entsprechenden Vertrag – können sie „das Spiel beenden", indem sie die Situation direkt ansprechen. Wenn Sie dagegen ein interner Berater sind, und Ihre Position nicht sicher ist, müssen Sie wohl realistischerweise andere Mittel einsetzen. Sie können zum Beispiel einen kurzen Prozeßcheck durchführen, Karteikarten verteilen und die Leute bitten, aufzuschreiben, was ihrer Meinung nach gerade vor sich geht. Sie lesen anschließend ohne Namensnennung vor, was auf den Karten steht. Die Leute werden präzise beschreiben, was vor sich geht. Darauf sagen Sie: „Falls diese Bemerkungen zutreffend sind, würde ich folgendes vorschlagen ..."

F: Was macht man mit einem passiven Mitglied, das, wenn es zu Äußerungen gezwungen wird, die Rolle des Advocatus Diaboli einnimmt?

A: Das geschieht häufig. Unter Druck sieht sich ein solches Mitglied in der Rolle des Zweiflers. Zunächst bin ich der Meinung, daß dies als Beobachtung herausgestellt werden kann. Es kann jedoch gut sein, daß sich die Person gar nicht als „Mitglied" der Gruppe fühlt bzw. darüber wütend ist, wie sie behandelt worden ist. All diese Möglichkeiten können überprüft werden, so lange es behutsam und unter Berücksichtigung des Wohls der Person – und der Gruppe – geschieht.

F: Mein Chef ist umständlich und wird ineffektiv, wenn er versucht, die Interessen seiner Abteilung bei Sitzungen zu vertreten. Ich würde ihm gern helfen, effektiver und weniger wertend und einschüchternd zu sein.

A: Dies hört sich nicht nach einer Aufgabe für einen Prozeßberater an. Je nach Ihrer Beziehung zu ihm und seiner Bereitschaft, Feedback anzunehmen und zu nutzen, könnten Sie sich außerhalb mit ihm treffen und Ihre Beobachtungen mitteilen. Denken Sie dabei an die Feedback-Regeln: Fragen Sie ihn, ob er Ihre Beobachtungen hören möchte. Beschreiben Sie sein Verhalten ohne Intensität, und welche Wirkung es Ihrer Meinung nach hat. Schlagen Sie ihm vor, bei anderen nachzufragen, und fragen Sie ihn, ob er glaubt, daß Sie ihm helfen könnten.

F: Ein Mitglied hat Vorbehalte, in der Gruppe über Gefühle zu sprechen, und besteht darauf, daß wir mit der Aufgabe weitermachen. Was schlagen Sie vor?

A: Als erstes müssen Sie überprüfen, was hinter dem Verhalten steckt. Sie könnten anmerken, daß das angemessene Erörtern von Gefühlen unbedingt etwas mit der Aufgabe zu tun hat, und überprüfen, wie der Rest der Gruppe dazu steht. Wenn Sie einen Vertrag haben, könnten Sie auf ihn zu sprechen kommen und die Gruppe fragen, ob sie neu ver-

handeln möchte. Es kann gut sein, daß das Mitglied die
Sorge hat, Gefühle könnten außer Kontrolle geraten oder
die Gruppe könnte zuviel Zeit mit gruppendynamischen
Problemen statt mit der Aufgabe verbringen. Der Prozeßberater muß aufpassen, das betreffende Gruppenmitglied
nicht zu ignorieren oder zu übergehen. Dies gilt besonders
für tendenziell gruppendynamisch orientierte Berater.

*F: Manche Mitglieder trachten nach Einfluß auf die Grup-
pe. Zwei Mitglieder kämpfen ständig um die Führung und
Kontrolle. Dies beeinträchtigt die Gruppe insofern, als anderen Mitgliedern nicht zugehört wird, weil so viel an Energie in den Streit einfließt.*

A: Verwenden Sie den Interventionswürfel (Abbildung 14).
Diese Situation erfordert eine direkte Intervention, an mehrere Personen gerichtet, Verhaltensbeschreibung/Interpreta-
tion, mittlere bis hohe Intensität, auf Ebene III. Wenn das
nicht bewirkt, daß alle Mitglieder über den Prozeß sprechen, dann ...

*F: Zwei konkurrierende Gruppen sind zu einer neuen zu-
sammengelegt worden. Die Mitglieder dieses Teams von leitenden Angestellten arbeiten in unterschiedliche Richtungen und geben sich gegenseitig die Schuld, daß die Organisation ineffektiv sei.*

A: Hier handelt es sich um ein systemisches Problem, und
dafür braucht man eher einen Organisationsberater als einen Prozeßberater. Wenn vor der Neuordnung kein Berater
hinzugezogen wurde, was der Fall zu sein scheint, besteht
die Möglichkeit, daß ein Berater diese Probleme mit der
neuen Gruppe klärt. Da die Gruppe bereits besteht, könnten Sie – nach der Vereinbarung eines Vertrags – in Erwägung ziehen, die Mitglieder zu treffen und eine Gruppeneinschätzung durchzuführen, bei der unter anderem Prioritäten festgelegt und Handlungsschritte zu „Wo wollen wir

als nächstes hin?" besprochen werden. Wenn das einmal geregelt ist, ist der Prozeßberater in der Lage, über einen längeren Zeitraum mit der Gruppe zu arbeiten, was vermutlich
nötig sein wird.

*F: Meine Gruppe verfügt weder über methodische noch
über gruppendynamische Fertigkeiten; trotzdem sind die
Mitglieder daran interessiert, mich als Prozeßberater zu haben. Soll ich annehmen?*

A: Sie sind ein Glückspilz! Überlegen Sie sich ein Programm, bei dem Fertigkeiten für den methodischen und
den sozialen Prozeß erlernt werden können. Beginnen Sie
mit der Methodik der Aufgabenbewältigung und sorgen Sie
dafür, daß die Gruppe lernt, wie das Rotationsprinzip funktioniert, Tagesordnungen aufzustellen, sich eine Problemlösungssequenz anzueignen und so weiter. Wenn gruppendynamische Probleme auftauchen, bauen Sie Maßnahmen ein,
an denen gruppendynamische Fertigkeiten erlernt werden
können. Wenn die Gruppe so weit ist, können Sie dazu
übergehen, als Prozeßberater mit ihr zu arbeiten. Wenn es
die Möglichkeit gibt, daß jemand anderes die Schulung
durchführt, wird Ihre Rolle klar und ungetrübt bleiben.

*F: Der Gruppenleiter erstickt jede Kreativität durch Bemer-
kungen wie „Das ist großartig, aber die Techniker werden
das nie akzeptieren." Er behandelt die Gruppenmitglieder
wie Kinder, bei denen die Aufgaben „einfach gestrickt" sein
müssen. Wie soll ich mit dieser Situation umgehen?*

A: Wie bereits gesagt, ist die beste Intervention oft die, das
Problem wirkungsvoll auszusprechen. Zum Beispiel: „Jack,
ich möchte bei Ihnen und der Gruppe etwas herausfinden.
Wissen Sie, wenn ich der Adressat Ihrer Bemerkung wäre,
würde ich mich wie ein Kind fühlen, dem man alles verein-
fachen muß. Ich frage mich, wie sich das hier auf die Kreativität auswirkt. Wie geht es Ihnen allen damit?"

F: Eine weibliche Führungskraft ist ein „ENFP", die ihre Beziehungsfähigkeit einsetzt, um ihre Mitarbeiter zu manipulieren und zu kontrollieren. Sie versucht um jeden Preis, den Schein zu wahren. Sie propagiert Harmonie und macht doch alles auf ihre Weise. Zum Beispiel hält sie nur wenige Sitzungen ab. Wenn sie es doch tut, spricht sie die ganze Zeit. Es gibt keine Erfolgskontrolle, kein Protokoll, keine Handlungsmaßnahmen.

A: Ich würde mich eher auf das Verhalten der Führungskraft konzentrieren als auf den ENFP-Faktor. Wenn diese Führungkraft einem Prozeßberater zugestimmt hat, dann muß ihr Verhalten von Ihnen oder den Gruppenmitgliedern angesprochen werden. Wenn Sie nicht der Prozeßberater sind, aber in beratender Weise Zugang zu ihr haben, fragen Sie sie, ob sie einige Ihrer Beobachtungen und etwas über die mögliche Wirkung ihres Verhaltens hören möchte. Wenn ja, geben Sie sie ihr auf der Verhaltensebene. Ich gehe davon aus, daß Sie weiterhin zur Verfügung stehen, um ihr dann bei der Umsetzung zu helfen.

F: Ich habe in meinem Gruppenumfeld ein besonders dominantes Mitglied, mit dem ich zurechtkommen muß. Letztendlich bestimmt immer er die Richtung, da er die Finanzen in der Hand hat. Die anderen geben jeweils nach.

A: Die Frage ist, warum dieses Problem bisher in der Gruppe noch nicht angesprochen und offen diskutiert worden ist. Sie können sich dafür entscheiden, es direkt als Ihre eigene Hypothese anzusprechen. Oder Sie können einen Teppich ans Flipchart zeichnen; dann bitten Sie die Mitglieder, auf selbsthaftenden Zetteln zu notieren, was ihrer Meinung nach in der Gruppe unter den Teppich gekehrt wird. Diese Zettel heften Sie dann an den Teppich. Wenn die Probleme einmal am Flipchart hängen – und es wäre ungewöhnlich, wenn keine kämen – geben Sie jedem Mitglied drei unterschiedlich farbige Klebepunkte und bitten Sie sie, ihre

Hauptprioritäten anzugeben (was als erstes, zweites, drittes in Angriff genommen werden soll), indem sie die Punkte bei den entsprechenden Problemen aufkleben. Dann gehen Sie an, was dort steht.

Häufige Fehler und Fallen Ich werde bei Workshops oft von Teilnehmern gebeten, die häufigsten Fehler und Fallen zu nennen, die einem Prozeßberater unterlaufen. Die folgenden fünfundzwanzig Fehler und Fallen sind Anfängern und erfahrenen Beratern gemeinsam:

1. Sich zu schnell auf die Ergebnisse konzentrieren, statt kontinuierlich problemorientiert vorzugehen
2. Nicht sofort und nicht regelmäßig feststellen, wie sich die Mitglieder hinsichtlich der aktuellen Aufgabe fühlen
3. Nicht feststellen, ob über das zu lösende Problem, das zu produzierende Produkt oder den anzubietenden Dienst Einigkeit in der Gruppe herrscht
4. Es fördern bzw. zulassen, daß ein Gruppenmitglied sofort zum Flipchart geht, um Daten festzuhalten, bevor das Problem klar definiert worden ist
5. Zu viel oder zu wenig reden
6. Keinen klaren, von der Gruppe akzeptierten Vertrag haben
7. Keine Problemlösungssequenz „in der Tasche" haben
8. Gemeinplätze äußern (z. B. „Ich merke, daß Sie sich nicht geäußert haben, Mary.")
9. Nicht darauf achten, wie die Gruppe auf die Umgebung, in der sie arbeitet, reagiert
10. Zu lange reden
11. Eine Intervention zu ausführlich erklären
12. Eine Intervention verteidigen
13. Personen nicht direkt ansehen, während Sie eine Intervention vornehmen
14. Probleme auslagern
15. Ihrem Gefühl mißtrauen

16. Nicht bereit sein, eine Intervention zu riskieren
17. Zu viel an der Aufgabe, zu wenig an der Gruppendynamik arbeiten
18. Zu viel an der Gruppendynamik, wenig oder gar nicht an der Aufgabe arbeiten
19. Sich daran beteiligen, wenn ein Gruppenmitglied zum Sündenbock gemacht wird
20. Leute bevorzugen, aus Gefallen an der Macht, wegen sexueller Anziehung oder der Hoffnung auf mögliche berufliche Vorteile
21. Sich in den Inhalt verwickeln lassen
22. Bewerten, statt in Begriffen der Effektivität zu beschreiben
23. Nicht zuhören
24. Von Ihrer Intuition und Ihren Instinkten keinen Gebrauch machen
25. Dem Gruppenprozeß nicht vertrauen

Faustregeln
für den Prozeßberater

Was man TUN und	LASSEN sollte
Rollen vertraglich mit der Gruppe aushandeln	Vorschlagen, daß Rollen (z. B. Leiterfunktion) durch Abstimmen festgelegt werden
Vorgehensweisen und Rollen vorschlagen (z. B. Tagesordnung, Schritte, Protokollant usw.)	Sich für Interventionen entschuldigen
Bestimmt auftreten	Direktiv sein
Vorschläge machen	Als Protokollführer oder Zeitplaner fungieren bzw. die Videoaufnahmen machen
Aktuelle Interventionen vornehmen	Zu viele nachträgliche Interventionen vornehmen

Vorschlagen, daß jeder für sich ein Brainstorming macht, dann die Ideen sammeln, in dem jeder eine vorbringt	In einer großen Gruppe ein Brainstorming vorschlagen
Einen interessierten Eindruck vermitteln	Immer davon ausgehen, daß die Gruppe in dieser Zusammensetzung bestehen bleiben müsse
Kooperativ arbeiten	Vorschlagen, daß eine Gruppe mit mehr als zwölf Mitgliedern einen Konsens finden soll
Konkret und genau sein	Abstrakt bleiben
Eine Balance zwischen Methode und Gruppendynamik herstellen	Dinge komplizierter machen, als sie sind
Sich intuitiv verhalten	Ihre Interventionen „erklären"
Als Mitglied in der Runde sitzen	Als Beobachter außerhalb sitzen
Vorschläge machen	Von „sollen" reden
Eher weniger als mehr reden	Mehr als zwei kurze Sätze hintereinander sagen
Wärme und Anteilnahme zeigen	Ratschläge geben
Aufmerksam sein und sorgfältig beobachten	Lenken oder leiten
Eigene Fehler erkennen	Sich verteidigen
Sich an wiederkehrende Verhaltensweisen und Muster erinnern	Als Schreiber fungieren
Geduldig sein	Ausführliche Notizen machen
Viele Alternativen anbieten	Von irgendwelchen Voraussetzungen ausgehen
Sich in der Intensität den Gruppenmitgliedern anpassen (ca. 5 % darunter bleiben)	Für zu spät Kommende wiederholen oder zusammenfassen
Verhaltensdaten liefern	„Psychologische" Erklärungen verwenden
Auf Ihre Intuition hören	Parteiisch sein
Verhaltensweisen beschreiben	„Warum" fragen

Planungsteam von Führungskräften ————————————

Immer wenn die Mitglieder des Planungsteams wichtige Ar-
beitsetappen erreicht hatten, feierten sie gemeinsam und gegebenenfalls auch mit anderen Abteilungen und Gruppen.
Sie besuchten Sportveranstaltungen und organisierten zwei-
mal ein Essen zusammen mit ihren Ehefrauen oder Freun-
den. In der Sitzung nach dem zweiten Abendessen brachte
Vic vorsichtig zur Sprache, es könnte eventuell Nachteile
haben, daß sie eine reine Männergruppe sind. Bill fügte hinzu: „Und dazu noch eine Gruppe von Machos!" Zwar herr-
schte das Gefühl vor, daß die Gruppenmitglieder unterschiedlich genug seien, doch geriet die Diskussion durch
diese Bemerkung auf eine ganz andere Ebene, die der Gruppe bisher fremd gewesen war.

Da die Planungsarbeit und die festgelegte Dauer der Gruppe fast vorbei war, wurde ein großer Teil der Gruppenzeit
durch Aktionsschritte und deren Umsetzung beansprucht.
Gruppendynamische Fragen kamen seltener auf. Das än-
derte sich erst in den letzten paar Sitzungen. Scott merkte,
daß sich die Gruppe wieder einmal weigerte, zwei gruppendynamische Schlüsselthemen zu erörtern – die Auflösung
der Gruppe und Nähe. Mit dem Ende der Gruppenzusammenarbeit umzugehen, war für die Mitglieder ein bißchen
leichter als das andere. Scott bat jeden, Metaphern für die
eigenen Gefühle und die gemeinsam verbrachte Zeit zu entwickeln. Bill kam mit folgendem Bild:

> *Bis zuletzt Machos*
> Wir waren ein Trupp von Marines, der einen strategisch wichti-
> gen Hügel einnehmen mußte und nur leichte Waffen hatte. Wir
> waren von unserem Zug abgeschnitten und mußten improvisie-
> ren. Wir hätten es nicht geschafft, wenn wir uns nicht wirklich
> nahe gewesen wären und einander vertraut hätten. Aber wir
> schafften es – ohne Verluste. Hier herrscht ein großartiges Gefühl
> von Kameradschaft füreinander, wir sind echte Kumpels. Und
> wir haben den verdammten Hügel eingenommen!

Das war das Höchstmaß an Gefühlsregung, zu dem es die Gruppe brachte, aber es reichte aus, daß sie mit ihren Gefühlen umgehen und die Gruppe zu Ende bringen konnten. Den letzten Tag nahm sich die Gruppe zum „Feiern" und um Scott Anerkennung für seine Arbeit als Prozeßberater auszusprechen.

Epilog Die Mitglieder des Planungsteams von Führungskräften waren mit ihrer Planung sehr erfolgreich. Sie initiierten eine konzertierte Aktion der gesamten Organisation, um in ihrer Branche den Durchbruch zu schaffen. Sie gewannen ihren Marktanteil allmählich zurück. Bis auf zwei Mitglieder waren alle anderen von nun an mit ihren eigenen Mitarbeitern sowie in anderen Teams weiterhin effektiv. Außerdem wurden sie zu Verfechtern der Prozeßberatung von wichtigen Teams. Bedauerlicherweise blieben die zwei am wenigsten effektiven Mitglieder bei ihrem bisherigen Verhalten. Einer nutzte jedoch immerhin die Gelegenheit, sich von der PE-Abteilung helfen zu lassen, seine eigenen Mitarbeitersitzungen besser zu regeln.

Qualitätszirkel

Zirkel I. Zirkel I arbeitete hart an seiner neuen Herausforderung. Phil machte den Vorschlag, da sie die Prozeßarbeit so gut durchführten, nun auch diese Rolle wie bisher andere, rotieren zu lassen. Er fügte hinzu: „So lange Kim nichts dagegen hat oder meint, wir würden ihr den Job wegnehmen." Kim gab zu, daß ihr dabei ein bißchen unwohl sei, sie habe aber das Gefühl, es sei ein weiterer Wachstumsschritt für die Gruppe. Sie sagte, sie würde als Back-up fungieren.

Phil übernahm als erster die neue Rolle, was sich zunächst als schwierig erwies. Er verwickelte sich als Prozeßberater in den Inhalt und präsentierte sich in der Rolle des Direk-

tors. Gruppenmitglieder wiesen ihn jedoch schnell auf seine
Fehltritte hin, und Phil hörte damit auf. Mit Kims Hilfe
reagierte Phil recht gut auf seine Rolle als Prozeßberater –
vielleicht zu gut. Als vorgeschlagen wurde, daß ein anderes
Mitglied die Rolle übernehmen solle, schreckte Phil davor
zurück und leistete Widerstand. Es wurde Gruppendruck
ausgeübt, und Phil gab die Rolle an Ruby weiter. Im Laufe
der nächsten Monate kamen alle bis auf Sheila und Rob an
die Reihe. Weder Sheila noch Rob war daran interessiert
(noch hatten sie vermutlich die dazu erforderlichen Fähigkeiten). Die Gruppenmitglieder konnten dies akzeptieren,
da sie sich zu einem früheren Zeitpunkt geeinigt hatten,
daß die Schulung in Prozeßberatung freiwillig sei.

Zirkel I endete mit Abschlußpräsentationen für das Management und einem Umtrunk mit Häppchen am Freitag
nachmittag. Die Mitglieder kamen nur einigermaßen gut
damit zurecht, daß die Gruppe endete, beglückwünschten
sich und freuten sich offenbar mehr über die persönliche
und berufliche Entwicklung der Mitglieder als über ihren
Beitrag für das Unternehmen.

Zirkel II. Zirkel II wußte, daß die Gruppe bald enden würde. Zwei Mitglieder wurden in eine andere Abteilung versetzt. Erstaunlicherweise war Michaels Stelle wegen Perso-
nalabbaus gefährdet. Sein Ruf als Prozeßberater ermöglich-
te es ihm allerdings, eine neu geschaffene PE-Stelle zu bekommen, zu deren Aufgaben es gehörte, Gruppenleiter und
interne Problemmanager für die Prozeßberatung zu schulen.

Die letzten paar Wochen waren für die Gruppenmitglieder
schwierig. Sie hatten in den eineinhalb Jahren ihres Bestehens viel erlebt. Mit der Hilfe eines externen OE-Beraters
besprach Michael mit der Gruppe den Abschluß und die
Feier. Humor als befreiende Komik prägte die letzte Sitzung, in der die Mitglieder einander gegenseitig ihre Wert-

schätzung und Anerkennung aussprachen. Im weiteren Verlauf der Woche organisierten sie ein festliches Abendessen für sich und ihre Ehepartner bzw. Freunde. Die PE-Managerin war ebenfalls dabei, um der Gruppe für ihre Arbeit zu danken und zu bekennen, daß sie nicht damit gerechnet habe, daß eines der Qualitätsteams länger als einen Monat bestehen würde. Einer der drei Zirkel hatte tatsächlich nicht überdauert. Das Festessen endete mit einem ausgeprägten Gefühl von Zufriedenheit und Stolz über die gut erledigte Aufgabe.

Epilog   Der Erfolg von zweien der drei Qualitätszirkel ließ zehn weitere entstehen. Doch die Botschaft vom Wert des methodischen und des sozialen Prozesses wurde in der oberen Führungsetage nicht gehört, trotz einer Besprechung mit Kim, Michael und der PE-Managerin. Glücklicherweise hatte Michael – in seiner neuen Stellung – Einfluß auf die Schulungskonzeption.

Manche Mitglieder aus Kims und Michaels Teams wurden als Zirkelleiter ausgebildet. Andere wurden für Funktionen in anderen Komitees und Gruppen ausgewählt.

Krankenhausverwaltung

Es hat im ganzen Krankenhaus entscheidende Veränderungen gegeben. Leider mußten auch Kürzungen vorgenommen werden. Auf manche Mitarbeiter mußte verzichtet werden. Ein „schlankeres" Krankenhaus ist nun in der Region wettbewerbsfähig. Zum ersten Mal steht der Patient im Mittelpunkt. Die Leitungsgruppe hat neue Mitglieder aufgenommen; von der ursprünglichen Gruppe blieben bis auf eine Person alle dabei. Auch sie mußten den Übergang bewältigen. Manchmal blickt die alte Gruppe lächelnd und nostalgisch auf ihre frühen Kämpfe und Anstrengungen zurück. Die Mitglieder erkannten Lauras Leistung an, die

Gruppe in Gang gebracht und bei der Sache gehalten zu haben. Laura hatte in der Gruppe als Prozeßberaterin aufgehört, weil sie in einen anderen Bundesstaat umgezogen war. Sie hielt jedoch telefonisch Kontakt und wurde zur Eröffnung der neuen Klinik eingeladen.

Epilog Der Prozeß, der vor nicht allzu langer Zeit begonnen hat, ist in dem Krankenhaus gut etabliert. Es gibt nicht nur überall Problemlösungsgruppen, in manchen Einheiten sind sogar selbstbestimmte Teams eingesetzt worden. Aber vor allem scheint es eine gemeinsame Prozeßsprache und gemeinsame Prozeßnormen zu geben. Es ist „in Ordnung", darüber zu sprechen, wie man sich fühlt, und Sorgen zu äußern. Natürlich haben manche Leute die Normen zu ihrem Vorteil ausgenutzt, aber dann werden sie von anderen an die Vereinbarungen erinnert, und die Probleme werden thematisiert. Es gibt auch viel mehr Bestätigung und Unterstützung.

Literaturverzeichnis

ACKERMAN, L. S. (1986, December). Development, Transition or Transformation: The Question of Change in Organizations. OD Practitioner, 18(4), 1-8.

ARGYRIS, C. (1970). Intervention Theory & Method. Reading, MA: Addison-Wesley.

ARGYRIS, C. & SCHON, D. (1974). Theory in Practice. San Francisco, CA: Jossey-Bass.

BALES, R. F. (1950). Interaction Process Analysis. Chicago: University of Chicago Press.

BALES, R. F. & COHEN, S. P. (1982). SYMLOG. Ein System für die mehrstufige Beobachtung von Gruppen. Stuttgart: Klett-Cotta. (Amerik. Originalausgabe 1979).

BECK, A. C. & HILLMAR, E. D. (1986). Positive Management Practices. San Francisco, CA: Jossey-Bass.

BENNIS, W. & SHEPARD, H. (1948). A Theory of Group Development. Human Relations, 1, 314-320.

BLAKE, R. R. & MOUTON, J. S. (1994). Besser führen mit GRID: Probleme lösen mit dem GRID-Konzept. Düsseldorf, Wien: Econ. (Amerik. Originalausgabe 1964).

BLAKE, R. R. & MOUTON, J. S. (1983). Consultation: A Handbook for Individual and Organization Development (2nd ed.). Reading, MA: Addison-Wesley.

BLOCK, P. (1981): Flawless Consulting: A Guide to Getting your Expertise Used. San Diego, CA: Pfeiffer & Company.

BLOCK, P. (1992). Der autonome Manager: Macht und Einfluß am Arbeitsplatz. Frankfurt/M., New York: Campus. (Amerik. Originalausgabe 1987).

BOUCHARD, T. J., JR. (1972). Training, Motivation and Personality as Determinants of the Effectiveness of Brainstorming Groups and Individuals. Journal of Applied Psychology, 4, 324-331.

BRADFORD, D. L. & COHEN, A. R. (1984). Managing for Excellence. New York: John Wiley & Sons.

BRANSFORD, J. D. & STEIN, B. S. (1984). The Ideal Problem Solver. New York: W. H. Freeman & Company.

BROWN, L. D. (1983). Managing Conflict at Organizational Interfaces. Reading, MA: Addison-Wesley.

BUSHE, G. R. & GIBBS, B. W. (1990). Predicting Organization Development Consulting Competence from the Myers-Briggs Type Indicator and Stage of Ego Development. The Journal of Applied Behavioral Science, 26(3), 337-357.

CLAPP, N. W. (1980). Work Group Norms: Leverage for Organizational Change Theory and Application. Plainfield, NJ: Block, Petrella, Weisbord.

COHEN, A. M. & SMITH, R. D. (1976). The Critical Incident in Growth Groups. San Diego, CA: Pfeiffer & Company.

COMMITTEE ON TECHNIQUES FOR THE ENHANCEMENT OF HUMAN PERFORMAN-
CE/COMMISSION ON BEHAVIORAL AND SOCIAL SCIENCES AND
EDUCATION/NATIONAL RESEARCH COUNCIL (1991). Enhancing Human Performance. In: D. Druckman & R. A. Bjork (Eds.), In the Mind's Eye (pp.
12-18). Washington, DC: National Academy Press.

CRUM, T. F. (1987). The Magic of Conflict. New York: Simon and Schuster.

DEAL, T. E. & KENNEDY, A. A. (1982). Corporate Culture: The Rites and Rituals
of Corporate Life. Reading, MA: Addison-Wesley.

DEXTER, L. A. (1970). Elite and Specialized Interviewing. San Francisco, CA: Jossey-Bass.

DUNHAM, R. B. & SMITH, F. J. (1979). Organizational Surveys: An Internal Assessment of Organizational Health. Glenview, IL: Scott, Foresman.

DUNNETTE, M. D., CAMPBELL, J. P. & JAASTAD, K. (1963). The Effect of Group
Participation on Brainstorming Effectiveness for Two Industrial Samples.
Journal of Applied Psychology, 47, 30-37.

FILLEY, A. C. (1975). Interpersonal Conflict Resolution. Glenview, IL: Scott, Foresman.

FISHER, B. A. (1974). Small Group Decision Making: Communication and the
Group Process. New York: McGraw-Hill.

FISHER, R. & URY, W. (1995). Das Harvard-Konzept: Sachgerecht verhandeln -
erfolgreich verhandeln. Frankfurt/M., New York: Campus. 14. Aufl. (Amerik. Originalausgabe 1981).

FORSYTH, D. R. (1990). Group Dynamics. Pacific Grove, CA: Brooks/Cole.

FOX, W. M. (1987). Effective Group Problem Solving. San Francisco, CA: Jossey-
Bass.

GELLERMANN, W. (1985). Values and Ethical Issues for Human Systems Development Practitioners. In: R. Tannenbaum, N. Margulis, F. Massarik & Associates (Eds.), Human Systems Development. San Francisco, CA: Jossey-Bass.

GERSICK, C. J. G. (1988). Time and Transition in Work Teams: Toward a New
Model of Group Development. Academy of Management Journal, 31, 9-41.

GOFFMAN, E. (1991). Wir alle spielen Theater. Die Selbstdarstellung im Alltag.
München: Piper. 4. Aufl. (Amerik. Originalausgabe 1973).

GOODSTEIN, J. & GOODSTEIN, L. D. (1991). A Matrix for Evaluating Training.
In: J. W. Pfeiffer (Ed.), The 1991 Annual: Developing Human Resources.
San Diego, CA: Pfeiffer & Company.

GOODSTEIN, L. (1978). Consulting with Human Services. Reading, MA: Addison-
Wesley.

GOODSTEIN, L. D., COOKE, P. & GOODSTEIN, J. (1983). The Team Orientation
and Behavior Inventory (TOBI). In: L. D. Goodstein & J. W. Pfeiffer (Eds.),
The 1983 Annual for Facilitators, Trainers and Consultants. San Diego,
CA: Pfeiffer & Company.

GOODSTEIN, L. D., NOLAN, T. M. & PFEIFFER, J. W. (1992). Applied Strategic
Planning: A Comprehensive Guide. San Diego, CA: Pfeiffer & Company.

GORDON, W. J. J. (1961) Synectics. New York: Harper & Row.

GRAY, B. (1989). Collaborating: Finding Common Ground for Multiparty Problems. San Francisco, CA: Jossey-Bass.

GROVE, D. A. & OSTROFF, C. (1990). Program Evaluation. In: K. Wexley & J. Hinrichs (Eds.), Developing Human Resources. Washington, DC: BNA Books.

HACKMAN, J. R. (1983). A Normative Model of Work Team Effectiveness (Tech. Rep. No. 2). New Haven, CT: Yale School for Organization and Management.

HAMILTON, E. E. (1988). The Facilitation of Organizational Change: An Empirical Study of Factors Predicting Change Agents' Effectiveness. The Journal of Applied Behavioral Science, 24(1), 37-59.

HANSON, P. G. (1972). What to Look for in Groups: An Observation Guide. In: J. W. Pfeiffer & J. E. Jones (Eds.), The 1972 Annual Handbook for Group Facilitators. San Diego, CA: Pfeiffer & Company.

HARRISON, R. (1970). Choosing the Depth of Organizational Intervention. The Journal of Applied Behavioral Science, 6(2), 181-202.

HART, L. (1981). Learning from Conflict: A Handbook for Trainers and Group Leaders. Reading, MA: Addison-Wesley.

HEIDER, J. (1993). Tao der Führung: Laotses Tao Te King für eine neue Zeit. Basel: Sphinx, 3. Aufl. (Amerik. Originalausgabe 1985).

HUSE, E. F. (1980). Organization Development and Change. St. Paul, MN: West Publishing Co.

JACOBS, A. (1974). The Use of Feedback in Groups. In: A. Jacobs & W. W. Spradlin (Eds.), The Group as the Agent of Change. New York: Behavioral Publications.

JACOBS, M., JACOBS, A., FELDMAN, G. & CAVIOR, N. (1973). Feedback II. The ,Credibility Gap': Delivery of Positive and Negative and Emotional and Behavioral Feedback in Groups. Journal of Consulting and Clinical Psychology, 41, 215-223.

JACOBS, M., JACOBS, A., GATZ, M. & SCHAIBLE, T. (1973). Credibility and Desirability of Positive and Negative Structured Feedback in Groups. Journal of Consulting and Clinical Psychology, 40, 244-252.

KELLEY, C. A. (1975). Guidelines for Critiquing a Training Presentation. Small-Group Training Theory and Practice: Workshop Participant Book. San Diego, CA: Pfeiffer & Company.

KELLEY, C. A. (1975). Training Session Critique Form. Small-Group Training Theory and Practice: Workshop Participant Book. San Diego, CA: Pfeiffer & Company.

KELLOG, D. M. (1984). Contrasting Successful and Unsuccessful OD Consultation Relationships. Group & Organization Studies, 9(2), 151-176.

KERR, N. L. (1989). Illusions of Efficacy: The Effects of Group Size on Perceived Efficacy in Social Dilemmas. Journal of Experimental Social Psychology, 25, 287-313.

KILMANN, R. (1984). Beyond the Quick Fix. Managing Five Tracks to Organizational Success. San Francisco, CA: Jossey-Bass.

KIRKPATRICK, D. L. (1959). Techniques for Evaluating Training Programs. Journal of the American Society of Training Directors, 13, 3-9, 21-26.

KIRKPATRICK, D. L. (1960). Techniques for Evaluating Training Programs. Journal of the American Society of Training Directors, 14, 13-18, 28-32.

KIRKPATRICK, D. L. (1967). Evaluating of Training. In: R. L. Craig & L. R. Bittel (Eds.), Training and Development Handbook. New York: McGraw-Hill.

KOBERG, D. & BAGNALL, J. (1981). The All New Universal Traveler. Los Altos, CA: William Kaufmann, Inc.

KREEGER, L. E. (1975). The Large Group: Dynamics and Therapy. Itasca, IL: F. E. Peacock.

LATANE, B., WILLIAMS, K. & HARKINS, S. (1979). Many Hands Make Light the Work: The Causes and Consequences of Social Loafing. Journal of Personality and Social Psychology, 37, 822-832.

LESHAN, L. (1974). How to Meditate: A Guide to Self-Discovery. New York: Bantam Books.

LEVINSON, H. (1977, June). Managing Psychological Man. Management Review, 121-133.

LEWIN, K. (1963). Feldtheorie in den Sozialwissenschaften: ausgewählte Schriften. Bern: Huber. (Amerik. Originalausgabe 1951).

LINDAMAN, E. B. & LIPPITT, R. O. (1979). Choosing the Future you Prefer: A Goal Getting Guide. Washington, DC: Development Publications.

LOCKE, E. A. & LANTHAM, G. P. (1984). Goal Setting: A Motivational Technique that Works! Englewood Cliffs, NJ: Prentice-Hall.

LOCKE, E. A. & LANTHAM, G. P. (1990). A Theory of Goal Setting and Task Performance. Englewood Cliffs, NJ: Prentice Hall.

LUFT, J., KINGSBURY, S. & SCHRADER, H. (1990. April). Shared Concerns: Psychometrics in Human Interaction. NTL News & Views, 10-12.

MAIER, N. R. F. (1963). Problem-Solving Discussions and Conferences. New York: McGraw-Hill.

MCCALL, G. J. & SIMMONS, J. L. (Eds.) (1969). Issues in Participant Observation: A Text and Reader. Reading, MA: Addison-Wesley.

MCGONAGLE, J. J. (1981). Managing the Consultant. Radnor, PA: Chilton Book Company.

MCGONAGLE, J. J. (1982). Business Agreements: A Complete Guide to Oral and Written Contracts. Radnor, PA: Chilton Book Company.

MICHALKO, M. (1991). Thinkertoys. Berkeley, CA: Ten Speed Press.

MOORE, C. (1986). The Mediation Process. San Francisco, CA: Josssey-Bass.

MOOSBRUKER, J. (1989, March). The Consultant as Process Leader. OD Practitioner, 21, 10-12.

MYERS, I. B. (1980). Gifts Differing. Palo Alto, CA: Consulting Psychologists Press.

NADLER, D. A. (1977). Feedback and Organization Development: Using Data-Based Methods. Reading, MA: Addison-Wesley.

OSBORN, A. F. (1963). Applied Imaginations. New York: Scribner's.
OTT, J. S. (1989). The Organizational Culture Perspective. Chicago: The Corsey Press.

PATTON, M. Q. (1981). Creative Evaluation. Newbury Park, CA: Sage Publications.
PFEIFFER, J. W., HESLIN, R. & JONES, J. E. (1973). Instrumentation in Human Relations Training. San Diego, CA: Pfeiffer & Company.
PNEUMAN, R. W. & BRUEHL, M. E. (1982). Managing Conflict: A Complete Process-Centered Handbook. Englewood Cliffs, NJ: Prentice-Hall.

REDDY, W. B. (1969). „Reflections". Unpublished Poem.
REDDY, W. B. (1985). The Role of Change Agent in the Future of Group Work. The Journal for Specialists in Group Work, 10(2), 103-107.
REDDY, W. B. (1995). Intervention in Small Groups. In: W. J. Rothwell, R. Sullivan & G. N. McLean (Eds.), Facilitating Organizational Change: The Theory and Practice of Organizational Development. San Diego, CA: Pfeiffer & Company.
REDDY, W. B. & PHILLIPS, C. (1992). Traditional Assessment: The Way of the Dinosaur. OD Practitioner, 24(4), 1-2.
ROBERT, M (1982). Managing Conflict from the Inside Out. San Diego, CA: Learning Associates/Pfeiffer & Company.

SCHAIBLE, T. D. & JACOBS, A. (1975). Feedback III: Sequence Effects Enhancement of Feedback Acceptance and Group Attractiveness by Manipulation of the Sequence and Valance of Feedback. Small Group Behavior, 6, 151-173.
SCHEIN, E. H. (1961). Coercive Persuasion. New York: W. W. Norton & Company.
SCHEIN, E. H. (1979). Personal Changes through Interpersonal Relationships. In: W. Bennis, J. van Maanen, E. H. Schein & F. I. Steele (Eds.), Essays in Interpersonal Dynamics. Homewood, IL: Dorsey Press.
SCHEIN, E. H. (1985). Organizational Culture and Leadership. San Francisco, CA: Jossey-Bass.
SCHEIN, E. H. (1987), Process Consultation: Vol. II: Lessons for Managers and Consultants. Reading, MA: Addison-Wesley.
SCHEIN, E. H. (1988), Process Consultation: Vol. I: Its Role in Organization Development. Reading, MA: Addison-Wesley.
SCHEIN, E. H. (1990, Spring). A General Philosophy of Helping: Process Consultation. Sloan Management Review, 57-64.
SCHEIN, E. H. & BENNIS, W. G. (1965). Personal and Organizational Change through Group Methods: The Laboratory Approach. New York: John Wiley & Sons.

SCHUTZ, W. C. (1958). FIRO: A Three-Dimensional Theory of Interpersonal Behavior. New York: Holt, Rinehart and Winston.

SCHUTZ, W. C. (1967). Joy: Expanding Human Awareness. New York: Grove Press.

SCHUTZ, W. C. (1971). Here Comes Everybody. New York: Harper & Row.

SEASHORE, C. N., SEASHORE, E. W. & WEINBERG, G. M. (1991). What Did You Say? The Art of Giving and Receiving Feedback. North Attleborough, MA: Douglas Charles Press.

SHAW, M. E. (1981). Group Dynamics: The Psychology of Small Group Behavior. New York: McGraw-Hill.

SIMON, A. & BOYER, E. G. (Eds.) (1974). Mirrors for Behavior III: An Anthology of Observation Instruments. Wyncote, PA: Communication Materials Center.

SRIVASTVA, S., COOPERRIDER, D. L. & ASSOCIATES (1990). Appreciative Management and Leadership: The Power of Positive Thought and Action in Organizations. San Francisco, CA: Jossey-Bass.

TANNEN, D. (1993). Du kannst mich einfach nicht verstehen: Warum Männer und Frauen aneinander vorbeireden. München: Goldmann. (Amerik. Originalausgabe 1990).

TUBBS, S. L. (1992). A Systems Approach to Small Group Interactions. New York: Random House.

TUCKMAN, B. (1965). Developmental Sequence in Small Groups. Psychological Bulletin, 63, 384-399.

VAN GUNDY, A. B. (1981). Techniques of Structured Problem Solving. New York: Van Nostrand Reinhold.

WEICK, K. (1979). Cognitive Processes in Organizations. In: B. Straw (Ed.), Research in Organizational Behavior. Greenwich, CT: Jai.

WEISBORD, M. R. (1987). Productive Workplaces: Organizing and Managing for Dignity, Meaning and Community. San Francisco, CA: Jossey-Bass.

WHITAKER, D. S. & LIEBERMAN, M. A. (1964). Psychotherapy through the Group Process. New York: Atherton Press.

ZECHMEISTER, E. B. & NYBERG, S. E. (1982). Human Memory: An Introduction to Research and Theory. Pacific Grove, CA: Brooks/Cole.

Stichwortverzeichnis

Zum Autor

W. Brendan Reddy, Ph. D., ist Professor für Psychologie und Direktor des Instituts für Beratung und Training an der University of Cincinnati, USA. Er ist Mitbegründer und Rektor eines international tätigen Beratungsunternehmens.

Reddy ist Herausgeber der Reihe „Team Building: Blueprints for Productivity and Satisfaction" und schreibt regelmäßig für Fachzeitschriften. Er ist Mitglied der American Psychological Association und des OD Network. Für herausragende Leistungen auf dem Gebiet der Beratung erhielt er 1993 den Internationalen Perry L. Rorher Preis.